普通高等教育"十一五"国家级规划教材

21世纪高职高专精品教材·财经类专业平台课

JINGJIFA GAILUN

经济法概论 （第五版）

韩雪琴　李梦钧 ／编著

东北财经大学出版社　大连
Dongbei University of Finance & Economics Press

图书在版编目（CIP）数据

经济法概论 / 韩雪琴，李梦钧编著. —5版. —大连：东北财经大学出版社，2021.2（2022.7重印）
（21世纪高职高专精品教材：财经类专业平台课）
ISBN 978-7-5654-4129-5

Ⅰ．经… Ⅱ．①韩…②李… Ⅲ．经济法-中国-高等职业教育-教材
Ⅳ．D922.29

中国版本图书馆CIP数据核字（2021）第027835号

东北财经大学出版社出版
（大连市黑石礁尖山街217号 邮政编码 116025）
网 址：http://www.dufep.cn
读者信箱：dufep@dufe.edu.cn
大连市东晟印刷有限公司印刷 东北财经大学出版社发行
幅面尺寸：185mm×260mm 字数：349千字 印张：16
2021年2月第5版 2022年7月第3次印刷
责任编辑：张晓鹏 石建华 责任校对：合 力
孙 越 刘东威
封面设计：原 皓 版式设计：钟福建
定价：36.00元

第五版前言

《经济法概论》自2007年问世以来，深受广大职业院校经济法授课教师及学生的喜爱。作为"财经出版数字化流程再造系统工程——财经专业课程资料库"的重要组成部分，本教材每年销售近万册，多次被东北财经大学出版社评定为畅销教材。

党的十九大以来，具有中国特色的社会主义法制建设的步伐进一步加大，特别是2020年5月28日《中华人民共和国民法典》（本书内简称《民法典》）的颁布，更新了民商事活动的基本原则和一般规则，厘清了某些重要概念和界限，丰富了各种民事法律规范的内容，不但是我国民事立法的纲领性文件，也为我国商事立法奠定了基础。2019年11月8日，最高人民法院印发的《全国法院民商事审判工作会议纪要》对当前民商事审判工作中的一些疑难法律问题作了统一规范。自2021年1月1日起生效的《最高人民法院关于适用〈中华人民共和国民法典〉时间效力的若干规定》等一系列司法解释又对相关法律规定作了具体解析。为了紧随我国法制建设的脚步，将最新、最实用的法律知识传授给学生，编者依据这些最新的法律规范内容对本书进行了修订。

本次修订主要体现在以下几个方面：（1）对一些法学理论进行了重新阐述。按照截止到2020年12月31日颁布的最新法律规范，对教材所有章节的内容进行了全面修订，并且对2020年12月14日国务院常务会议发布的《国务院关于实施动产和权利担保统一登记的决定》的内容也有所涉猎。（2）为控制教材的篇幅，删除了"外商投资企业法"的内容。（3）为更好地理解劳动合同的内容，将"劳动法"调整为第十章，紧随"合同法"进行编写。（4）为更好地对比、理解"仲裁法"和"民事诉讼法"的内容，调整了两者的编写顺序。（5）重新编写了课堂实训的内容。

修改后的教材依然保留了较强的职业特色：

第一，在内容上，本教材秉承"简洁实用"的原则，选取最贴近学生日常生活的法律、法规加以讲解。针对经济类院校开设专业法律课的特点，大胆摒弃了对一些专业性强的法律、法规的讲解，求精、求实，不求全。

第二，在表述形式上，本教材按照高职高专培养应用型人才的目标，纠正了以往教材编写中只注重"知识点"传授的偏向，采用以案例引入理论，小案例、小思考、小资料与理论相结合的编写方式，并在每章的后面编写了课堂实训的内容，将法学理论知识的讲解与培养学生的自学能力、分析和解决问题的能力有机地结合起来。形式新颖活泼，增强了阅读的情趣，易于学生的学习。

第三，在语言的使用上，本教材注意通俗易懂、生动形象，尽量将晦涩难懂的法学专业术语通俗化，以易于学生理解和学习。

第四，在理论深度上，本教材根据高职高专学生的学识水平，对法学理论的深浅程度作了很好的把握，以"非法学专业的学生通过一定的思考即能理解"作为编写的限度，便于学生自学。同时，根据编者对中等职业学校教学和高校教学的不同经验，本教材注意了与中职教材和高校教材的衔接等问题。

第五，在知识结构上，本教材将经济法理论划分为"经济法概述""经济主体法律制度""经济行为法律制度""经济纠纷解决的法律制度"四个模块来编写，强调了法学理论的逻辑性和实用性，便于学生系统掌握经济法理论知识。

本次修订工作主要由东北财经大学高等职业技术学院韩雪琴副教授、辽宁省智库律师事务所李梦钧律师两人共同完成。本书在修订的过程中，参考了大量近年来在社会上有影响力的法学资料，借鉴了一些最新的法学理论，在此对相关作者表示深深的感谢！同时，本书在修订过程中得到了东北财经大学出版社领导、相关同志的大力支持，在此一并表示感谢！与本书配套的"财经出版数字化流程再造系统工程——财经专业课程资料库"中其他项目的内容也可在东北财经大学出版社"财道书院"及官网上查询到，供广大读者配套使用。

本次修订后仍然会存在一定的疏漏和不足，敬请广大读者不吝赐教。

编著者

2021年1月于大连

目　录

第一编

经济法概述

人类生存和社会发展，均依赖于经济活动。调整经济关系、维护经济秩序，是法律的重要任务。因此，自从人类社会出现了国家，出现了法律现象，就有了对经济的法律调整。

就我国的法制建设状况而言，目前已经形成了由多种部门法律组成的法律体系，其中，民商法和经济法两大部门法无疑成为调整经济关系、维护市场经济秩序的重要角色。民法通过物权法、合同法、侵权责任法等法律制度，保护市场主体对财产的所有和利用，保障市场主体按照意思自治原则自主达成交易合同，并使合同得以履行，制裁侵害他人财产权和人身权的行为，维护主体的合法权益；商法以企业制度为核心，以保障交易安全、降低交易成本、促进交易效率为宗旨，重点调整企业设立、内部管理、对外经济交往中的有关经济关系；经济法则侧重于调整政府平衡协调经济生活中发生的政府与市场主体之间的关系，实现国家对社会经济活动的管理和调控。由此可见，我们这本教材所称的"经济法"是一种广义的经济法，既包括狭义经济法，也包括民商法中有关调整经济活动的相关内容，可以称之为"经济活动法"。

本编主要从法律基础知识、经济法的概念和调整对象、经济法律关系、经济法律制度等几个方面对基本法学理论加以阐述，为以后各章经济法律知识的讲解做好铺垫。

第1章

法律概述

学习目标

本章主要介绍法学基本理论。通过学习，使学生对法学领域有一个总体了解，在充分理解法律的概念、本质和特征的基础上，了解法律的渊源和体系，重视法律的效用，从而提高学生守法、用法的自觉性。

引入案例

A外商与中国B公司合作创办一家中外合作经营企业，合作企业协议中有如下约定：企业要遵守中国的法律、法规的要求；企业生产用原材料由A外商在本国的C公司提供。该合作企业在经营过程中，合作双方因C公司提交的原材料不符合规定而发生争议，中国B公司按中国法律规定，向履行地的当地人民法院提起诉讼。但A外商却以自己不是中国人，C公司不在中国为由，拒绝按中国的法律审理该案。

请思考：

（1）法律的含义是什么？

（2）如何理解法律的效力？

（3）能否依照中国法律审理本案中的A外商及C公司的行为？

1.1 法律的概念及法律的起源和发展

1.1.1 法律的概念

法律是由国家制定或认可的，并以国家强制力保证实施的，规定社会关系主体相应的权利和义务的，具有普遍约束力和严格程序的行为规范的总称。

严格来讲，法和法律不是同一个概念，法律一般有广义和狭义之分，狭义的法律仅指全国人民代表大会及其常务委员会所制定的法律。广义上的法律是指法律的整体，即国家有立法权的机关制定颁布的各种行为规范的总和。一般都把广义上的法律称为法。

1.1.2　法律的起源和发展

法律不是人类社会从来就有的，也不是永恒存在的，而是人类社会发展到一定历史阶段的产物。法律随着阶级的产生、国家的出现而产生，并将随着阶级的消灭、国家的消亡而消亡。

1）原始社会的氏族习惯

在原始社会，由于生产力水平极其低下，没有私有财产，没有阶级斗争，当然也就不需要有维护阶级统治秩序的工具——国家和法律。

原始社会没有国家和法律，人们通过道德规范、宗教仪式、氏族习惯来调整人与人之间的社会关系。特别是氏族习惯在调整原始社会的秩序方面发挥着重要作用。

原始社会的氏族习惯，是人们共同生活的准则，体现着全体氏族成员的意志和利益，对全体氏族成员具有普遍的约束力。原始社会氏族习惯依靠氏族部落首领的威信和人们对其的尊敬，依靠社会舆论，依靠人们的自觉服从来保证其实施。如果某个成员破坏了它，就是对整个氏族组织和全体氏族成员利益的侵犯，就要受到全体氏族成员的谴责，得到应有的制裁。

2）阶级社会的法

进入阶级社会以后，统治阶级为了维护自己的政治、经济利益，除了需要借助于国家政权外，还需要创设一种体现统治阶级意志的新的社会规范，于是，法应运而生。

最初出现的法律规范，主要是经过国家权力机关认可的习惯和司法机关审判实践的记录，即习惯法，后来才逐渐发展成为成文法。早期的成文法，也多是习惯法的记载。这种习惯法虽然多是由原始社会的习惯演变而来的，甚至仍然沿用旧的社会习惯的名称，但其性质已发生了根本性的变化，它是以国家的名义向人们提出的行为要求，变成了反映统治阶级意志、维护统治阶级利益、实现统治阶级专政的工具。

按照法赖以存在的经济基础的性质不同，法可以分为奴隶制法、封建制法、资本主义法和社会主义法。社会主义法是最高历史类型的法。到了共产主义社会，法将随着国家的消亡而自行消亡。作为与国家相联系的特殊社会规则，法仅存在于阶级社会。

1.2　法律的本质和特征

1.2.1　法律的本质

1）法律是统治阶级意志的体现

所谓意志是一种有目的的意识，它反映了人们的愿望和要求。在阶级社会里，各阶级都有自己的阶级意志，而统治阶级和被统治阶级之间的利益是根本对立的，在不同阶级之间存在着根本利益冲突的情况下，只有统治阶级的意志才能被制定为法律。统治阶级可以通过手中掌握的政权把自己的意志制定为法律，而被统治阶级没有掌握政权，不可能把自己的意志制定为法律。因而，阶级对立社会中的法律只能是统治阶级意志的体现，没有也不可能是被统治阶级意志的体现。

2）法律是统治阶级共同意志的体现

法不论是集体制定的，还是由最高政治权威个人制定的，所反映的都是统治阶级的整体利益，而不是统治阶级少数人的意志，更不是个别人的意志。

3）法律是以国家意志的形式表现出来的统治阶级的意志

统治阶级的意志并不都体现为法，只有经过一定的国家机关将统治阶级的意志上升为国家意志，才会体现为法的形式。统治阶级的意志除了通过法这种形式反映出来以外，还反映在它的道德、宗教、哲学和艺术等各个方面，但它们并不具有国家意志性。只有法律才是以国家的名义颁布，代表国家的意志。统治阶级意志一旦上升为国家意志，便在全社会具有普遍的约束力。

4）法律所反映的内容是由统治阶级的物质生活条件决定的

法是上层建筑的重要组成部分，它的性质是由一定的社会经济基础决定的。法所反映的统治阶级意志的内容不是统治阶级头脑中固有的，也不是凭空产生的，而是由他们的物质生活条件决定的。物质生活条件包括地理环境、人口状况、社会物质生产方式等。地理环境、人口状况对统治阶级制定的法律内容会产生一定的影响，但决定性因素主要是生产方式即生产力与生产关系的统一。所以，有什么样的生产力状况所决定的生产关系，就有什么样的统治阶级意志，就有什么样的法律。离开一定的物质生活条件，统治阶级的意志就无法寄托，法律就无法产生。

1.2.2 法律的特征

法律是赋予社会关系主体相应权利和义务的社会规范，由国家制定或认可，由国家强制力保证执行。与其他类型的社会规范相比较，有着自己的一些基本特征。

1）法律是调整人们行为的一种特殊社会规范

法不同于技术规范和自然法则，它调整人与人之间的行为关系而不是调整自然现象之间、人与自然界之间的关系，违反法律会招致社会的惩罚，而不仅是自然界的惩罚。作为一种特殊的社会规范，法律具有规范性、概括性和普遍性等特点。规范性是指法律为人们的行为提供了一个模式、标准或方向，告诉人们在一定情况下可以做什么或不可以做什么。概括性是指法律是一种抽象的、概括的规定，它不针对特定的人和事，在同样的情况和条件下，它可以反复适用而不是仅适用一次。普遍性是指法律所提供的行为标准对所有的人具有普遍的约束力，全体社会成员都必须遵守，不允许有超越法律的特权，要求"法律面前人人平等"。

2）法律是规定人们的权利和义务的社会规范

法律的核心内容在于规定了人们在法律上的权利和义务。法律权利是法律赋予人们的某种资格。法律义务是法律规定人们必须履行的某种责任。法律规定的各种权利是不可侵犯的，如果有人侵犯了他人的合法权利，就会受到法律制裁。法律规定的各种义务要求人们必须履行，如果有人不自觉履行义务，国家就要强制其履行。多数情况下，法律上的这种权利和义务是相对应的，行为人在享有权利的同时，必须承担相应的义务。

3）法律是由国家制定或认可的社会规范

法律由国家制定或认可，是国家意志的表现，这是法律区别于道德、宗教等其他社会规范的重要特征之一。国家制定是指法律规范由有权国家机关根据调整社会关系和规范人的行为的需要，依照一定的程序，制定出规范性文件的行为。国家认可是指有权国家机关根据统治阶级的需要，把社会生活中已存在的某种习惯、风俗、教义、礼仪等，以一定形式承认并赋予其法律效力，使其成为人们必须遵守的行为规范的行为。这一特征使法律成为国家意志的体现，也就决定了法律所具有的权威性和统一性。

4）法律是由国家强制力保证实施的社会规范

任何社会规范都要通过一定的力量来保证实施，但方式有所不同。由于法律是一种国家意志，它的实施就要由国家来保障。国家强制力是指国家机关以军队、警察、法庭、监狱等国家暴力机关为后盾，根据法律规定，对违反法律的行为进行制裁。

知识链接1-1

道德、宗教等其他社会规范是建立在人们的信仰或确信的基础上，通过人们内心发生作用的，一般不需要由国家来制定，也不需要靠国家强制力保证实施，并且它们只适用于部分人群。

1.3 法律的渊源和体系

1.3.1 法律渊源

法律渊源亦称法律形式，是指法律的存在和表现形式。我国法律制度在形式上属于成文法，因此，判例不作为我国的法律渊源。《中华人民共和国宪法》（以下简称《宪法》）和《中华人民共和国立法法》（以下简称《立法法》）赋予我国特定的机关以特定的立法权限，不同的机关采取的立法形式不同，其制定的法律文件的效力也有所差异。具体而言，我国的法律渊源主要有：

1）宪法

宪法是国家的根本大法和最高法律，是一切法律的基础。我国宪法是由全国人民代表大会经过最严格的立法程序制定和修改的，它规定了我国的各项基本制度、公民的基本权利和义务、国家机关的组成及其活动的基本原则等。宪法具有最高的法律效力，是其他一切法律、法规制定的依据。

2）法律

法律也是由国家的最高权力机关——全国人民代表大会及其常务委员会制定的。其中，制定和修改刑事、民事、国家机构的和其他的基本法律由全国人民代表大会完成，如《中华人民共和国民法典》。全国人民代表大会常务委员会制定和修改除应当由全国人民代表大会制定的法律以外的其他法律，如《中华人民共和国公司法》（以下简称《公司法》）。在全国人民代表大会闭会期间，全国人民代表大会常务委员会对全国人民代表大会制定的法律进行部分补充和修改，如2015年12月27日由第十二届全国人大常务委员会第十八次会议通过的《全国人大常委会关于修改〈中华人民共和国教育法〉的决定》。这种修改不得同该法律的基本原则相抵触。

法律的效力低于宪法，高于其他的法律形式。

3）行政法规

行政法规是指由国务院制定的规范性文件。国务院为领导和管理国家的各项行政工作，根据宪法和法律，在自己的职权范围内制定的行政法规，其地位和效力次于宪法、法律，高于地方性法规、规章，是制定地方性法规和规章的依据。行政法规使用的具体名称一般为条例、规定、办法等。

4）地方性法规

地方性法规是指有地方立法权的人民代表大会及其常务委员会，在不与宪法、法律和行政法规相抵触的前提下，根据本辖区的具体情况和实际需要制定的规范性文件。地方性法规仅在本辖区内有效，其效力高于本级和下级地方政府规章。

知识链接1-2

我国2015年新修订的《立法法》对地方人大的立法权限作出如下规定：省、自治区、直辖市的人民代表大会及其常务委员会根据本行政区域的具体情况和实际需要，在不与宪法、法律、行政法规相抵触的前提下，可以制定地方性法规。

设区的市的人民代表大会及其常务委员会根据本市的具体情况和实际需要，在不与宪法、法律、行政法规和本省、自治区的地方性法规相抵触的前提下，可以对城乡建设与管理、环境保护、历史文化保护等方面的事项制定地方性法规，法律对设区的市制定地方性法规的事项另有规定的，从其规定。

除省、自治区的人民政府所在地的市，经济特区所在地的市和国务院已经批准的较大的市以外，其他设区的市开始制定地方性法规的具体步骤和时间，由省、自治区的人民代表大会常务委员会综合考虑本省、自治区所辖的设区的市的人口数量、地域面积、经济社会发展情况以及立法需求、立法能力等因素确定，并报全国人民代表大会常务委员会和国务院备案。

自治州的人民代表大会及其常务委员会可以依照本法的规定行使设区的市制定地方性法规的职权。自治州开始制定地方性法规的具体步骤和时间，依照前款规定确定。

5）自治条例和单行条例

自治条例和单行条例是指由民族自治地方的人民代表大会，根据宪法和法律，依照当地民族的政治、经济、文化等特点制定的，只在本自治地方内有效的规范性文件。自治条例和单行条例可以依照当地民族的特点，对法律和行政法规的规定作出变通规定，但不得违背法律或者行政法规的基本原则，不得对宪法和民族区域自治法的规定以及其他有关法律、行政法规专门就民族自治地方所作的规定作出变通规定。

6）特别行政区的法律

特别行政区的法律是指由特别行政区的立法机关在宪法和法律赋予的职权范围内制定的规范性文件，在特别行政区内具有普遍的约束力。我国实行"一国两制"，因此特别行政区的法律渊源具有一定的特殊性。

7）规章

规章包括部门规章和政府规章。部门规章是指由国务院所属的各部、各委员会、中国人民银行、审计署和具有行政管理职能的直属机构，为了执行宪法、法律和国务院行政法规，在本部门的权限范围内，发布的决定、命令等。部门规章一般在全国范围内有效。

政府规章是省、自治区、直辖市、设区的市、自治州的人民政府，在不与法律、行政法规和地方性法规相抵触的前提下制定的，对本行政区域内具体行政事项进行管理的法律文件。省、自治区的人民政府制定的规章的效力高于本行政区域内的设区的市、自治州的人民政府制定的规章。

知识链接1-3

设区的市、自治州的人民政府根据《立法法》制定的地方政府规章，限于城乡建设与管理、环境保护、历史文化保护等方面的事项，并且只在本地区适用。已经制定的地方政府规章，涉及上述事项范围以外的，继续有效。

应当制定地方性法规但条件尚不成熟的，因行政管理迫切需要，可以先制定地方政府规章。规章实施满2年需要继续实施规章所规定的行政措施的，应当提请本级人民代表大会或者其常务委员会制定地方性法规。

8）法律解释

法律解释包括全国人民代表大会常务委员会作出的法律解释和最高人民法院、最高人民检察院等机关作出的司法解释。这两类解释与其所解释的法律条文具有同等的法律效力，也可以视为我国法律的渊源。

9）国际条约或协定

国际条约或协定是指我国作为国际法主体同其他国家或地区缔结的双边、多边协议和其他具有条约、协定性质的文件。国际条约或协定虽然不属于我国的国内法，但只要我国签订或加入的国际条约或协定一经生效，不仅对国家有约束力，而且对国内机关、社会团体、企事业单位和公民也具有普遍约束力，成为我国法律的渊源之一。

知识链接1-4

我国《民法典》第10条规定："处理民事纠纷，应当依照法律；法律没有规定的，可以适用习惯，但是不得违背公序良俗。"据此可以认定，在特殊情况下，法律认可将人们在社会生活中形成的，符合公序良俗的社会习惯作为审理纠纷的依据，即可以将这些习惯视为法律渊源。

1.3.2 法律体系

法律体系是指由若干法律部门构成的有机联系的统一整体。法律部门是指调整同一类社会关系的法律规范的总称，凡调整同一类社会关系并运用相同的调整方法的法律规范就构成一个法律部门。目前我国已经初步形成了以宪法为基础和核心的法律体系框架。

1）宪法及宪法相关法

宪法是我国法律体系的主导部门。它所涉及的是我国的社会制度、国家制度以及主要社会关系的基本问题。宪法体系不单指《宪法》这部根本大法，还包括与宪法相配套、直接保障宪法实施和国家政权运作等方面的法律规范。

2）行政法

行政法是宪法之下重要的法律部门之一，在法律体系中占有重要的地位。行政法是调整国家在行政管理活动中所发生的各种社会关系的法律规范的总和。我国目前没有一部综合性的、完整的行政法法典，有关规范分散于宪法、法律、行政法规和大量的地方性法规、规章之中。行政法涉及范围很广，包括国防、外交、经济、文教、治安、民政、卫生、环境、交通等各方面的行政管理。

3）民法

民法是我国法律体系中的一个重要法律部门。民法是调整平等主体的自然人、法人和非法人组织之间的人身关系和财产关系的法律规范的总称。民事法律的基本精神集中体现在 2020 年 5 月 28 日第十三届全国人大三次会议表决通过，自 2021 年 1 月 1 日起施行的《民法典》中。《民法典》和相关的司法解释共同构成我国民事法律体系。

知识链接1-5

我国《民法典》共 7 编 1 260 条，10 万多字，是我国法律体系中条文最多、体量最大、篇章结构最复杂的一部法律。是民事权利的宣言书和保障书，也是公民社会生活的百科全书。《民法典》的内容分别是第一编总则；第二编物权；第三编合同；第四编人格权；第五编婚姻家庭；第六编继承；第七编侵权责任。《民法典》自 2021 年 1 月 1 日起施行。《中华人民共和国婚姻法》《中华人民共和国继承法》《中华人民共和国民法通则》《中华人民共和国收养法》《中华人民共和国担保法》《中华人民共和国合同法》《中华人民共和国物权法》《中华人民共和国侵权责任法》《中华人民共和国民法总则》同时废止。

2019 年 11 月 8 日，最高人民法院印发的《全国法院民商事审判工作会议纪要》和 2021 年 1 月 1 日起生效的《最高人民法院关于适用〈中华人民共和国民法典〉时间效力的若干规定》等一系列司法解释对当前民商事审判工作中的一些疑难法律问题作出了统一规范，为各级法院审理民事案件提供了指导。

4）商法

商法是调整平等主体之间的商事关系或商事行为的法律规范的总称。商法主要包括公司法、合伙企业法、个人独资企业法、外商投资企业法、企业破产法、保险法、票据法、海商法等。作为与民事法律相辅相成的法律体系，商法会随着我国民事立法的不断完善而得到巩固和健全。

5）经济法

经济法也可称经济管理法，是调整国家对社会经济进行宏观调控和市场规制过程中产生的经济关系的法律规范的总称。经济法涉及的范围包括财税调控、金融调控、计划调控、反垄断、反不正当竞争和消费者权益保护等方面。

6）刑法

刑法是以规定犯罪和刑罚为基本内容的法律规范的总和。刑法部门的法律规范主要体现在《中华人民共和国刑法》（以下简称《刑法》）中。刑法的任务就是要惩罚犯罪，保护社会，对严重破坏社会关系和社会秩序的犯罪分子定罪量刑，保护国家、社会、个人的利益不受侵犯，保障我国社会主义建设事业的顺利进行。

7）社会法

社会法是规范劳动关系、社会保障、社会福利和特殊群体权益保障方面法律关系的法律规范的总和。社会法也是在政府干预社会生活过程中逐渐发展起来的一个法律门类，所调整的是政府与社会之间、社会不同部门之间的法律关系。社会法包括两个方面：一是有关劳动关系、劳动保障和社会保障方面的法律，如劳动法、工会法等；二是有关特殊社会群体权益保障方面的法律，如未成年人保护法、妇女权益保障法等。

8）诉讼法与非诉讼程序法

诉讼法与非诉讼程序法是国家制定的解决社会纠纷的诉讼活动与非诉讼活动的法律规范的总称。诉讼法与非诉讼程序法是保证各种实体法实现的必要条件。诉讼法的法律规范主要集中在《中华人民共和国刑事诉讼法》（以下简称《刑事诉讼法》）、《中华人民共和国民事诉讼法》（以下简称《民事诉讼法》）和《中华人民共和国行政诉讼法》（以下简称《行政诉讼法》）三部法典中。此外，针对海事诉讼的特殊性，我国还制定了《中华人民共和国海事诉讼特别程序法》，作为对民事诉讼法的补充。为了处理国与国之间的犯罪引渡问题，制定了《中华人民共和国引渡法》，作为对刑事诉讼法的补充。此外，我国还制定有《中华人民共和国仲裁法》《中华人民共和国劳动争议调解仲裁法》等非诉讼程序法。

1.4 法律的效力

法律效力即法律对行为主体的约束力。国家制定的法律对行为主体有严格的约束力，行为主体必须服从法律，按照法律的规定去实施自己的行为。法律的效力包括法律的对象效力、法律的空间效力、法律的时间效力三个方面。

1.4.1 法律的对象效力

法律的对象效力也称为法对人的效力，是指一国法律规范可以适用的主体范围，即对哪些主体有效。不同国家以及一国不同的部门法在确定适用的对象范围时可以遵循不同的原则，这些原则大体有四种：属人主义原则、属地主义原则、保护主义原则和以属地主义为主并与属人主义、保护主义相结合的原则。我国采用第四种原则，即维护本国利益，坚持本国主权，又尊重他国主权。

1）法律对中国公民的效力

中国公民在中国领域内一律适用中国法律。在中国境外的中国公民，也应遵守中国法律并受中国法律保护。

2）法律对外国人和无国籍人的效力

外国人和无国籍人在中国领域内，除法律另有规定外，适用中国法律。中国法律既保护他们在中国的法定权利与合法利益，又依法处理他们的违法问题，这是国家主权原则的必然要求。外国人在中国领域外对中国国家或者公民犯罪，按中国《刑法》规定的最低刑为3年以上有期徒刑的，可以适用中国法律，但是按照犯罪地的法律不受处罚的除外。

我国公民在境外犯罪，或外国人在我国境外对我国或我国公民犯罪，依照我国刑法应负刑事责任的，虽然经过国外审判，仍然可以依照我国刑法处理，但在国外已经受过刑罚处罚的，可以免除或者减轻处罚。

1.4.2　法律的空间效力

法律的空间效力指法在哪些地域有效力。一般来说，一国法律适用于该国主权所及的全部领土，包括领陆、领水及其底土和领空，以及作为领土延伸的本国驻外使领馆、船舶、飞机或其他航空器。

针对犯罪行为与犯罪结果在时间或地点方面存在跨国界等情况，我国刑法还规定：犯罪的行为或者结果有一项发生在中华人民共和国领域内的，就认为是在中华人民共和国领域内犯罪。

1.4.3　法律的时间效力

法律的时间效力指法何时生效、何时失效以及法的溯及力等问题。

1）法律的生效时间

法律的生效时间有四种：①自法律公布之日起生效；②由该法律规定具体的生效时间；③有专门决定规定该法的具体生效时间；④规定法律公布后符合一定条件时生效。

2）法律的失效时间

法律的失效时间即法的废止时间。我国法律的失效情况有四种：①新法取代旧法，旧法失效；②法完成了历史任务而自然失效；③发布明文规定废止旧法；④法律本身规定了适用新法，旧法失效。

3）法律的溯及力

法律的溯及力是指法律对其生效以前的事件和行为是否适用的问题，如果适用，就是有溯及力；如果不适用，就是没有溯及力。法律是否具有溯及力，不同法律规范的规定不同。我国2015年3月15日第十二届全国人民代表大会第三次会议修正的《立法法》第93条规定："法律、行政法规、地方性法规、自治条例和单行条例、规章不溯及既往，但为了更好地保护公民、法人和其他组织的权利和利益而作的特别规定除外。"可见我国法律是以法律不溯及既往为原则的。

于2021年1月1日起施行的《最高人民法院关于适用〈中华人民共和国民法典〉时间效力的若干规定》的司法解释就人民法院在审理民事纠纷案件中有关适用《民法典》时间效力问题作出具体规定：

（1）民法典施行前的法律事实引起的民事纠纷案件，适用当时的法律、司法解释的规定，但是法律、司法解释另有规定的除外。民法典施行前的法律事实持续至民法典施行后，该法律事实引起的民事纠纷案件，适用民法典的规定，但是法律、司法解释另有规定的除外。

（2）民法典施行前的法律事实引起的民事纠纷案件，当时的法律、司法解释有规定，适用当时的法律、司法解释的规定，但是适用民法典的规定更有利于保护民事主体合法权益，更有利于维护社会和经济秩序，更有利于弘扬社会主义核心价值观的除外；当时的法律、司法解释没有规定而民法典有规定的，可以适用民法典的规定，但是明显减损当事人合法权益、增加当事人法定义务或者背离当事人合理预期的除外；当时的法律、司法解释仅有原则性规定而民法典有具体规定的，适用当时的法律、司法解释的规定，但是可以依据民法典具体规定进行裁判说理。

由此可见，司法解释在坚持"法不溯及既往"这一基本原则的前提下规定了两种例外情形，一种例外情形就是"有利溯及"，例如"民法典施行前的法律事实引起的民事纠纷案件，当时的法律、司法解释有规定，适用当时的法律、司法解释的规定，但是适用民法典的规定更有利于保护民事主体合法权益，更有利于维护社会和经济秩序，更有利于弘扬社会主义核心价值观的可以适用新法"。第二种例外情形是新增规定的溯及适用问题，例如"民法典施行前的法律事实引起的民事纠纷案件，当时的法律、司法解释没有规定而民法典有规定的，可以适用民法典的规定。"这就是说在民事审判领域，旧法对某一事项没有规定，而新的法律在总结理论研究成果和审判实践经验基础上对此作出明确规定的，基于维护公平正义、统一法律适用的需要，人民法院可以适用新法的规定。这里法律就具有了溯及既往的效力

知识链接1-6

我国《刑法》为了更好地保护当事人的利益，也对刑法的溯及力问题作出特别规定。例如，《刑法》第12条规定："中华人民共和国成立以后本法施行以前的行为，如果当时的法律不认为是犯罪的，适用当时的法律；如果当时的法律认为是犯罪的，依照本法总则第四章第八节的规定应当追诉的，按照当时的法律追究刑事责任，但是如果本法不认为是犯罪或者处刑较轻的，适用本法。"这里我国立法就采用了"从旧兼从轻"的原则。

应知应会

1.法律的相关概念：法律、法律渊源、法律体系。

2.法律的本质。

3.法律的特征。

4.法律的表现形式。

5.法律效力的规定。

课堂实训

1.比较法律与原始社会氏族规范的区别。

2.实战演练：对引入案例进行分析。

第2章

经济法的调整对象和概念

学习目标

通过本章的学习，使学生理解和掌握经济法的概念和调整对象的相关知识。正确认识经济法的地位，更好地发挥经济法在经济建设中的作用，为以后各章的学习奠定基础。

引入案例

某饭店与某旅行社达成协议，旅行社将游客带到该饭店用餐，饭店按餐费8%的比例向旅行社支付回扣，该行为被其他饭店举报。

请思考：

（1）经济法的含义是什么？

（2）经济法有哪些调整对象？

（3）饭店和旅行社之间的关系属于经济法的调整对象吗？

（4）结合《反不正当竞争法》的规定，阐述饭店和旅行社的行为是否应该受到法律制裁。

2.1 经济法的调整对象

我国经济法是一个独立的法律部门，它有明确的、独立的调整对象。要理解经济法的含义，确立经济法在我国法律体系中的独立地位，首先应明确经济法的调整对象。自1979年以来，法学界对经济法的调整对象一直在研究、探讨，目前达成的共识是：经济法调整两大社会关系，一是国家对国民经济进行宏观调控过程中产生的宏观调控关系，二是国家在规范市场行为过程中产生的市场规制关系。

2.1.1 宏观调控关系

宏观调控关系或称宏观经济调控关系，是国家对国民经济和社会发展运行进行规划、调节和控制过程中发生的经济关系，涉及现实社会中的国民经济整体利益、社会公共利益和国家根本与长远利益。其内容十分广泛，主要包括以下几类宏观调控关系：①财税调控关系；②金融调控关系；③规划调控关系；④产业调控关系；⑤投资调控关系；⑥储备调控关系；⑦价格调控关系；⑧涉外调控关系等。

市场经济条件下，国家不再直接干预市场主体的经营活动，政府对经济的管理主要是制定执行宏观调控政策，搞好基础设施建设，创造良好的经济发展环境和对经济活动提供监督和服务。这些活动的开展必将涉及一系列的经济关系，诸如中央和地方的关系，各产业部门之间的关系，宏观计划和市场运行之间的关系，政府和企业之间的关系，以及宏观经济总量、结构、比例关系等。我国颁布的《中华人民共和国预算法》《中华人民共和国企业所得税法》《中华人民共和国个人所得税法》等法律制度就是用以调整各主体之间以及个体与全局的物质利益关系，从而实现国家调控目标，保障市场经济协调有序地发展。

2.1.2 市场规制关系

市场规制关系就是国家在引导、调节、控制、监督市场主体的经济行为过程中产生的经济关系。竞争是市场经济的显著特点。唯有竞争机制的作用，才能使企业充满生机和活力，才能实现优胜劣汰，使资源向效益好的企业流动。但在市场竞争过程中，有些企业不是通过正当手段和途径进行竞争，如假冒其他企业的名称和商标，做虚假广告，哄抬物价，窃取他人技术和商业秘密，通过回扣和有奖销售的手段经销伪劣产品等。这些行为不仅损害了竞争对手的合法权益，而且严重地损害了广大消费者的利益，破坏了社会主义市场经济的秩序。因此，要保证市场经济健康发展，提高经济效益，促进生产发展，就需要制定和实施各种相关经济法规，通过经济法对市场竞争关系加以调整，建立正常的市场进入、市场竞争和市场交易秩序，依法惩处生产和销售假冒伪劣产品、欺行霸市等违法行为，促进社会主义市场经济健康发展。我国颁布的《中华人民共和国产品质量法》《中华人民共和国反不正当竞争法》《中华人民共和国消费者权益保护法》等都是规制市场行为的法律制度。

以上对经济法调整对象的界定，是从部门法的角度阐述的。我们教材所讲的经济法是广义的经济法，不但包括以上所讲的狭义的经济法内容，还包括与经济活动密切相关的民商法和社会法的内容，如调整市场主体内部经济关系的法律（参见《公司法》等企业法内容）、调整市场主体之间的经济活动关系的法律（参见《民法典》《中华人民共和国反不正当竞争法》等内容）、规范社会经济保障关系的法律（参见《中华人民共和国劳动法》等内容），以及解决经济纠纷的法律（参见《民事诉讼法》《仲裁法》等内容）。可以说本书所讲的经济法应当称之为"经济活动法"。

2.2　经济法的概念

　　尽管法国空想社会主义者摩莱里早在 1755 年就在他的《自然法典》中提出了"经济法"这个名词，但并未阐明经济法的具体含义。1842 年，法国另一位空想社会主义者泰·德萨米在《公有法典》中再一次提出"经济法"这个名词，但也没有对"经济法"一词作任何解释。德国学者奥特 1906 年在《世界经济年鉴》上，首先使用"经济法"这一概念，也仅是用来说明与经济有关的各种法规，并未赋予经济法任何严格的理论界定。至今，关于经济法的概念与经济法的调整对象一样，众说纷纭。

　　本书通过对经济法调整对象的分析，将经济法的概念表述为：经济法是调整国家对国民经济进行宏观调控和规范市场主体行为、市场主体内部活动以及社会经济保障活动过程中产生的经济关系的法律规范的总称。经济法的概念在我国立法中尚未加以明确，随着我国市场经济建设的法律实践、经济立法和经济法学研究的不断深入，我国经济法的概念一定会逐步完善和准确。

应知应会

　　1.经济法的含义。
　　2.经济法调整对象的范围。

课堂实训

　　查阅本书相关的知识，分析判断引入案例中饭店与旅行社之间的关系是否属于经济法的调整对象？其行为应否承担法律责任？

第3章

经济法律关系

学习目标

通过本章的学习，使学生理解经济法律关系及其构成要素的含义及要求；掌握经济权利、经济义务的含义及其法律规定；在此基础上能够分析现实社会中存在的各种经济活动的法律关系，从而明确经济活动当事人的权利和义务，以更好地履行义务主体的义务，保证权利主体权利的实现，促进社会经济的健康发展。

引入案例

英国人约翰在中国A公司工作多年，与中国人赵明建立了很好的个人关系。当地B商场举办有奖销售活动，A公司购买办公用品时获得100张奖券，公司将其分给每位员工2张，并且声明，如得奖就归持券人所有。下班后，约翰和赵明来到商场购买生活用品，因商场POS机出现故障，不能刷卡消费，只好由赵明用人民币为约翰垫付货款。两人购物又获得连号的5张奖券，约翰开玩笑说，"排在前面的2张算我的"，赵明说"好"。当天晚上，约翰得知英国家中出事，便连夜购买机票匆忙回国，没有返还赵明购物款，也没有拿走奖券。几日后，商场开奖，赵明所持公司分得的奖券获得了一等奖，奖金5 000元整。赵明与约翰购物时获得的奖券中的第一张获得了二等奖，奖金4 000元整。赵明将两张奖券所得的9 000元奖金一并拿回。

请思考：9 000元奖金是否应当归赵明所有？英国人约翰在中国是否具有获得奖金的权利？

3.1 经济法律关系的概念

经济法律关系是指经济法主体之间在进行经济活动时依法形成的权利和义务关系。

在社会整个生产、交换、分配、消费的过程中，当事人之间随时产生着各种经济关系，这些经济关系一经国家认可并加以法律化，即具有了经济法律关系的性质。各方形成了法律上的经济权利和经济义务关系，受国家确认和保护。

经济法律关系属于上层建筑，是国家意志的体现。所以，经济法律关系是受国家意志所决定，并由国家强制力保证实施的，使经济权利和经济利益能够得以实现的社会经济关系。

3.2　经济法律关系的构成要素

经济法律关系由主体、客体和内容三个要素构成，亦称经济法律关系"三要素"，在经济法律关系中，三者紧密联系，缺一不可。

3.2.1　经济法律关系主体

经济法律关系主体简称经济法主体，是指依法参加经济法律关系，享有经济权利和承担经济义务的当事人。享有经济权利时称为权利主体，承担义务时称为义务主体。经济法主体是构成经济法律关系的第一要素，没有主体就不可能形成经济法律关系。

1）经济法律关系主体的种类

（1）自然人。这里的自然人既包括本国公民，也包括居住在一国境内或在境内活动的外国公民和无国籍人。

（2）法人和非法人组织。法人包括营利性法人（有限责任公司、股份有限公司和其他企业法人等）、非营利性法人（事业单位、社会团体、基金会、社会服务机构等）、特别法人（机关法人、农村集体经济组织法人、城镇农村的合作经济组织法人、基层群众性自治组织法人等）。非法人组织则是指不具有法人地位，但是可以以自己名义从事法律活动的主体。非法人组织包括个人独资企业、合伙企业、不具有法人资格的专业服务机构等。

（3）国家。在特定情况下，国家可以作为一个整体成为法律关系的主体。例如，国家作为主权者是国际公法关系的主体，可以成为对外经济贸易关系中的债权人和债务人；在国内法上，国家可以直接以自己的名义参与国内法律关系（如发行国库券）。当然，大多数情况下，国家是以其机关或者授权的组织作为代表参与法律关系。

2）经济法律关系主体的权利能力和行为能力

自然人和社会组织要成为经济法律关系的主体，必须具备权利能力，即具有经济法律关系主体构成的资格。权利能力是权利主体享有权利和承担义务的资格，它反映了权利主体享有权利和承担义务的可能性。法律关系主体要自己参与经济法律活动，必须具备相应的行为能力。行为能力是指权利主体能够通过自己的行为取得权利和承担义务的能力。行为能力必须以权利能力为前提，无权利能力就谈不上行为能力。

（1）自然人的权利能力和行为能力

根据《民法典》的规定，自然人从出生时起到死亡时止，具有民事权利能力；自然人的权利能力一律平等。

《民法典》以年龄为标准将自然人划分为成年人和未成年人两部分：十八周岁以上的自然人为成年人，不满十八周岁的自然人为未成年人。在此基础上结合自然人的精神健康状况，从行为能力的角度，又将自然人划分为完全行为能力人、限制行为能力人和无行为能力人。①完全行为能力人。已满十八周岁的成年人为完全行为能力人，可以独立进行民事活动。十六周岁以上不满十八周岁的未成年人，以自己的劳动收入为主要生活来源的，视为完全民事行为能力人。②限制行为能力人。八周岁以上的未成年人和不能完全辨认自己行为的成年人为限制民事行为能力人，其实施民事法律行为由其法定代理人代理或者经其法定代理人同意、追认，但是可以独立实施纯获利益的民事法律行为或者与其年龄、智力、精神健康状况相适应的民事法律行为。③无行为能力人。不满八周岁的未成年人和不能辨认自己行为的人为无民事行为能力人，由其法定代理人代理实施民事法律行为。

（2）社会组织的权利能力和行为能力

无论是法人组织还是非法人组织，作为法律关系的主体都应当具有权利能力和行为能力，但是其权利能力和行为能力不同于自然人。以法人为例，法人的权利能力、行为能力在法人成立时同时产生，到法人终止时同时消灭。自然人的行为能力一般通过自身实现，而法人的行为能力则通过法定代表人或者其代理人实现。

依法成立的经济法律关系的主体只能在法律规定或认可的范围内参加经济法律关系，超越法律规定或认可范围的，则不再具有参加经济法律关系的主体资格，法律另有规定的除外。

知识链接 3-1

我国《民法典》第15条规定：自然人的出生时间和死亡时间，以出生证明、死亡证明记载的时间为准；没有出生证明、死亡证明的，以户籍登记或者其他有效身份登记记载的时间为准。有其他证据足以推翻以上记载时间的，以该证据证明的时间为准。

第16条规定：涉及遗产继承、接受赠与等胎儿利益保护的，胎儿视为具有民事权利能力。但是胎儿娩出时为死体的，其民事权利能力自始不存在。

3.2.2 经济法律关系的客体

经济法律关系的客体是指经济法律关系主体之间的经济权利和经济义务所共同指向的对象。客体是确立权利和义务关系性质和具体内容的依据，也是确定权利是否行使和义务是否履行的客观标准。没有客体，权利义务就失去了依附的目标和载体。经济法律关系的客体包括：

1）物

物是指能满足人们需要，可以为人们控制的一切生产资料和生活资料。物可以是自然物，如土地、矿藏、水流、森林；也可以是人造物，如建筑、机器、各种产品等；还可以是财产物品的一般价值表现形式——货币及有价证券。物既可以是有固定形态的，也可以是没有固定形态的，如天然气、电力等。物在我国有严格的规定和限制，有的物列为国家专有，有的物不能作为流通、买卖的客体，有的物在流通、买卖中有严格的限制。哪些物可以成为法律关系的客体，是由国家法律、法规直接规定的。

2）非物质财富

非物质财富也称精神产品或精神财富，包括知识产品和道德产品。知识产品也称智力成果，是指人们通过脑力劳动创造的能够带来经济价值的精神财富。如著作权、专利权、商标权等，它们分别为著作权关系、专利权关系、商标权关系的客体。智力成果是一种精神形态的客体，是一种思想或者技术方案，不是物，但通常有物质载体，如书籍、图册、录像、录音等，就是记录、承载智力成果的物质形式。道德产品是指人们在各种社会活动中所取得的非物化的道德价值，如荣誉称号、嘉奖表彰等，它们是公民、法人荣誉权的客体。

3）行为

行为是指法律关系主体为达到一定目的所进行的作为（积极行为）或不作为（消极行为），是人的有意识的活动。行为是行为过程与其结果的统一，如生产经营行为、经济管理行为、完成一定工作的行为和提供一定劳务的行为等。其中，完成一定的工作是指能够取得某种具体成果的工作，如基本建设中的设计、勘察、施工等，就是为他方完成一定的工作，他方根据完成工作的质量和数量支付一定的报酬。履行一定的劳务是指能够取得某种具体结果的劳务，如货物运输合同中的客体，不是物，而是按约定的条件将货物送至指定地点的行为。

3.2.3　经济法律关系的内容

经济法律关系的内容是指经济法律关系主体之间依法享有的经济权利和承担的经济义务和职责。经济权利和经济义务是经济法律关系的最基本要素，经济权利和经济义务融为一体，决定着经济法律关系的实质。

1）经济权利

经济权利是指经济法律关系权利主体依法享有的某种经济权益。其权益表现在：一是经济主体可以根据自己的业务或管理的需要，有权作出或不作出一定的行为；二是经济主体有权要求他人作出或不作出一定的行为；三是当他人的行为使自己的经济权利不能实现时，有权要求法院或仲裁机构给予法律保护。

2）经济义务

经济义务是指经济法律关系义务主体依法应当履行的某种经济责任。其责任表现为义务主体必须作出或不作出一定的行为，以保证权利主体的权利得以实现。

经济权利和经济义务是相互依存、密不可分的，没有无权利的义务，也没有无义务的权利。权利和义务同时产生，又同时消灭。在横向经济法律关系中，由于主体之间的地位是平等的，所以权利和义务是对等的；但在纵向的经济法律关系中，由于主体之间的地位不是平等的，所以权利与义务不表现为对等关系。

经济法律关系产生、变更和消灭的原因——法律事实。法律事实是被法律规范所规定的导致一定法律后果的客观情况。根据法律事实是否以经济法律关系当事人的主观意志为转移，将其划分为事件（如人的出生和死亡、自然灾害和意外事件）和行为（如签订合同、进行诉讼）两种，两者产生不同的法律后果。

3.3 经济法律关系的保护

3.3.1 经济法律关系保护的含义

经济法律关系依法确立后，不仅涉及经济法律关系主体的经济权利，而且关系到国家和人民的利益。因此，它必须受到法律保护。国家对经济法律关系的保护，就是严格监督经济法律关系的参加者正确行使权利和切实履行义务，其实质就是对经济法律关系主体的权利的保护，也是加强经济法制建设的重要目的。

3.3.2 经济法律关系保护的途径

（1）协商或仲裁。经济法律关系主体之间发生经济纠纷，可以采取双方协商或请求仲裁的方式解决，但必须遵循自愿原则，必须符合国家法律、国际条约和国际惯例。

（2）行政处理。经济法律关系主体违反经济法律、法规，侵犯其他经济法律关系主体权利时，由法律规定的行政机关依法给予行政处分，以保护权利主体的经济权利。

（3）司法处理。经济法律关系主体违反经济法律、法规，侵犯其他经济法律关系主体权利，由司法机关依法给予其司法处理。

3.3.3 经济法律责任

经济法律责任是指经济法律关系主体因违反法律规定或当事人之间的约定应承担的法律后果。经济法律关系的保护，实质上就是追究违法或违约者的法律责任。

1）行政责任

行政责任是指国家行政机关和国家授权单位对经济法律关系主体的经济违法行为给予的行政处分或行政处罚，如通报批评、警告、责令整顿、吊销营业执照、记过、降级、撤职、罚款等。

2）民事责任

民事责任是指国家机关或国家授权单位对经济法律关系主体的经济违法行为给予的经济制裁。我国《民法典》第179条规定，承担民事责任的方式主要有：（1）停止侵害；（2）排除妨碍；（3）消除危险；（4）返还财产；（5）恢复原状；（6）修理、重作、更换；（7）继续履行；（8）赔偿损失；（9）支付违约金；（10）消除影响、恢复名誉；（11）赔礼道歉。

3）刑事责任

刑事责任是指对违反经济法并违反刑法构成犯罪的经济法律关系主体给予的刑罚处罚。

经济法律责任是一种综合性的责任，在适用上具有灵活性。对违法的经济法律关系主体，根据违法性质、情节可以单独适用，也可以合并采用。

应知应会

1.相关概念：经济法律关系、经济法律关系主体、经济法律关系客体、经济权利、经济义务、经济法律责任。

2.经济法律关系主体的种类及其资格的规定。

3.经济法律关系客体的种类。

4.经济权利和经济义务的内容及两者相互关系。

课堂实训

1.用图表的形式勾画出经济法律关系的构成要素。

2.设计一种经济法律关系，要说明各种构成要素。

3.实战演练：对引入案例进行分析。

第4章

经济法律制度

学习目标

通过本章的学习，对经济活动中经常出现的"法人制度""代理制度""诉讼时效制度"的法律规定有一个全面的了解，进而对"法人的权利能力和行为能力""代理权的行使及其法律后果""诉讼时效期间的规定"等问题有很好的理解和掌握，并能运用所掌握的法学理论知识，分析解决生活中存在的实际问题。

引入案例

甲有闲房5间。2015年1月，甲将其中3间房屋租给好友乙，另2间房屋租给丙，租期未定。为方便起见，甲委托乙向丙代收房屋租金，并约定，乙需每年1月向甲预付乙、丙一年的租金。2016年12月，乙未征求甲的意见，就以甲的名义将租给丙的2间房租给了赵某夫妇，租期为5年。赵某夫妇依约按时向乙交纳房租，但乙自2017年起便没有再向甲交纳房屋租金。甲于2017年2月、4月向乙讨要过两次房租未果，因碍于好友的情面和忙于生意，甲未再向乙提及房租事宜。2020年1月，甲因生意需要，要求乙和赵某夫妇腾房，赵某夫妇以租期未到为由不同意腾房。甲向法院起诉，要求赵某夫妇腾房，并要求乙和赵某夫妇偿付各自所欠的3年的房租。

请思考：

(1) 甲与乙存在什么法律关系？其法律后果如何？

(2) 赵某夫妇与甲之间有没有合法的租赁关系？应如何处理他们之间的关系？

(3) 甲能否请求法院判决乙和赵某夫妇偿付5年的租金？为什么？

4.1 法人制度

4.1.1 法人的概念

法人是自然人的对称，是另一类重要的民事主体。我国《民法典》规定："法人是具有民事权利能力和民事行为能力，依法独立享有民事权利和承担民事义务的组织。"简单地说，法人就是能够以自己的名义享有民事权利和承担民事义务的组织。这种社会组织之所以称为法人，是因为它是依法律创设的民事主体，已获得法律的承认而取得法律上的人格，是社会组织在法律上的人格化。

4.1.2 法人成立的条件

法人是一种社会组织，但并不是所有的社会组织都是法人，只有具备了法律规定的法人成立条件的社会组织，才可成为法人。根据《民法典》的规定，法人应当依法成立。在我国设立法人组织既要符合我国法律对成立法人实质条件的规定，又要符合我国法律对设立法人组织需要履行的程序方面的规定，法律规定需要登记的就得登记，应当经过审批的必须经过有关机关的批准，否则，不能成立法人组织。例如在我国设立公司，不仅必须满足《公司法》规定的设立公司的实质条件要件，而且必须履行向公司登记机关注册登记，取得企业法人营业执照这种设立公司的程序。

按照我国《民法典》的规定，法人成立必须同时具备以下几个条件：

（1）有自己的名称。法人的名称是一个法人区别于其他组织的标志，因此名称是法人设立的一个条件。

（2）有自己的组织机构。法人的组织机构是法人行使其职权和从事日常工作不可缺少的常设机构，也是法人独立享有民事权利和承担民事义务的保证。

（3）有自己的住所。法人以其主要办事机构所在地为住所。依法需要办理法人登记的，应当将主要办事机构所在地登记为住所。住所与场所不同，住所是法人法律意义上的住址，场所是法人开展活动的场地。法人可以有多处场所，但只能有一个住所。

（4）有自己的财产或者经费。必要的财产或者经费，是法人从事民事活动的物质基础，是法人享有民事权利和承担民事义务的前提，也是其承担民事责任的财产保障。因此，法人成立时应当具有自己独立的财产或者经费。法人以其全部财产独立承担民事责任。法人的独立责任是指法人在违反义务而对外承担责任时，其责任范围应当以其所拥有或经营管理的财产为限，与法人成员和其他人的财产无关。独立责任使得法人和其成员在人格上得以彻底分离，使法人取得独立的法律人格。

知识链接4-1

法律规定，设立法人需要登记的，应当办理登记手续。法人存续期间登记事项发生变化的，应当依法向登记机关申请变更登记。法人的实际情况与登记的事项不一致的，不得对抗善意相对人。法人合并的，其权利和义务由合并后的法人享有和承担。法人分立的，其权利和义务由分立后的法人享有连带债权，承担连带债务，但是债权人和债务人另有约定的除外。法人出现法定事由并依法完成清算、注销登记的，法人终止。

登记机关应当依法及时公示法人登记的有关信息。

4.1.3 我国法人的分类

按照我国《民法典》的规定，我国法人可分为三类：一是营利法人；二是非营利法人；三是特别法人。

1）营利法人

营利法人是以取得利润并分配给股东等出资人为目的成立的法人。营利法人经依法登记成立，在我国经济活动中占主导地位，是最重要的民事主体之一。营利法人又可分为公司法人和非公司法人。公司是按照公司法的要求设立和运作的企业法人，在我国包括股份有限公司和有限责任公司两种形式。非公司法人是指非依公司法设立的企业法人，如依据《中华人民共和国全民所有制工业企业法》设立的国有企业等。对此类法人的理解，可参照《公司法》的相关规定。

2）非营利法人

非营利法人是为公益目的或者其他非营利目的成立，不向出资人、设立人或者会员分配所取得利润的法人。非营利法人包括事业单位、社会团体、基金会、社会服务机构等。

（1）事业单位法人。事业单位法人是具备法人条件，为适应经济社会发展需要，提供公益服务而设立的事业单位。如各类从事科研、教育、文化、卫生、体育、新闻、出版等公益事业的单位。这类法人可经依法登记成立，取得事业单位法人资格；依法不需要办理法人登记的，从成立之日起，具有事业单位法人资格。

（2）社会团体法人。社会团体法人是指具备法人条件，基于会员共同意愿，为公益目的或者会员共同利益等非营利目的设立的社会团体。社会团体法人包括各种政治团体（如各民主党派）、人民群众团体（如工会、共青团、妇联）、社会公益团体（如残疾人联合会）、学术研究团体（如法学会）等。这类法人经依法登记成立，取得社会团体法人资格；依法不需要办理法人登记的，从成立之日起，具有社会团体法人资格。

（3）基金会、社会服务机构法人。基金会、社会服务机构法人指具备法人条件，为公益目的以捐助财产设立的基金会、社会服务机构等组织。这类法人经依法登记成立，取得捐助法人资格。依法设立的宗教活动场所，具备法人条件的，可以申请法人登记，取得捐助法人资格。法律、行政法规对宗教活动场所有规定的，依照其规定。

3）特别法人

特别法人包括机关法人、农村集体经济组织法人、城镇农村的合作经济组织法人、基层群众性自治组织法人等。

（1）机关法人。有独立经费的机关和承担行政职能的法定机构，从成立之日起，具有机关法人资格，可以从事为履行职能所需要的民事活动。

（2）农村集体经济组织法人。农村集体经济组织依据法律规定取得法人资格。法律、行政法规对农村集体经济组织有规定的，依照其规定。

（3）城镇农村的合作经济组织法人。城镇农村的合作经济组织依法取得法人资格。法律、行政法规对城镇农村的合作经济组织有规定的，依照其规定。

（4）基层群众性自治组织法人。居民委员会、村民委员会具有基层群众性自治组织法人资格，可以从事为履行职能所需要的民事活动。未设立村集体经济组织的，村民委员会可以依法代行村集体经济组织的职能。

4.1.4 法人的民事权利能力和民事行为能力

法人的民事权利能力是指法律赋予法人从事民事活动，享有民事权利和承担民事义务的资格。

法人的民事行为能力是指法律确认的法人通过自己的行为从事民事活动，取得民事权利和承担民事义务的能力。

法人作为民事主体与自然人一样具有民事权利能力和民事行为能力。法人的民事权利能力和民事行为能力，从法人成立时产生，到法人终止时消灭。

法人的民事权利能力由法人核准登记的经营范围决定。从维护相对人的利益和促进交易的角度出发，司法解释规定，当事人超过经营范围订立合同，不违反国家限制经营、特许经营以及法律、行政法规禁止经营规定的，人民法院不因此认定合同无效。由于不同法人的民事权利能力范围不相同，因此，与其相对应的法人的民事行为能力的范围也不一致。

4.1.5 法定代表人

法定代表人是指依照法律或者法人章程的规定，代表法人从事民事活动的负责人，如厂长、经理、董事长、校长等。法人的民事行为一般由法人的法定代表人行使，法人对法定代表人以法人名义从事的民事活动所产生的法律后果，承担民事责任。法定代表人因执行职务造成他人损害的，由法人承担民事责任。法人承担民事责任后，依照法律或者法人章程的规定，可以向有过错的法定代表人追偿。

法人章程或者法人权力机构对法定代表人代表权的限制，不得对抗善意相对人。

知识链接4-2

在我国，不具有法人资格，但是能够依法以自己的名义从事民事活动的组织称为非法人组织。非法人组织包括个人独资企业、合伙企业、不具有法人资格的专业服务机构等。这些社会组织既非自然人，也没有法人资格，但是我国法律赋予其民事权利能力，允许其以各自名义开展各类社会活动。有关这类组织的登记、民事活动、责任承担等法律规定，可以参照《中华人民共和国合伙企业法》《中华人民共和国个人独资企业法》的规定。

4.2 代理制度

4.2.1 代理的概念、种类和法律特征

1）代理的概念

代理是指代理人以被代理人（又称本人）的名义，在代理权限内与第三人（又称相

对人）开展活动，其活动后果直接由被代理人承受的民事法律行为。其中，代替他人实施民事法律行为的人，称为代理人；由他人以自己的名义代为实施民事法律行为并承受法律后果的人，称为被代理人；与代理人进行民事法律行为的人，称为第三人；代理人代替被代理人实施法律行为的权利称为代理权。例如，甲接受乙的委托，以乙的名义与丙签订合同，在乙和丙之间形成债权债务关系。

2）代理的种类

代理包括委托代理和法定代理两种。

3）代理的法律特征

（1）代理人一般应以被代理人的名义从事代理行为。

代理人的任务就是代替被代理人实施法律行为。在代理人参与建立的法律关系中，被代理人是其中的主体，因此，代理人必须以被代理人的名义实施法律行为。但在特殊情况下，代理人以自己的名义，在委托人授权范围内与第三人订立的合同也对委托人产生约束力。

（2）代理行为是能够引起民事法律后果的民事法律行为。

通过代理人实施的行为，必须能产生法律后果，能够引起民事法律关系的产生、变更或终止。例如，代订合同而建立了买卖关系；代为履行债务而消灭了债权债务关系。

（3）代理人在代理权限内独立地实施民事法律行为。

一方面，为了保护被代理人的利益，代理人必须在代理权限范围内实施民事法律行为；另一方面，代理人与被代理人毕竟是两个彼此独立的民事主体，应当允许代理人根据当时当地的实际情况，独立决定实施法律行为的具体内容和方式。

（4）代理行为的法律后果直接归属于被代理人。

代理人在代理权限内所为的民事行为，等于被代理人自己所为的民事法律行为，由此产生的权利义务对被代理人发生效力。代理活动中的费用以及代理人在代理过程中所造成的责任损失，也直接由被代理人承担。

代理人不履行或者不完全履行职责，造成被代理人损害的，应当承担民事责任。

代理人和相对人恶意串通，损害被代理人合法权益的，代理人和相对人应当承担连带责任。代理人知道或者应当知道代理事项违法仍然实施代理行为，或者被代理人知道或者应当知道代理人的代理行为违法未作反对表示的，被代理人和代理人应当承担连带责任。

知识链接4-3

《民法典》第161条规定：依照法律规定、当事人约定或者民事法律行为的性质，应当由本人亲自实施的民事法律行为，不得代理。

4.2.2 代理权的产生和终止

代理人代替被代理人实施法律行为的民事权利称为代理权。委托代理权和法定代理权产生、终止的原因各不相同。

1）委托代理权的产生和终止

（1）委托代理权的产生。委托代理的代理权根据被代理人的委托授权而产生。相应地，被代理人又称委托人，代理人又称被委托人。这是经济活动中最常见的一种代理方式，如：代理签订合同；代理申请专利、商标权、著作权；代理参加民事诉讼活动等。委托代理授权可以是口头的，也可以是书面的。委托代理采用书面形式的，授权委托书应当载明代理人的姓名或者名称、代理事项、权限和期间，并由被代理人签名或者盖章。

（2）委托代理权的终止。有下列情形之一的，委托代理权终止：①代理期限届满或代理事务完成；②被代理人取消委托或者代理人辞去委托；③代理人丧失民事行为能力；④代理人或者被代理人死亡；⑤作为代理人或者被代理人的法人、非法人组织终止。

委托代理并不因被代理人死亡而必然终止。被代理人死亡后，有下列情况之一的，委托代理人实施的代理行为有效：①代理人不知道且不应当知道被代理人死亡的；②被代理人的继承人予以承认的；③授权中明确代理权在代理事务完成时终止的；④被代理人死亡前已经实施，而在被代理人死亡之后，为了被代理人的继承人的利益继续代理的。

2）法定代理权的产生和终止

（1）法定代理权的产生。法定代理的代理权是由于法律的直接规定而产生的。这种代理不需要被代理人委托，而是直接由法律根据一定社会关系的存在加以确定的。我国《民法典》第23条规定"无民事行为能力人、限制民事行为能力人的监护人是其法定代理人"。第34条规定"监护人的职责是代理被监护人实施民事法律行为，保护被监护人的人身权利、财产权利以及其他合法权益等"。由此可见，无民事行为能力人、限制民事行为能力人的民事法律行为由其监护人实施，监护人的这种代理权是依法自动产生的。

（2）法定代理权的终止。法定代理权因以下原因而终止：①被代理人取得或者恢复完全民事行为能力；②代理人丧失民事行为能力；③代理人或者被代理人死亡；④人民法院认定代理关系终止的其他情形。

知识链接4-4

我国《民法典》对监护人资格的规定是：（1）父母是未成年子女的监护人。未成年人的父母已经死亡或者没有监护能力的，由下列有监护能力的人按顺序担任监护人：①祖父母、外祖父母；②兄、姐；③其他愿意担任监护人的个人或者组织，但是须经未成年人住所地的居民委员会、村民委员会或者民政部门同意。

（2）无民事行为能力或者限制民事行为能力的成年人，由下列有监护能力的人按顺序担任监护人：①配偶；②父母、子女；③其他近亲属；④其他愿意担任监护人的个人或者组织，但是须经被监护人住所地的居民委员会、村民委员会或者民政部门同意。

我国《民法典》还对无民事行为能力人、限制民事行为能力人的监护人的职责、监护人资格的撤销以及监护关系终止等方面都做了详细规定。对法定代理权的理解可以参照《民法典》对"监护"制度的规定。

4.2.3 代理权的行使及法律后果

代理权的行使必须为了被代理人的利益，这是行使代理权的本质要求。代理人不履行或者不完全履行职责，造成被代理人损害的，应当承担民事责任。

我国法律对代理权行使的规定体现在以下几个方面：

1) 代理人必须在代理权限内行使代理权

代理人必须在代理权限范围内进行活动，非经被代理人同意，不得擅自扩大、变更代理权限。超越或变更代理权限所为的行为，非经被代理人追认，对被代理人不发生法律效力。

《民法典》规定，执行法人或者非法人组织工作任务的人员，就其职权范围内的事项，以法人或者非法人组织的名义实施的民事法律行为，对法人或者非法人组织发生效力。法人或者非法人组织对执行其工作任务的人员职权范围的限制，不得对抗善意相对人。

2) 代理人原则上应当亲自完成代理事务，不得擅自转委托

代理的适用是建立在被代理人与代理人之间彼此信任的基础之上的，故代理具有严格的人身属性，代理人在一般情况下应当亲自处理代理事务，未经被代理人同意不得擅自转委托。

转委托代理经被代理人同意或者追认的，被代理人可以就代理事务直接指示转委托的第三人，代理人仅就第三人的选任以及对第三人的指示承担责任。转委托代理未经被代理人同意或者追认的，代理人应当对转委托的第三人的行为承担责任；但是，在紧急情况下代理人为了维护被代理人的利益需要转委托第三人代理的除外。

3) 禁止滥用代理权

滥用代理权的行为是指代理人违法行使代理权的情况。滥用代理权有三种情形：①代理人以被代理人的名义同自己进行民事法律行为；②代理人同时代理双方当事人实施同一民事法律行为；③代理人与第三人恶意串通损害被代理人利益的行为。可见，滥用代理权的行为均是代理人利用合法身份从事的行为，但这种代理行为极有可能损害被代理人的合法权益，根本违背了代理制度的本质，所以为法律所禁止，代理行为无效。但第一种情形和第二种情形经被代理人同意或者追认的，该代理行为有效。在第三种情形下，对被代理人合法权益受到的损害，由代理人和相对人承担连带责任。

4) 不得无权代理

无权代理就是没有代理权的"代理"。它包括以下三种情形：①没有代理权的代理行为；②超越代理权的代理行为；③代理权终止后的代理行为。

无权代理行为因欠缺代理权，在法律理论上应属无效，其法律责任由"代理人"即行为人承担。但其具备代理行为的表象，因而应当根据具体情况确定其法律后果：①如

果该代理行为经过被代理人追认则成为有效代理行为，据此产生的法律后果由被代理人承担；②如果被代理人知道他人以自己名义实施法律行为而不作否认表示，则视为同意该行为，其法律后果由被代理人承担。

无权代理行为的相对人可以催告被代理人自收到通知之日起30日内予以追认。被代理人未作表示的，视为拒绝追认。行为人实施的行为被追认前，善意相对人有撤销的权利。撤销应当以通知的方式作出。行为人实施的行为未被追认的，善意相对人有权请求行为人履行债务或者就其受到的损害请求行为人赔偿，但是赔偿的范围不得超过被代理人追认时相对人所能获得的利益。相对人知道或者应当知道行为人无权代理的，相对人和行为人按照各自的过错承担责任。

4.2.4 表见代理

表见代理是指无权代理人因与本人有一定的关系，而使相对人有理由相信其有代理权而与其进行民事活动的"代理"行为。

表见代理的构成要件是：

（1）代理人没有代理权。表见代理行为，是一种无权代理的特殊情况。

（2）无权代理人具有代理权的外观，即客观上有使相对人相信无权代理人具有代理权的情形，例如无权代理人持有加盖印章的空白合同书等。

（3）相对人主观上是善意且无过失的，即相对人不知道行为人所为的行为是没有代理权的行为，而且，这种不知在主观上并无过错。

（4）相对人与无权代理人发生了民事行为。相对人基于客观情形而与无权代理人发生了法律行为，没有形成这种法律后果，不构成表见代理。

表见代理因第三人无从得知代理人没有代理权，因而该代理行为同有权代理一样，对被代理人具有法律约束力。这种规定有利于保护善意第三人的合法权益。

小案例 4-1

甲为某供销社的采购员，他经常持该供销社的介绍信和盖有公章的空白合同对外联系业务。某年4月，该供销社口头委托甲到某食品厂购买一批糖果，甲到食品厂后并未说明只购糖果，在购买糖果后，发现该厂生产的花色蛋糕很好，便以供销社的名义购买了花色蛋糕2箱。甲回厂结账时厂长拒不付蛋糕款项，因已安排另一采购员从其他食品厂采购蛋糕，他只需采购糖果。某食品厂便向人民法院起诉，要求该供销社偿付蛋糕货款并承担违约责任。

请分析：

（1）甲以供销社的名义与某食品厂所订立关于蛋糕的购销合同是否有效？应如何处理？

（2）假如某食品厂明知甲无权代理，而仍与其订立蛋糕购销合同，那么对该合同责任应该如何承担？

（3）假如某供销社将蛋糕卖出1箱，后又以甲无权代理为由要求退货，能否得到支持？案件又应如何处理？

4.3 诉讼时效制度

4.3.1 诉讼时效的概念

诉讼时效是指权利人请求法院依法保护其民事权利的法定时间。诉讼时效制度规定，权利人在法定期间内不行使权利，即丧失请求人民法院或仲裁机关强制义务人履行义务的权利。

诉讼时效消灭的是一种胜诉权，而不是实体权利。《民法典》规定："诉讼时效期间届满的，义务人可以提出不履行义务的抗辩。"由此可见，依据诉讼时效提出抗辩是义务人的一项民事权利，义务人是否行使该权利由义务人自己主张，人民法院不得主动适用诉讼时效的规定。但"诉讼时效期间届满后，义务人同意履行的，不得以诉讼时效期间届满为由抗辩；义务人已自愿履行的，不得请求返还"。诉讼时效的期间、计算方法以及中止、中断的事由由法律规定，当事人约定无效。当事人对诉讼时效利益的预先放弃无效。

我国《民法典》、《民事诉讼法》和《最高人民法院关于审理民事案件适用诉讼时效制度若干问题的规定》（以下简称《诉讼时效规定》）等法律及规范性文件对诉讼时效制度作出了相关规定。

诉讼时效与除斥期间不同。除斥期间是指法律规定的某种权利的存续期间，超过该期间，相应的权利即不再存在，如《民法典》规定，具有撤销权的当事人自知道或者应当知道撤销事由之日起1年内没有行使撤销权，撤销权消灭。这里的1年就属于除斥期间。除斥期间规定的是权利存续期间，也称不变期间，其不适用中断、中止和延长。

4.3.2 诉讼时效的种类

1）普通诉讼时效

普通诉讼时效又称一般诉讼时效，是指适用于一般民事权利的诉讼时效期限。我国《民法典》规定，向人民法院请求保护民事权利的诉讼时效期间为3年，法律另有规定的除外。

2）最长诉讼时效

最长诉讼时效是指期限为20年的诉讼时效。《民法典》规定，自权利受到损害之日起超过20年的，人民法院不予保护；有特殊情况的，人民法院可以根据权利人的申请决定延长。

最长诉讼时效期限从权利被侵害时计算，可以适用诉讼时效的延长，但不适用诉讼时效期间中止、中断的规定。

4.3.3 诉讼时效的开始、中止、中断与延长

1）诉讼时效的开始

诉讼时效开始的时间因侵权行为的不同而有所不同。①一般情形下，诉讼时效期间自权利人知道或者应当知道权利受到损害以及义务人之日起计算。法律另有规定的，依照其规定。②当事人约定同一债务分期履行的，诉讼时效期间自最后一期履行期限届满之日起计算。③无民事行为能力人或者限制民事行为能力人对其法定代理人的请求权的诉讼时效期间，自该法定代理终止之日起计算。④未成年人遭受性侵害的损害赔偿请求权的诉讼时效期间，自受害人年满18周岁之日起计算。

2）诉讼时效的中止

诉讼时效的中止是指诉讼时效的暂停，按照《民法典》的规定，诉讼时效期间的最后6个月内，出现法定障碍情形，致使权利人不能行使请求权的，诉讼时效中止。自中止时效的原因消除之日起满6个月，诉讼时效期间届满。

引起诉讼时效中止的障碍情形包括：①不可抗力；②权利被侵害的无民事行为能力人、限制民事行为能力人没有法定代理人，或者法定代理人死亡、丧失民事行为能力、丧失代理权；③继承开始后未确定继承人或者遗产管理人；④权利人被义务人或者其他人控制无法主张权利；⑤其他导致权利人不能行使请求权的客观情形。

3）诉讼时效的中断

诉讼时效的中断是指在诉讼时效进行中，因发生一定的法定事由，致使已经经过的时效期间统归无效，从中断、有关程序终结时起，诉讼时效期间重新计算。

引起诉讼时效中断的事由包括：①权利人向义务人提出履行义务的要求。②义务人同意履行义务。③权利人提起诉讼或者申请仲裁。④与提起诉讼或者申请仲裁具有同等效力的其他情形。

知识链接4-5

《诉讼时效规定》明确，具有下列情形之一的，应当认定为"当事人一方提出要求"：①当事人一方直接向对方当事人送交主张权利文书，对方当事人在文书上签字、盖章或者虽未签字、盖章但能够以其他方式证明该文书到达对方当事人的；②当事人一方以发送信件或者数据电文方式主张权利，信件或者数据电文到达或者应当到达对方当事人的；③当事人一方为金融机构，依照法律规定或者当事人约定从对方当事人账户中扣收欠款本息的；④当事人一方下落不明，对方当事人在国家级或者下落不明的当事人一方住所地的省级有影响的媒体上刊登具有主张权利内容的公告的，但法律和司法解释另有特别规定的，适用其规定。

4）诉讼时效的延长

诉讼时效的延长是指由于正当的理由，人民法院对诉讼时效予以延长。正当理由一般是指权利人客观上遇到了障碍，在法定期间内不能行使诉讼权利的情形。

诉讼时效的延长是法律赋予司法机关的一种自由裁量权，至于何为特殊情况，则由人民法院判定。

按照我国《民法典》的规定，下列请求权不适用诉讼时效的规定：①请求停止侵害、排除妨碍、消除危险；②不动产物权和登记的动产物权的权利人请求返还财产；③请求支付抚养费、赡养费或者扶养费；④依法不适用诉讼时效的其他请求权。

知识链接4-6

期间。期间是指民事法律关系产生、变更和终止的时间。期间可以表现为某一不可分割的时刻，如某年、某月、某日；也可表现为从一定时刻到另一时刻的时间过程，如自某年某月某日起至某年某月某日止。

民法所称的期间按照公历年、月、日、小时计算。按照年、月、日计算期间的，开始的当日不计入，自下一日开始计算。按照小时计算期间的，自法律规定或者当事人约定的时间开始计算。按照年、月计算期间的，到期月的对应日为期间的最后一日；没有对应日的，月末日为期间的最后一日。期间的最后一日是法定休假日的，以法定休假日结束的次日为期间的最后一日。期间的最后一日的截止时间为二十四点。有业务时间的，停止业务活动的时间为截止时间。

民法所称的"以上""以下""以内""届满"，包括本数；所称的"不满""超过""以外"，不包括本数。

应知应会

1. 概念：法人、代理、诉讼时效。
2. 法人成立的条件。
3. 法人的权利能力和行为能力。
4. 代理权行使的法律后果。
5. 诉讼时效的内容。
6. 期间的规定。

课堂实训

实战演练：

案例分析一

分析下列四个小案例，哪一个属于代理行为？并阐述理由。

1. 甲委托邻居照看自己饲养的猫咪。
2. 甲口述委托书，由乙代笔书写，丙见证。
3. 甲（10岁）由其父亲代其与出版社签订了出版儿童绘画的合同。
4. 甲因伤丧失行动能力，在其与乙的侵权诉讼中，甲书写了赔偿请求，由其妻子代其在法庭上宣读。

案例分析二

甲向乙租赁住房一处，自2016年6月1日始，甲没有向乙支付租金，乙忙于事务一直没向甲主张权利。2019年3月15日，乙受伤住院两个月。2019年10月15日，乙向法院提起诉讼，要求甲支付租金。甲以诉讼时效期间已过为由，拒绝支付。

请分析：本案的诉讼时效是否已过？请阐述理由。

第二编

经济主体法律制度

经济主体是经济权利的享有者，也是经济义务的承担者。一切经济活动都必须在经济主体的参与下才能进行，因而，经济主体法律制度是经济法的重要组成部分。

经济主体主要包括自然人、法人和非法人组织。法人又分为营利性法人、非营利性法人和特别法人。营利性法人包括有限责任公司、股份有限公司和其他企业法人；非法人组织主要包括个人独资企业、合伙企业和不具有法人资格的专业服务机构。

限于教材的篇幅，本编主要选取《中华人民共和国个人独资企业法》（以下简称《个人独资企业法》）、《中华人民共和国合伙企业法》（以下简称《合伙企业法》）、《公司法》等调整最常见的经济主体形式的法律、法规的内容加以介绍。鉴于企业由于经营管理不善濒临破产，造成债权人权利受到损害的现象时有发生，因此，本编将《中华人民共和国破产法》（以下简称《破产法》）的内容加以一并讲解。

第5章

个人独资企业法

学习目标

通过本章的学习，使学生了解个人独资企业这种经济主体的特征、设立程序及其法律责任。理解《个人独资企业法》的原则、个人独资企业解散清算的规则；掌握个人独资企业的设立条件、个人独资企业投资人的规定以及个人独资企业事务管理的规定。最终达到能够较好地运用相关的法学理论，解决现实生活中存在的问题的目的。

引入案例

张某拟成立一个人独资企业。2007年3月2日，张某将设立申请书等申请设立登记文件提交到拟定设立的个人独资企业所在地工商行政管理机关，设立申请书的有关内容如下：张某以其房产、劳务和现金3万元出资；企业名称为A贸易有限公司。3月10日，该工商行政管理机关发给张某"企业登记驳回通知书"。3月15日，张某将修改后的登记文件交到该工商行政管理机关。3月25日，张某领取了该工商行政管理机关于3月20日签发的个人独资企业营业执照。

该个人独资企业（以下简称A企业）成立后，张某委托王某管理A企业事务，并书面约定，凡金额在5 000元以上的业务均须取得张某同意后执行。B企业明知张某与王某的约定，仍与代表A企业的王某签订了标的额为2万元的买卖合同。张某知道后以王某超出授权范围为由主张合同无效，但B企业以个人独资企业的投资人对受托人职权的限制不得对抗第三人为由主张合同有效。

资料来源　2008年中级会计职称考试考题。

请思考：

（1）张某3月2日提交的设立申请书中有哪些内容不符合法律规定？

（2）A企业的成立日期是哪天？简要说明理由。

（3）B企业主张合同有效的理由是否成立？简要说明理由。

5.1 个人独资企业及个人独资企业法

5.1.1 个人独资企业的概念

个人独资企业是指在中国境内依法设立的，由一个自然人投资，财产属于投资人个人所有、投资人以其个人财产对企业债务承担无限责任的经营实体。

5.1.2 个人独资企业的特征

1）个人独资企业是由一个自然人投资设立的企业

依据我国法律规定，在中国设立个人独资企业的投资人只能是一个具有中国国籍的自然人。各类组织和不具有中国国籍的自然人都不能作为个人独资企业的设立人。

2）个人独资企业的投资人对企业的债务承担无限责任

尽管个人独资企业有自己的名称或商号，并以企业名义从事经营行为和参加诉讼活动，是一个独立的经济主体，但个人独资企业不具有法人资格，在权利义务上，企业和个人是融为一体的，企业的责任即是投资人个人的责任，企业的财产即是投资人个人的财产。因此，个人独资企业的投资人以自己的财产对企业的债务承担无限责任，即当企业的资产不足以清偿到期债务时，投资人应以自己个人的全部财产用于清偿。这实际上将企业的责任与投资人的责任连为一体。

3）个人独资企业的财产归投资人个人所有

个人独资企业的财产不仅包括企业成立时投资者投入的财产，还包括企业存续期间积累的财产，这些财产都归属于投资者个人。个人独资企业是非法人企业，企业的责任就是投资者个人的责任，企业的财产及收益均归投资人所有。

4）内部机构设置简单，经营管理方式灵活

个人独资企业的投资人既是企业的所有者，又可以是企业的经营者，因此，法律对其内部机构和经营管理方式不像对公司和其他企业那样加以严格的规定。

5.1.3 个人独资企业法的概念和基本原则

1）个人独资企业法的概念

个人独资企业法有广义和狭义之分。广义的个人独资企业法，是指国家关于个人独资企业的各种法律规范的总称；狭义的个人独资企业法，是指 1999 年 8 月 30 日第九届全国人大常委会第十一次会议通过，自 2000 年 1 月 1 日起施行的《个人独资企业法》。

2）个人独资企业法的基本原则

我国《个人独资企业法》遵循下列基本原则：

（1）依法保护个人独资企业的财产和其他合法权益。个人独资企业的财产权是指个人独资企业的财产所有权，包括对财产的占有、使用、处分和收益的权利；其他合法权益是指财产所有权以外的有关权益，如有关名称权、自主经营权、平等竞争权、拒绝摊派权等。

（2）个人独资企业从事经营活动必须遵守法律、行政法规，遵守诚实信用原则，不得损害社会公共利益。遵守法律、法规是每个企业应尽的义务，企业只有遵守法律、法规，才能保证生产经营活动的有序进行。个人独资企业遵守的诚实信用原则是我国民事活动的基本原则。企业只有诚实守信，才能取得他人的信任，这既能增加企业的商业机会，也能树立企业形象，同时也是维护正常的社会经济秩序的需要。个人独资企业不得损害社会公共利益也是我国民法规定的民事活动中必须遵循的基本原则之一。个人独资企业在经营活动中，还必须遵守社会公德，不得滥用权利。

（3）个人独资企业应当依法履行纳税义务。依法纳税是每个公民和企业应尽的义务。个人独资企业在经营活动中应当依法缴纳国家税收法律、法规及规章规定的各项税款。

（4）个人独资企业应当依法招用职工。个人独资企业应严格依照劳动法及有关规定招用职工。企业招用职工应当与职工签订劳动合同，劳动合同必须遵循平等自愿、协商一致的原则，并不得违反国家法律、法规和有关政策规定；企业不得招用不满16周岁的少年、儿童。

（5）个人独资企业职工的合法权益受法律保护。个人独资企业职工依法享有我国法律规定的各项权利，企业应在劳动合同、工作时间、工资薪金、休息休假、劳动保护与保险等方面，严格遵守法律、法规的规定，不得侵犯职工的合法权益。

5.2　个人独资企业的设立

5.2.1　个人独资企业的设立条件

设立个人独资企业必须具备以下几项条件：

1）投资人符合法定条件

个人独资企业的投资人只能是一个具有中国国籍的自然人，但我国法律、行政法规规定禁止从事营利性活动的人，不得作为投资人申请设立个人独资企业。

知识链接 5-1

我国现行法律、行政法规规定禁止从事营利性活动的人包括：①国家公务员；②党政机关领导干部；③警官；④法官；⑤检察官；⑥商业银行工作人员。

2）有合法的企业名称

个人独资企业享有名称权和商号权。个人独资企业的名称应当与其责任形式及从事的营业内容相符合。企业的名称应遵守企业名称登记管理规定。企业只准使用一个名称，在登记主管机关辖区内不得与已登记注册的同行业企业名称相同或者近似。个人独资企业的名称中不得使用"有限""有限责任"字样。

我国《企业名称登记管理规定》规定，企业名称应当由以下部分依次组成：字号（或者商号）、行业或者经营特点、组织形式。企业名称应当冠以企业所在地省（包括自治区、直辖市）或者市（包括州）或者县（包括市辖区）行政区划名称。

3）有投资人申报的出资

一定的资本是任何企业得以存在的物质基础，个人独资企业也不例外。但由于个人独资企业的出资人承担的是无限责任，而并不是仅以出资额为限承担责任，因此，《个人独资企业法》不要求个人独资企业有最低注册资本金，仅要求有投资人申报的出资即可。这一规定便于个人独资企业的设立，有利于个人独资企业的发展。

4）有固定的生产经营场所和必要的生产经营条件

生产经营场所包括企业的住所和与生产经营相适应的处所。住所是企业的主要办事机构所在地，是企业的法定地址。

5）有必要的从业人员

有必要的从业人员，即要有与其生产经营范围、规模相适应的从业人员。

5.2.2　个人独资企业的设立程序

1）提出申请

申请设立个人独资企业，应当由投资人或者其委托的代理人向个人独资企业所在地的登记机关提出设立申请。申请时应向登记机关提交下列文件：①申请书；②投资人身份证明；③企业生产经营场所使用证明等文件。

个人独资企业投资人以个人财产出资或者以其家庭共有财产作为个人出资的，应当在设立申请书中予以明确。

委托代理人申请设立登记时，应当出具投资人的委托书和代理人的合法证明。

设立个人独资企业的申请书应当载明下列事项：①企业的名称和住所；②投资人的姓名和住所；③投资人的出资额和出资方式；④经营范围等内容。

2）企业登记

登记机关应当在收到设立申请文件之日起15日内，对符合《个人独资企业法》规定条件的予以登记，发给营业执照；不符合条件的，不予登记，并发给企业登记驳回通知书。

个人独资企业的营业执照签发日期，为个人独资企业成立日期。

个人独资企业设立分支机构的，应当由投资人或者由其委托的代理人向分支机构所在地的登记机关申请登记，领取营业执照。分支机构核准登记后，应将登记情况报该分支机构隶属的个人独资企业的登记机关备案。

5.3　个人独资企业投资人的权利和责任

5.3.1　个人独资企业投资人的权利

（1）个人独资企业投资人对企业财产享有所有权。个人独资企业成立时的出资和经营过程中积累的财产都归个人独资企业的投资人所有。

（2）个人独资企业投资人的有关权利可以依法转让或继承。由于个人独资企业投资人的人格与企业的人格密不可分，企业财产所有权均归投资人，所以投资人对于企业财产享有充分和完整的支配与处置权，他可以将企业财产的某一部分转让给他人，也可以将整个企业转让给他人。同时，当投资人死亡或被宣告死亡时，其继承人可以依继承法的规定对个人独资企业行使继承权。

5.3.2　个人独资企业投资人的责任

个人独资企业投资人对企业债务承担无限责任。个人独资企业在申请企业设立登记时明确以投资人个人财产出资的，以投资人的个人财产对企业的债务承担无限责任；明确以投资人家庭财产出资的，以投资人的家庭共有财产对企业的债务承担无限责任。由于我国目前尚无完善的财产登记制度，个人财产与家庭财产往往难以区分，实践中主要根据个人独资企业设立登记时在市场监督管理部门的投资登记来确定投资人是以其个人财产还是家庭财产来对企业债务承担责任。

由于个人独资企业具有投资主体单一性、经营管理直接性的特点，所以《个人独资企业法》没有对企业的组织机构作出具体规定，而是集中在投资人的条件、权利和投资人的责任、企业的事务管理等项规定上。

5.4　个人独资企业的事务管理

5.4.1　个人独资企业的生产经营

个人独资企业可以自主安排生产经营活动，但不得从事法律、行政法规禁止经营的业务。个人独资企业因生产经营需要设立分支机构的，该分支机构的民事责任由设立该分支机构的个人独资企业承担。

5.4.2　个人独资企业的事务管理

1）个人独资企业事务管理方式

个人独资企业事务管理方式主要有三种，投资人有权自主选择适合自己的管理方式。

（1）自行管理，即由个人独资企业投资人本人对本企业的经营事务直接进行管理。

（2）委托管理，即由个人独资企业的投资人委托其他具有民事行为能力的人负责企业的事务管理。

（3）聘任管理，即个人独资企业的投资人聘用其他具有民事行为能力的人负责企业的事务管理。

2）委托或聘用合同

委托管理或聘任管理应由投资人与受托人或被聘用人签订书面合同，明确委托或聘用的具体内容、授予的权利范围、受托人或被聘用人应履行的义务、报酬和责任等。受托人或者被聘用人管理个人独资企业事务时违反双方订立的合同，给投资人造成损害的，应承担民事赔偿责任。

3）个人独资企业与善意第三人

投资人与受托人或者被聘用人之间有关权利的限制只对受托人或者被聘用人有效，对第三人并无约束力，受托人或者被聘用人超出投资人的限制与善意第三人的有关业务交往应当有效。

小案例 5-1

张强开设一家个人独资企业。经营 2 年后，生意越做越红火，因此决定再设一个分支机构来扩大经营，并聘用其弟张旭负责经营管理。在依法办理完登记手续后，张强将张旭叫到跟前，口头叮嘱一些经营事项，并规定，张旭对外签订的价值超过 1 万元的合同，必须经过张强同意。之后，便放手让张旭去管理分支机构了。1 年后，李某找到张强，告知张旭从其处购入了价值 2 万元的货物，但货款一直未付，要求张强偿还。张强以分支机构由其弟弟负责，并且哥俩之间有约定，张旭对外签订的价值超过 1 万元的合同，必须经过张强同意，但张旭与李某签订的合同没有经过张强同意为由，拒绝偿还货款。与此同时，张旭聘用的一名员工郑某提出张强应当为其办理社会养老保险，被张强一口回绝。

请分析：

（1）张强要开办个人独资企业的分支机构应履行什么手续？

（2）张强是否应当支付李某 2 万元的货款？为什么？

（3）张强是否应当为郑某办理社会养老保险？请说明理由。

5.4.3 受托人或者被聘用的管理人的义务

受托人或者被聘用人应当履行诚信、勤勉义务，按照与投资人签订的合同负责个人独资企业的事务管理。

投资人委托或者聘用的管理个人独资企业事务的人员不得有下列行为：

（1）利用职务上的便利，索取或者收受贿赂。

（2）利用职务或者工作上的便利侵占企业财产。

（3）挪用企业的资金归个人使用或者借贷给他人。

（4）擅自将企业资金以个人名义或者以他人名义开立账户储存。

（5）擅自以企业财产提供担保。

（6）未经投资人同意，从事与本企业相竞争的业务。

（7）未经投资人同意，同本企业订立合同或者进行交易。

（8）未经投资人同意，擅自将企业商标或者其他知识产权转让给他人使用。

（9）泄露本企业的商业秘密。

（10）法律、行政法规禁止的其他行为。

5.4.4　个人独资企业的财务管理

个人独资企业应当依法设置会计账簿，进行会计核算。个人独资企业应当按时办理税务登记，严格履行纳税义务，接受税务机关的监督检查。

5.4.5　个人独资企业的劳动管理

1）合法招用员工

个人独资企业招用员工的，应当依法与员工签订劳动合同，保障员工的劳动安全，按时、足额发放员工工资。

2）参加社会保险

个人独资企业应当按照国家规定参加社会保险，为员工缴纳社会保险费用。个人独资企业的员工社会保险主要包括养老保险、工伤保险和医疗保险等。

3）保障员工权益

个人独资企业的员工可以依法组建工会组织，以维护他们的合法权益，个人独资企业应当为本企业工会提供必要的活动条件。

个人独资企业违反《个人独资企业法》的规定，侵犯职工合法权益，未保障职工劳动安全，不缴纳社会保险费用的，按照有关法律、行政法规予以处罚，并追究有关责任人员的责任。

5.5　个人独资企业的解散与清算

5.5.1　个人独资企业的解散

个人独资企业的解散，是指个人独资企业终止活动使其民事主体资格消灭的行为。根据《个人独资企业法》的规定，个人独资企业有下列情形之一时，应当解散：①投资人决定解散；②投资人死亡或者被宣告死亡，无继承人或者继承人决定放弃继承；③被依法吊销营业执照；④法律、行政法规规定的其他情形。

5.5.2　个人独资企业的清算

个人独资企业解散时，应当进行清算。《个人独资企业法》对个人独资企业清算作了如下规定：

1）通知和公告债权人

个人独资企业解散，由投资人自行清算或者由债权人申请人民法院指定清算人进行清算。投资人自行清算的，应当在清算前15日内书面通知债权人，无法通知的，应当予以公告。债权人应当在接到通知之日起30日内，未接到通知的应当在公告之日起60日内，向投资人申报其债权。

2）财产清偿顺序

个人独资企业解散的，财产应当按照下列顺序清偿：①所欠职工工资和社会保险费用；②所欠税款；③其他债务。

3）清算期间对投资人的要求

清算期间，个人独资企业不得开展与清算目的无关的经营活动。在按财产清偿顺序清偿债务前，投资人不得转移、隐匿财产。

4）投资人的持续偿债责任

个人独资企业财产不足以清偿债务的，投资人应当以其个人的其他财产予以清偿。

5）注销登记

个人独资企业清算结束后，投资人或者人民法院指定的清算人应当编制清算报告，并于清算结束之日起15日内向原登记机关申请注销登记。个人独资企业申请注销登记，登记机关应当在收到申请及相关文件之日起15日内，作出核准登记或者不予登记的决定。予以核准的，发给核准通知书；不予核准的，发给企业登记驳回通知书。经登记机关注销登记，个人独资企业终止。

个人独资企业办理注销登记时，应当交回营业执照。

5.6 违反个人独资企业法的法律责任

5.6.1 投资人及企业违法应承担的法律责任

（1）违反《个人独资企业法》的规定，提交虚假文件或采取其他欺骗手段，取得企业登记的，责令改正，处以5 000元以下的罚款；情节严重的，并处吊销营业执照。

（2）违反《个人独资企业法》的规定，使用的名称与其在登记机关登记的名称不相符合的，责令限期改正，处以2 000元以下的罚款。

（3）违反《个人独资企业法》的规定，涂改、出租、转让营业执照的，责令改正，没收违法所得，处以3 000元以下的罚款；情节严重的，吊销营业执照。伪造营业执照的，责令停业，没收违法所得，处以5 000元以下的罚款。构成犯罪的，依法追究刑事责任。

（4）个人独资企业成立后无正当理由超过6个月未开业的，或者开业后自行停业连续6个月以上的，吊销营业执照。

（5）违反《个人独资企业法》的规定，未领取营业执照，以个人独资企业名义从事经营活动的，责令停止经营活动，处以 3 000 元以下的罚款。个人独资企业登记事项发生变更时，未按本法规定办理有关变更登记的，责令限期办理变更登记；逾期不办理的，处以 2 000 元以下的罚款。

（6）违反《个人独资企业法》的规定，侵犯职工合法权益，未保障职工劳动安全，不缴纳社会保险费用的，按照有关法律、行政法规予以处罚，并追究有关责任人员的责任。

（7）在清算前或清算期间隐匿或转移财产，逃避债务的，依法追回其财产，并按照有关规定予以处罚；构成犯罪的，依法追究刑事责任。

（8）违反《个人独资企业法》的规定，应当承担民事赔偿责任和缴纳罚款、罚金，其财产不足以支付的，或者被判处没收财产的，应当先承担民事赔偿责任。

5.6.2　管理人员对投资人造成损害或侵犯投资人权益应承担的法律责任

（1）投资人委托或者聘用的人员管理个人独资企业事务时违反双方订立的合同，给投资人造成损害的，承担民事赔偿责任。

（2）投资人委托或者聘用的人员违反规定，侵犯个人独资企业财产权益的，责令退还侵占的财产；给企业造成损失的，依法承担赔偿责任；有违法所得的，没收违法所得；构成犯罪的，依法追究刑事责任。

5.6.3　企业登记机关及其上级部门有关人员违法应承担的法律责任

（1）登记机关对不符合《个人独资企业法》规定条件的个人独资企业予以登记，或者对符合《个人独资企业法》规定条件的企业不予登记的，对直接责任人员依法给予行政处分；构成犯罪的，依法追究刑事责任。

（2）登记机关的上级部门的有关主管人员强令登记机关对不符合《个人独资企业法》规定条件的企业予以登记，或者对符合《个人独资企业法》规定条件的企业不予登记的，或者对登记机关的违法登记行为进行包庇的，对直接责任人员依法给予行政处分；构成犯罪的，依法追究刑事责任。

违反法律、行政法规的规定强制个人独资企业提供财力、物力、人力的，按有关法律、行政法规予以处罚，并追究有关责任人员的责任。

登记机关对符合法定条件的申请不予登记或者超过法定时限不予答复的，当事人可依法申请行政复议或提起行政诉讼。

应知应会

1.概念：个人独资企业、个人独资企业法。

2.个人独资企业的设立条件。

3.个人独资企业投资人的规定。

4.个人独资企业事务管理的规定。

课堂实训

1. 撰写一份设立个人独资企业的申请书。

2. 实战演练：

案例分析一

江某有一手较好的裁缝技术，因其在某服装厂工作积蓄了一些钱和客户关系，很想自己开办一家私营服装厂。他将其想法向在县公安局工作的叔叔江杰说出后，得到江杰的赞成，双方决定以江杰的名义在镇里成立一家服装加工厂，由江某管理该服装厂。该服装厂经管理部门核准登记，并择日在镇一繁华地段开业。工人李强在工作中因熨斗故障起火，烧伤了右手，花去医药费 2 000 多元。李强多次要求江某进行医疗费补偿，江某则以没有这方面的协议为由予以拒绝。李强及其家属多方投诉无果，遂向人民法院起诉。

请回答：

(1) 江杰能否设立个人独资企业？为什么？

(2) 工人李强的医药费应由谁负责？请说明理由。

案例分析二

林某以个人财产出资设立个人独资企业，聘请陈某管理该企业事务。林某病故后，因企业负债较多，林某的妻子作为唯一继承人明确表示不愿继承该企业，该企业只得解散。

请分析，根据《个人独资企业法》的规定，关于该企业清算人的下列表述中，正确的是（   ）。（2012年中级会计师考试试题）

A. 由陈某进行清算

B. 由林某的妻子进行清算

C. 由债权人进行清算

D. 由债权人申请法院指定清算人进行清算

第6章

合伙企业法

学习目标

通过本章的学习，能够了解我国《合伙企业法》对普通合伙企业和有限合伙企业的各项法律规定。理解合伙企业财产的构成、合伙企业事务管理、合伙企业清算的规定；掌握普通合伙企业设立的条件；普通合伙企业财产转让的限制；普通合伙企业损益分配的规定；入伙、退伙法律后果的规定；特殊的普通合伙企业的特殊性规定以及有限合伙企业的特殊规定等问题。最终达到用所掌握的合伙企业的法学理论，指导自己与同伴开展创业活动，实现各自的社会价值的目的。

引入案例

甲、乙、丙订立一份普通合伙的合伙协议。该协议约定：

（1）甲的出资为现金5万元和劳务作价0.3万元；

（2）乙的出资为现金12万元，于合伙企业成立后半年内缴付；

（3）丙的出资为作价20万元的厂房，但不办理过户，丙保留对该房的处分权；

（4）企业事务由甲、丙负责。乙不从事管理，也不承担企业的债务，但按照出资比例分配收益；

（5）修改或者补充合伙协议，应当经全体合伙人一致同意，但合伙协议另有约定的除外。

请思考：这份协议的效力如何？

6.1 合伙企业与合伙企业法

6.1.1 合伙企业的概念和分类

合伙企业是指自然人、法人和其他组织依法在中国境内设立的普通合伙企业和有限合伙企业。

普通合伙企业由普通合伙人组成，合伙人对合伙企业债务承担无限连带责任。有限合伙企业由普通合伙人和有限合伙人组成，普通合伙人对合伙企业债务承担无限连带责任，有限合伙人以其认缴的出资额为限对合伙企业债务承担责任。

6.1.2 合伙企业的特征

（1）合伙企业的成立以订立合伙企业协议为法律基础。合伙企业协议是确定各合伙人权利义务的重要法律文件。

（2）普通合伙人可以以劳务等方式出资，并对合伙企业债务承担无限连带责任；有限合伙人不能以劳务出资，并只以其认缴的出资额为限对合伙企业的债务承担责任。

6.1.3 合伙企业法

合伙企业法是调整因合伙企业设立、变更、解散、经营等活动形成的合伙关系的法律规范的总称。

《中华人民共和国合伙企业法》（以下简称《合伙企业法》）于1997年2月23日第八届全国人民代表大会常务委员会第二十次会议通过，于2006年8月27日第十届全国人民代表大会常务委员会第二十三次会议修订，自2007年6月1日起施行。该法是我国调整合伙企业法律关系的主要法律，其他法律、法规中关于合伙企业的规定也属于合伙企业法的范畴。

6.2 普通合伙企业

6.2.1 合伙企业的设立

1）设立条件

根据《合伙企业法》的规定，设立合伙企业应当具备下列条件：

（1）有两个以上合伙人。合伙人可以是自然人、法人、非法人组织。合伙人为自然人的，应当具有完全民事行为能力。国有独资公司、国有企业、上市公司以及公益性的事业单位、社会团体不得成为普通合伙人。

（2）有书面合伙协议。合伙协议经全体合伙人签名、盖章后生效。合伙人按照合伙协议享有权利，履行义务。修改或者补充合伙协议，应当经全体合伙人一致同意；但是，合伙协议另有约定的除外。合伙协议未约定或者约定不明确的事项，由合伙人协商决定；协商不成的，依照相关法律、行政法规的规定处理。

知识链接6-1

合伙协议应当载明下列事项：①合伙企业的名称和主要经营场所的地点；②合伙目的和合伙经营范围；③合伙人的姓名或者名称、住所；④合伙人的出资方式、数额和缴付期限；⑤利润分配、亏损分担方式；⑥合伙事务的执行；⑦入伙与退伙；⑧争议解决办法；⑨合伙企业的解散与清算；⑩违约责任。

（3）有各合伙人认缴或者实际缴付的出资。合伙人可以用货币、实物、知识产权、土地使用权或者其他财产权利出资，也可以用劳务出资。

合伙人以实物、知识产权、土地使用权或者其他财产权利出资，需要评估作价的，可以由全体合伙人协商确定，也可以由全体合伙人委托法定评估机构评估。

合伙人以劳务出资的，必须经全体合伙人协商一致，其评估办法由全体合伙人协商确定，并在合伙协议中载明。

按照《合伙企业法》的规定，合伙人应当按照合伙协议约定的出资方式、数额和缴付期限，履行出资义务。以非货币财产出资的，依照法律、行政法规的规定，需要办理财产权转移手续的，应当依法办理。

（4）有合伙企业的名称和生产经营场所。合伙企业名称中应当标明"普通合伙"字样。

（5）法律、行政法规规定的其他条件。

小思考6-1

《合伙企业法》规定的合伙协议是不是《民法典》合同编中规定的"合伙合同"？

不是。虽然从理论上来讲，合同就是一种协议，但是合伙合同确认的是一种普通合伙关系，而依合伙协议设立的是一个企业。

2）设立程序

申请设立合伙企业，应当由全体合伙人指定的代表或者共同委托的代理人向企业登记机关提出申请。申请时应提交登记申请书、合伙协议、合伙人身份证明、出资确认书等文件。合伙企业的经营范围中有属于法律、行政法规规定在登记前须经批准的项目的，该项经营业务应当依法经过批准，并在登记时提交批准文件。

申请人提交的登记申请材料齐全、符合法定形式，企业登记机关能够当场登记的，应予当场登记，发给营业执照。其他情形下，企业登记机关应当自受理申请之日起20日内，作出是否登记的决定。予以登记的，发给营业执照；不予登记的，应当给予书面答复，并说明理由。

合伙企业营业执照签发日期，为合伙企业成立日期。合伙企业领取营业执照前，合伙人不得以合伙企业名义从事合伙业务。

6.2.2　合伙企业的财产

1）财产构成

（1）合伙人的出资。合伙人以货币、实物、知识产权、土地使用权或者其他财产、劳务等形式认缴的出资构成合伙企业的原始出资。

（2）合伙企业的收益。合伙企业在经营过程中，以合伙企业的名义独立取得的收益是合伙企业财产的重要组成部分。

（3）依法取得的其他财产。这是指合伙企业根据法律、行政法规的规定合法取得的其他财产，如合法接受的赠与财产等。

2）合伙企业财产的性质

合伙企业的财产具有独立性和完整性。所谓独立性，是指合伙企业的财产独立于合伙人。合伙人出资以后，一般说来，便丧失了对其作为出资部分的财产的所有权或者持有权、占有权，合伙企业的财产权主体是合伙企业，而不是单独的每一个合伙人。所谓完整性，是指合伙企业的财产作为一个完整的统一体而存在，合伙人对合伙企业财产权益的表现形式，仅是依照合伙协议所确定的财产收益份额或者比例，合伙人在合伙企业清算前，不得请求分割合伙企业的财产。

3）合伙企业财产转让的限制

由于合伙企业的财产与全体合伙人的切身利益有关，因此，《合伙企业法》对合伙人转让其在合伙企业中的财产份额作了限制性的规定。

（1）合伙人之间转让在合伙企业中的全部或者部分财产份额时，应当通知其他合伙人。

（2）除合伙协议另有约定外，合伙人向合伙人以外的人转让其在合伙企业中的全部或者部分财产份额时，须经其他合伙人一致同意。

（3）合伙人向合伙人以外的人转让其在合伙企业中的财产份额的，在同等条件下，其他合伙人有优先购买权；但是，合伙协议另有约定的除外。

关于合伙企业的财产，《合伙企业法》还作出了如下规定：合伙人以外的人依法受让合伙人在合伙企业中的财产份额的，经修改合伙协议即成为合伙企业的合伙人，依照合伙企业法和修改后的合伙协议享有权利，履行义务。

4）合伙人出质财产份额的限制

这里的出质是指合伙人将其在合伙企业中的财产份额作为质押物来担保债权人债权实现的行为。《合伙企业法》规定，合伙人以其在合伙企业中的财产份额出质的，须经其他合伙人一致同意；未经其他合伙人一致同意，其行为无效，由此给善意第三人造成损失的，由行为人依法承担赔偿责任。

6.2.3 合伙企业的事务执行

1）合伙企业事务执行的方式

合伙人可以采用以下两种方式执行合伙企业事务：

（1）全体合伙人共同执行。这是合伙企业事务执行的基本方式，也是合伙企业中经常使用的一种形式，尤其是在合伙人较少的情况下更为适宜。

（2）委托一名或数名合伙人执行合伙事务。按照合伙协议的约定或者经全体合伙人决定，可以委托一名或者数名合伙人执行合伙事务，其他合伙人不再执行合伙事务。

2）合伙人在执行合伙企业事务中的权利和义务

（1）合伙人的权利。其包括：合伙人对执行合伙事务享有同等的权利；执行合伙企业事务的合伙人对外代表合伙企业；不执行合伙事务的合伙人有权监督、检查执行事务合伙人执行合伙事务的情况；合伙人有权查阅合伙企业会计账簿等财务资料；合伙人还享有提出异议权和撤销委托执行事务权。

（2）合伙人的义务。其包括：执行事务合伙人应当定期向其他合伙人报告事务执行情况以及合伙企业的经营和财务状况；合伙人不得自营或者同他人合作经营与本合伙企业相竞争的业务；除合伙协议另有约定或者经全体合伙人一致同意外，合伙人不得同本合伙企业进行交易；合伙人不得从事损害本合伙企业利益的活动。

3）合伙企业事务执行的决议方式

合伙人对合伙企业有关事项作出决议，按照合伙协议约定的表决办法办理。合伙协议未约定或者约定不明确的，实行合伙人一人一票并经全体合伙人过半数通过的表决办法。

除合伙协议另有约定外，合伙企业的下列事项应当经全体合伙人一致同意：

（1）改变合伙企业的名称。

（2）改变合伙企业的经营范围、主要经营场所的地点。

（3）处分合伙企业的不动产。

（4）转让或者处分合伙企业的知识产权和其他财产权利。

（5）以合伙企业名义为他人提供担保。

（6）聘任合伙人以外的人担任合伙企业的经营管理人员。

（7）依照合伙协议约定的有关事项。

知识链接6-2

合伙人履行合伙协议发生争议的，合伙人可以通过协商或者调解解决。不愿通过协商、调解解决或者协商、调解不成的，可以按照合伙协议约定的仲裁条款或者事后达成的书面仲裁协议，向仲裁机构申请仲裁。合伙协议中未订立仲裁条款，事后又没有达成书面仲裁协议的，可以向人民法院起诉。

除合伙协议另有规定外，经全体合伙人一致同意，合伙企业可以聘用合伙人以外的人担任合伙企业的经营管理人员。被聘任的合伙企业的经营管理人员应当在合伙企业授权范围内履行职务。被聘任的合伙企业的经营管理人员，超越合伙企业授权范围履行职务，或者在履行职务过程中因故意或者重大过失给合伙企业造成损失的，依法承担赔偿责任。

6.2.4　合伙企业的损益分配

合伙企业的利润分配、亏损分担，按照合伙协议的约定办理；合伙协议未约定或者约定不明确的，由合伙人协商决定；协商不成的，由合伙人按照实缴出资比例分配、分担；无法确定出资比例的，由合伙人平均分配、分担。

合伙协议不得约定将全部利润分配给部分合伙人或者由部分合伙人承担全部亏损。

合伙企业的生产经营所得和其他所得，按照国家有关税收规定，由合伙人分别缴纳所得税。合伙企业不缴纳企业所得税。

6.2.5 合伙企业与第三人的关系

1）合伙企业与善意第三人的关系

合伙企业对合伙人执行合伙事务以及对外代表合伙企业权利的限制，不得对抗善意第三人。

2）合伙企业与债务人的关系

合伙企业对其债务，应先以其全部财产进行清偿。合伙企业财产不足清偿到期债务的，合伙人承担无限连带责任。合伙人由于承担无限连带责任，清偿数额超过其亏损分担比例的，有权向其他合伙人追偿。

3）合伙人个人债务的清偿

合伙人发生与合伙企业无关的个人债务时，相关债权人不得以其债权抵销其对合伙企业的债务；也不得代位行使合伙人在合伙企业中的权利。

合伙人的个人财产不足清偿其个人债务的，该合伙人可以以其从合伙企业中分取的收益用于清偿；债权人也可以依法请求人民法院强制执行该合伙人在合伙企业中的财产份额用于清偿。

人民法院强制执行合伙人的财产份额时，应当通知全体合伙人，其他合伙人有优先购买权；其他合伙人未购买，又不同意将该财产份额转让给他人的，依法为该合伙人办理退伙结算，或者办理削减该合伙人相应财产份额的结算。

6.2.6 入伙与退伙

1）入伙

入伙是指在合伙企业存续期间，合伙人以外的第三人加入合伙，取得合伙人资格的行为。

（1）入伙的条件和程序。新合伙人入伙，除合伙协议另有约定外，应当经全体合伙人一致同意，并依法订立书面入伙协议。

订立入伙协议时，原合伙人应当向新合伙人如实告知原合伙企业的经营状况和财务状况。

（2）新合伙人的权利和责任。入伙的新合伙人与原合伙人享有同等权利，承担同等责任。入伙协议另有约定的，从其约定。

新合伙人对入伙前合伙企业的债务承担无限连带责任。

2）退伙

退伙是指合伙人退出合伙企业，丧失合伙人的资格的行为。合伙人退伙，其他合伙人应当与该退伙人按照退伙时的合伙企业财产状况进行结算，退还退伙人的财产份额。退伙人对给合伙企业造成的损失负有赔偿责任的，相应扣减其应当赔偿的数额。退伙时有未了结的合伙企业事务的，待该事务了结后进行结算。

退伙人对基于其退伙前的原因发生的合伙企业债务承担无限连带责任。合伙人退伙时，合伙企业财产少于合伙企业债务的，退伙人应当依法分担亏损。

根据退伙的原因不同，退伙分为自愿退伙、当然退伙和除名退伙三类。

（1）自愿退伙。《合伙企业法》按照合伙协议是否约定了合伙期限将自愿退伙作出了不同的规定：第一，合伙协议约定了合伙期限的，在合伙企业存续期间，有下列情形之一的，合伙人可以退伙：①合伙协议约定的退伙事由出现；②经全体合伙人一致同意；③发生合伙人难以继续参加合伙的事由；④其他合伙人严重违反合伙协议约定的义务。合伙人违反上述规定退伙的，应当赔偿由此给合伙人造成的损失。第二，合伙协议未约定合伙期限的，合伙人在不给合伙企业事务执行造成不利影响的情况下，可以退伙，但应当提前30日通知其他合伙人。

（2）当然退伙。《合伙企业法》规定，合伙人有下列情形之一的，当然退伙：①作为合伙人的自然人死亡或者被依法宣告死亡；②个人丧失偿债能力；③作为合伙人的法人或者其他组织依法被吊销营业执照、责令关闭、撤销，或者被宣告破产；④法律规定或者合伙协议约定合伙人必须具有相关资格而丧失该资格；⑤合伙人在合伙企业中的全部财产份额被人民法院强制执行。当然退伙以退伙事由实际发生之日为退伙生效日。

（3）除名退伙。《合伙企业法》规定，合伙人有下列情形之一的，经其他合伙人一致同意，可以决议将其除名：①未履行出资义务；②因故意或者重大过失给合伙企业造成损失；③执行合伙事务时有不正当行为；④发生合伙协议约定的事由。对合伙人的除名决议应当书面通知被除名人。被除名人接到除名通知之日，除名生效，被除名人退伙。被除名人对除名决议有异议的，可以在接到除名通知书之日起30日内向人民法院起诉。

知识链接6-4

合伙人被依法认定为无民事行为能力人或者限制民事行为能力人的，经其他合伙人一致同意，可以依法转为有限合伙人，普通合伙企业依法转为有限合伙企业。其他合伙人未能一致同意的，该无民事行为能力或者限制民事行为能力的合伙人退伙。

合伙人死亡或被依法宣告死亡的，按照合伙协议的约定或者经全体合伙人一致同意，由其合法继承人继承其在合伙企业中的财产份额。继承人为无民事行为能力人或者限制民事行为能力人的，经全体合伙人一致同意，可以依法成为有限合伙人，普通合伙企业依法转为有限合伙企业。其他合伙人未能一致同意的，合伙企业应当将被继承人的财产份额退还该继承人。

6.2.7 特殊的普通合伙企业

特殊的普通合伙企业的特殊性体现在服务内容和责任承担方式上。

1）服务内容

按照《合伙企业法》的规定，以专业知识和专门技能为客户提供有偿服务的专业服务机构，才可以设立为特殊的普通合伙企业。

2）责任承担方式

在特殊的普通合伙企业中，一个合伙人或者数个合伙人在执业活动中因故意或者重大过失造成合伙企业债务的，应当承担无限责任或者无限连带责任，其他合伙人以其在合伙企业中的财产份额为限承担责任。合伙人在执业活动中非因故意或者重大过失造成的合伙企业债务以及合伙企业的其他债务，由全体合伙人承担无限连带责任。

合伙人在执业活动中因故意或者重大过失造成的合伙企业债务，以合伙企业财产对外承担责任后，该合伙人应当按照合伙协议的约定对给合伙企业造成的损失承担赔偿责任。

特殊的普通合伙企业的名称中应当标明"特殊普通合伙"字样。特殊的普通合伙企业应当建立执业风险基金、办理执业保险。执业风险基金用于偿付合伙人执业活动中造成的债务。执业风险基金应当单独立户管理，具体管理办法由国务院规定。

小案例 6-1

A、B、C、D协商设立合伙企业。其中，A、B、D系辞职职工，C系一有限公司。四方共同拟订的合伙协议约定：A、B、D以劳务和实物出资，对企业债务承担无限责任，并由A、D负责公司的经营管理事务；C以货币出资，对企业债务以其认缴的出资额为限承担有限责任，但不参与企业的经营管理。合伙企业开业不久，D提出退伙。在D撤资退伙的同时，合伙企业又接纳E入伙。

请分析：

（1）假设合伙协议约定只有A和D才有权执行合伙事务，B无权执行合伙事务，而B与乙公司签订一份合同，A、D知悉后认为该合同不符合企业的利益，并明确地向乙表示对该合同不予承认，那么，该合同的效力如何确认？

（2）假设合伙协议规定由A行使合伙事务执行权，D向乙公民借款时，在征得A的同意后，将其在合伙企业中的财产份额出质给乙，那么，D的出质是否有效？请说明理由。

6.3 有限合伙企业

有限合伙企业与普通合伙企业之间既有相同点，也有区别。凡是《合伙企业法》对有限合伙企业有特殊规定的，适用特殊规定，没有特殊规定的，适用有关普通合伙企业及其合伙人的一般规定。本部分只介绍《合伙企业法》对有限合伙企业的特殊规定。

6.3.1　有限合伙企业的设立

1）人数

有限合伙企业由2个以上50个以下合伙人设立，其中至少应当有一个普通合伙人。

2）合伙协议

有限合伙企业的合伙协议除应载明普通合伙企业合伙协议所应载明的事项外，还应当载明下列事项：①普通合伙人和有限合伙人的姓名或者名称、住所；②执行事务合伙人应具备的条件和选择程序；③执行事务合伙人权限与违约处理办法；④执行事务合伙人的除名条件和更换程序；⑤有限合伙人入伙、退伙的条件、程序以及相关责任；⑥有限合伙人和普通合伙人相互转变程序。

3）出资方式

有限合伙人可以用货币、实物、知识产权、土地使用权或者其他财产权利作价出资。但不得以劳务出资。

4）出资义务

有限合伙人应当按照合伙协议的约定按期足额缴纳出资；未按期足额缴纳的，应当承担补缴义务，并对其他合伙人承担违约责任。

5）企业名称

有限合伙企业名称中应当标明"有限合伙"字样。

6）登记事项

有限合伙企业登记事项中应当载明有限合伙人的姓名或者名称及认缴的出资数额。

6.3.2　有限合伙企业的事务执行

有限合伙企业由普通合伙人执行合伙事务。执行事务合伙人可以要求在合伙协议中确定执行事务的报酬及报酬提取方式。有限合伙人不执行合伙事务，不得对外代表有限合伙企业。

有限合伙企业不得将全部利润分配给部分合伙人；但是，合伙协议另有约定的除外。

6.3.3　有限合伙人的特殊权利

因有限合伙人在合伙企业中的特殊地位，《合伙企业法》对其赋予了特殊的权利。

（1）有限合伙人可以同本有限合伙企业进行交易；但是，合伙协议另有约定的除外。

（2）有限合伙人可以自营或者同他人合作经营与本有限合伙企业相竞争的业务；但是，合伙协议另有约定的除外。

（3）有限合伙人可以将其在有限合伙企业中的财产份额出质；但是，合伙协议另有约定的除外。

（4）有限合伙人可以按照合伙协议的约定向合伙人以外的人转让其在有限合伙企业中的财产份额，但应当提前30日通知其他合伙人。

6.3.4 有限合伙人的责任承担

有限合伙人的自有财产不足清偿其与合伙企业无关的债务的，该合伙人可以以其从有限合伙企业中分取的收益用于清偿；债权人也可以依法请求人民法院强制执行该合伙人在有限合伙企业中的财产份额用于清偿。

人民法院强制执行有限合伙人的财产份额时，应当通知全体合伙人。在同等条件下，其他合伙人有优先购买权。

第三人有理由相信有限合伙人为普通合伙人并与其交易的，该有限合伙人对该笔交易承担与普通合伙人同样的无限连带责任。

有限合伙人未经授权以有限合伙企业名义与他人进行交易，给有限合伙企业或者其他合伙人造成损失的，该有限合伙人应当承担赔偿责任。

6.3.5 有限合伙人入伙、退伙的特殊规定

1）入伙

新入伙的有限合伙人对入伙前有限合伙企业的债务，以其认缴的出资额为限承担责任。

2）退伙

有限合伙人出现普通合伙人当然退伙的情形的，应当退伙。但作为有限合伙人的自然人在有限合伙企业存续期间丧失民事行为能力的，其他合伙人不得因此要求其退伙。

作为有限合伙人的自然人死亡、被依法宣告死亡或者作为有限合伙人的法人及其他组织终止时，其继承人或者权利承受人可以依法取得该有限合伙人在有限合伙企业中的资格。

有限合伙人退伙后，对基于其退伙前的原因发生的有限合伙企业债务，以其退伙时从有限合伙企业中取回的财产承担责任。

6.3.6 有限合伙人身份的变更

除合伙协议另有约定外，普通合伙人转变为有限合伙人，或者有限合伙人转变为普通合伙人，应当经全体合伙人一致同意。

有限合伙人转变为普通合伙人的，对其作为有限合伙人期间有限合伙企业发生的债务承担无限连带责任。

普通合伙人转变为有限合伙人的，对其作为普通合伙人期间合伙企业发生的债务承担无限连带责任。

有限合伙企业仅剩有限合伙人的，应当解散；有限合伙企业仅剩普通合伙人的，应转为普通合伙企业。

6.4　合伙企业的解散与清算

6.4.1　合伙企业的解散

合伙企业有下列情形之一的，应当解散：①合伙期限届满，合伙人决定不再经营；②合伙协议约定的解散事由出现；③全体合伙人决定解散；④合伙人已不具备法定人数满30天；⑤合伙协议约定的合伙目的已经实现或者无法实现；⑥依法被吊销营业执照、责令关闭或者被撤销；⑦法律、行政法规规定的其他原因。

6.4.2　合伙企业的清算

合伙企业解散，应当由清算人进行清算。

1）清算人的确定

清算人由全体合伙人担任；经全体合伙人过半数同意，可以自合伙企业解散事由出现后15日内指定一个或者数个合伙人，或者委托第三人担任清算人。自合伙企业解散事由出现之日起15日内未确定清算人的，合伙人或者其他利害关系人可以申请人民法院指定清算人。

2）债权申报

清算人自被确定之日起10日内将合伙企业解散事项通知债权人，并于60日内在报纸上公告。债权人应当自接到通知书之日起30日内，未接到通知书的自公告之日起45日内，向清算人申报债权。

清算期间，合伙企业存续，但不得开展与清算无关的经营活动。

在清算期间由清算人依法执行合伙企业的相关事务。

3）合伙企业财产分配及责任的承担

合伙企业财产在支付清算费用和职工工资、社会保险费用、法定补偿金以及缴纳所欠税款、清偿债务后的剩余财产按照合伙协议的约定办理；合伙协议未约定或者约定不明确的，由合伙人协商决定；协商不成的，由合伙人按照实缴出资比例分配；无法确定出资比例的，由合伙人平均分配。

清算结束，清算人应当编制清算报告，经全体合伙人签名、盖章后，在15日内向企业登记机关报送清算报告，申请办理合伙企业注销登记。

合伙企业注销后，原普通合伙人对合伙企业存续期间的债务仍应承担无限连带责任。

合伙企业不能清偿到期债务的，债权人可以依法向人民法院提出破产清算申请，也可以要求普通合伙人清偿。合伙企业依法被宣告破产的，普通合伙人对合伙企业债务仍应承担无限连带责任。

6.5 法律责任

6.5.1 合伙企业的法律责任

合伙企业有以下情形的，要依法承担相应的法律责任：

（1）合伙企业提交虚假文件或者采取其他欺骗手段，取得合伙企业登记的。

（2）未在其名称中标明"普通合伙"、"特殊普通合伙"或者"有限合伙"字样的。

（3）未领取营业执照，而以合伙企业或者合伙企业分支机构名义从事合伙业务的。

（4）合伙企业登记事项发生变更时，未依照本法规定办理变更登记的要依法承担相应的行政责任。

合伙企业登记事项发生变更，执行合伙事务的合伙人未按期申请办理变更登记的，应当赔偿由此给合伙企业、其他合伙人或者善意第三人造成的损失。

6.5.2 合伙人的法律责任

合伙人有以下情形的，要依法承担相应的法律责任：

（1）合伙人执行合伙事务，或者合伙企业从业人员利用职务上的便利，将应当归合伙企业的利益据为己有的，或者采取其他手段侵占合伙企业财产的，应当将该利益和财产退还合伙企业；给合伙企业或者其他合伙人造成损失的，依法承担赔偿责任。

（2）合伙人对依法或者合伙协议约定必须经全体合伙人一致同意始得执行的事务擅自处理，给合伙企业或者其他合伙人造成损失的，依法承担赔偿责任。

（3）不具有事务执行权的合伙人擅自执行合伙事务，给合伙企业或者其他合伙人造成损失的，依法承担赔偿责任。

（4）合伙人违反法律规定或者合伙协议的约定，从事与本合伙企业相竞争的业务或者与本合伙企业进行交易的，该收益归合伙企业所有；给合伙企业或者其他合伙人造成损失的，依法承担赔偿责任。

（5）合伙人违反合伙协议的，应当依法承担违约责任。

6.5.3 清算人的法律责任

清算人未依法向企业登记机关报送清算报告，或者报送清算报告隐瞒重要事实，或者有重大遗漏的，由企业登记机关责令改正。由此产生的费用和损失，由清算人承担和赔偿。

清算人执行清算事务，牟取非法收入或者侵占合伙企业财产的，应当将该收入和侵占的财产退还合伙企业；给合伙企业或者其他合伙人造成损失的，依法承担赔偿责任。

清算人违反法律规定，隐匿、转移合伙企业财产，对资产负债表或者财产清单作虚假记载，或者在未清偿债务前分配财产，损害债权人利益的，依法承担赔偿责任。

6.5.4　其他人的法律责任

有关行政管理机关的工作人员违反法律规定，滥用职权、徇私舞弊、收受贿赂、侵害合伙企业合法权益的，依法给予行政处分。

知识链接6-5

违反《合伙企业法》的规定，构成犯罪的，依法追究刑事责任。违反《合伙企业法》的规定，应当承担民事赔偿责任和缴纳罚款、罚金，其财产不足以同时支付的，先承担民事赔偿责任。

应知应会

1.概念：普通合伙企业、有限合伙企业。

2.普通合伙企业设立的条件。

3.普通合伙企业财产转让的限制。

4.普通合伙企业损益分配的规定。

5.入伙、退伙法律后果的规定。

6.特殊的普通合伙企业特殊性的规定。

7.有限合伙企业的特殊规定。

课堂实训

1.撰写一份合伙协议。

2.列表对比合伙企业与公司的区别。

3.实战演练：

案例分析一

甲、乙、丙三人于2019年8月达成协议，集资10万元共同开设一商店，其中甲出资2万元，乙出资3万元，丙出资5万元，三人约定按出资比例分享盈利、分摊亏损。三方交清全部投资并经核准登记领取了营业执照。由于经营得当，年终结算，盈利5 000元，三人按协议进行了分配。2020年7月，三人意见发生分歧，甲私自与丁商量把自己在商店中的2万元财产份额转让给丁，但乙、丙不同意。在乙、丙不同意的情况下，甲私自取走了自己的出资2万元。同年年终结算，该合伙商店发生亏损。这时，丙也要求退伙，合伙难以维持。乙、丙按进货价格计算分别取走价值1万元、2万元的商品，但对合伙债务未作处理。

不久，与该商店有业务往来的债权人A公司获悉商店散伙的消息后，便找到甲，要求甲清偿合伙企业2020年上半年欠自己的8万元货款。甲认为自己早已退出合伙商店，对商店的债务不再承担责任，应由丁承担。A公司找到丙，丙认为按照合伙协议的约定，自己只应当承担债务的1/2。A公司又找乙，乙认为商店的债务只应当以商店现有商品折价清偿，不足部分不再偿还。

请思考：

（1）如何认定甲私自取走2万元和乙、丙分别取走价值1万元、2万元商品的行为效力？

（2）丁是否已经入伙？是否对合伙企业的债务承担责任？

（3）甲、乙、丙对待商店债务的态度是否正确？为什么？

（4）应如何处理商店的债务？请说明理由。

案例分析二

2010年1月，注册会计师甲、乙、丙三人在北京成立了一家会计师事务所，性质为特殊的普通合伙，甲、乙、丙在合伙协议中约定：（1）甲、丙分别以现金300万元和50万元出资，乙以一套房屋出资，作价200万元，作为会计师事务所的办公场所；（2）会计师事务所的盈亏按照各自的出资比例享有和承担；（3）甲负责执行合伙事务。

2020年2月，乙拟将其在会计师事务所中的财产份额转让给A。丙表示同意，甲则对乙拟转让的财产份额主张优先购买权，乙以合伙协议中未约定优先购买权为由予以拒绝。

2020年3月，丙在为B公司提供审计服务时，因重大过失给B公司造成300万元损失。该会计师事务所现有全部财产价值250万元，其中，乙用于出资的房屋变现价值为230万元。该会计师事务所在将全部财产用于赔偿B公司后，要求丙向B公司支付剩余的50万元赔偿金。丙则认为，合伙协议的约定合伙人对于会计师事务所的亏损按照各自出资比例承担，自己不应对合伙企业财产不足清偿的债务承担全部责任。乙认为其对此债务只应以出资额为限承担责任，而其出资的房屋已经升值，目前变现价值为230万元，故丙应退还其30万元。

2020年5月，因会计师事务所在北京的业务量下降，甲提出将会计师事务所的主要经营地点迁至上海。在合伙人会议上，乙对此表示赞同，丙则反对。甲、乙认为，其二人人数及所持出资额均超过半数，且合伙协议对此无特别约定，于是作出迁址决议。（会计师考试模拟题）

根据上述内容，分别回答下列问题：

（1）甲对乙拟转让给A的合伙企业财产份额是否享有优先购买权？并说明理由。

（2）乙是否有权要求丙退还30万元？并说明理由。

（3）丙是否应当单独承担对B公司剩余50万元的赔偿责任？并说明理由。

（4）将会计师事务所迁至上海的决议是否有效？并说明理由。

第7章

公 司 法

学习目标

通过教学，使学生了解我国法律对"有限责任公司""股份有限公司"两种公司形式的各项规定。理解公司的设立条件；公司的组织机构及其活动规则；公司的财务管理制度以及公司、发起人、股东及相关人员的法律责任等问题。掌握股东的出资方式；董事、监事、高级管理人员的任职资格和义务；股票、债券的发行条件及股权转让等各项严格规定；以及国有独资公司、一人公司、上市公司的特殊规定。最终达到能够较好地运用我国公司法的相关理论，解决现实生活中存在的有关公司方面的问题的目的。

引入案例

张、王、李三人约定每人投入20万元资金设立A公司。之后，张、王依约定将自己的20万元现金存入公司开立的临时账户，李因为某种原因只向临时账户中存入10万元。公司设立后第1年运营效益比较好，第2年因市场行情的变化，公司效益直线下滑，至第2年年底，公司已出现亏损现象。此时，张与王商定，以王的名义单独设立一个B公司，然后，以业务往来的方式将A公司的财产逐渐转移到B公司。第3年6月，A公司因资不抵债宣告解散。

债权人甲是A公司的供货商，A公司解散时共拖欠甲货款30余万元。A公司将自己剩余的各项货物折合人民币15万元推给甲之后，以承担有限责任为由对其余的欠款不再偿还。甲在咨询律师后，在合理的期限内将A公司和李某起诉到法院，要求偿还15万元欠款。

请思考：

（1）A、B公司是什么性质的公司？法律对这类公司责任承担的范围是怎样规定的？

（2）甲起诉李某的要求是什么？他能胜诉吗？

（3）结合合同法的规定分析，在A公司宣告解散的情况下，甲起诉A公司要求其偿还欠款的诉讼能得到法院的支持吗？

7.1 公司法概述

7.1.1 公司的概念

公司是股东依法以投资方式设立，以营利为目的，股东以其认缴的出资额或认购的股份为限对公司承担责任，公司以其全部独立法人财产对公司债务承担责任的企业法人。《民法典》将公司定性为营利性法人。

7.1.2 公司的特征

1）公司具有独立的法人资格

公司具有自己的名称或字号，以此将公司特定化；公司有自己独立的财产，以其全部财产对公司的债务独立承担责任；公司组建有健全的组织机构，如股东会、董事会、监事会、经理等，还有各种具体的职能部门，如公关部、销售部、财务部和必要的工作人员等，这是公司管理其日常事务，代表公司从事民事活动的机构；公司有住所，这是公司从事生产经营及其活动的地方。

2）公司及公司股东承担有限责任

我国法律规定，有限责任公司的股东以其认缴的出资额为限对公司承担责任；股份有限公司的股东以其认购的股份为限对公司承担责任；公司以其全部独立法人财产对公司债务承担责任。股东除了对公司负有出资和不抽逃出资的义务外，并不对公司的债务承担责任。

7.1.3 公司的种类

从不同的角度，公司可以划分为不同的种类。常见的有如下几种划分方法：

1）根据股东承担责任范围进行划分，可将公司划分为有限责任公司、无限责任公司、两合公司、股份有限公司

（1）有限责任公司又称有限公司，是股东以其认缴的出资额为限对公司承担责任，公司以其全部财产对公司的债务承担责任的公司。

（2）无限责任公司指由两个以上的股东组成，全体股东对公司的债务承担无限连带责任的公司。

（3）两合公司是由负无限责任的股东和负有限责任的股东组成，无限责任股东对公司债务负无限连带责任，有限责任股东仅就其认缴的出资额为限对公司债务承担责任的公司。

（4）股份有限公司又称股份公司，是将其全部资本分为等额股份，股东以其认购的股份为限对公司承担责任、公司以其全部财产对公司的债务承担责任的公司。

2）根据公司间股权或股份控制或者依附关系进行划分，可将公司划分为母公司、子公司

处于控制地位的是母公司，处于依附地位的则是子公司。母子公司之间虽然存在控

制与被控制的组织关系，但它们都具有法人资格。

3）根据公司内部的管辖系统进行划分，可将公司划分为总公司（本公司）、分公司

分公司是公司依法设立的分支机构，分公司虽然可以以分公司名义进行经营活动，但其法律后果由总公司承担。分公司不具有独立法人资格。

对公司的划分，主要是对公司责任的承担和对公司的管辖具有实际意义。我国《公司法》只确认"有限责任公司"和"股份有限公司"两种公司形式。

7.1.4 公司法

公司法是调整公司在组织管理和生产经营过程中形成的社会关系的法律规范的总称。公司法有狭义和广义之分，狭义的公司法是指经国家立法机关制定的《公司法》，该法于1993年12月29日颁布，2018年10月26日第十三届全国人民代表大会常务委员会第六次会议《关于修改〈中华人民共和国公司法〉的决定》第四次修正。广义的公司法除包括狭义的《公司法》以外，还包括其他一切与公司有关的法律规定。

本章涉及的内容主要依据2018年新修订的《公司法》和《中华人民共和国公司登记管理条例》以及相关的司法解释的规定编写。股票、债券部分的内容还涉及《中华人民共和国证券法》的规定。

小思考 7-1

你还能说出哪些广义的公司法的名称吗？

1999年8月，我国颁布了《个人独资企业法》，这部法算不算广义的公司法？

在我国，公民个人独资可以开办公司，这种行为的法律依据是什么？

7.2 有限责任公司

有限责任公司又称有限公司，是股东以其认缴的出资额为限对公司承担责任，公司以其全部财产对公司的债务承担责任的公司。

7.2.1 有限责任公司的设立

1）有限责任公司设立方式

有限责任公司由全体股东共同出资设立。公司资本不分成等额股份，证明股东出资额的权利证书称为出资证明书。

2）有限责任公司设立条件

根据《公司法》的规定，设立有限责任公司，应当具备下列条件：

（1）股东符合法定人数。有限责任公司由50个以下股东出资设立。

（2）有符合公司章程规定的股东认缴的出资额。有限责任公司注册资本为公司在登记机关登记的全体股东认缴的出资额，除了法律、行政法规以及国务院决定对有限责任公司注册资本实缴、注册资本最低限额另有规定的外，《公司法》没有规定有限责任公

司的最低注册资本限额和出资期限，一切遵守公司章程的约定。

（3）股东共同制定公司章程。设立有限责任公司，必须依照《公司法》的规定，由全体股东共同制定公司章程。股东应当在公司章程上签名、盖章。

（4）有公司名称，建立符合有限责任公司要求的组织机构。公司名称必须标明"有限责任公司"或"有限公司"字样，并且必须符合有关法律、法规的规定。公司须依法建立与公司性质相适应的组织机构，对内进行管理，对外开展经营活动。

（5）有公司住所。公司以其主要办事机构所在地为住所。

3）有限责任公司设立程序

（1）制定公司章程。公司章程是记载公司组织、活动基本准则的公开性法律文件，是公司的"法律"，对公司、股东、董事、监事、高级管理人员具有约束力。公司章程中应当载明以下事项：①公司名称和住所；②公司经营范围；③公司注册资本；④股东的姓名或者名称；⑤股东的出资方式、出资额和出资时间；⑥公司机构及其产生办法、职权、议事规则；⑦公司的法定代表人；⑧股东会会议认为需要规定的其他事项。

公司法定代表人依照公司章程的规定，由董事长、执行董事或者经理担任，并依法登记。公司法定代表人变更，应当办理变更登记。

（2）股东缴纳出资：①股东的出资方式。股东可以用货币出资，也可以用实物、知识产权、土地使用权等可以用货币估价并可以依法转让的非货币财产作价出资；但是，法律、行政法规规定不得作为出资的财产除外。对作为出资的非货币财产应当评估作价，核实财产，不得高估或者低估作价。法律、行政法规对评估作价有规定的，从其规定。②出资的缴纳。股东应当按公司章程的规定缴纳出资。股东以货币出资的，应当将货币出资足额存入有限责任公司在银行开设的账户；以非货币财产出资的，应当依法办理其财产权的转移手续。

股东在公司登记后，不得抽逃出资。公司成立后发现作为设立公司出资的非货币财产的实际价额显著低于公司章程所定价额的，应当由交付该出资的股东补足其差额，公司设立时的其他股东承担连带责任。

股东不按照规定缴纳所认缴的出资的，除应当向公司足额缴纳外，还应当向已足额缴纳出资的股东承担违约责任。

（3）申请设立登记。股东认足公司章程规定的出资后，由全体股东指定的代表或者共同委托的代理人向公司登记机关报送公司登记申请书、公司章程等文件，申请设立登记。公司应当将股东的姓名或者名称向公司登记机关登记；登记事项发生变更的，应当办理变更登记。未经登记或者变更登记的，不得对抗第三人。

公司经核准登记后，取得营业执照，方可以公司的名义进行经营活动。公司营业执照签发日期，为公司成立日期。

法律、法规规定设立公司必须报经批准的，应当在登记时提交批准文件。

有限责任公司设立后，应当向股东签发出资证明书。

7.2.2 有限责任公司的组织机构

1）股东会

有限责任公司的股东会由全体股东组成，是公司的权力机构。

首次股东会会议由出资最多的股东召集和主持。以后的股东会会议，公司设立董事会的，由董事会召集，董事长主持；董事长不能履行职务或者不履行职务的，由副董事长主持；副董事长不能履行职务或者不履行职务的，由半数以上董事共同推举一名董事主持。公司没有设立董事会的，由执行董事召集和主持。

股东会会议分为定期会议和临时会议。定期会议应当依照公司章程的规定按时召开。代表1/10以上表决权的股东，1/3以上的董事，监事会或者不设监事会的公司的监事提议召开临时会议的，应当召开临时会议。

股东会会议由股东按照出资比例行使表决权；但是，公司章程另有规定的除外。股东会会议作出修改公司章程、增加或者减少注册资本的决议，以及公司合并、分立、解散或者变更公司形式的决议，必须经代表2/3以上表决权的股东通过。

股东会的议事方式和表决程序，除《公司法》规定之外，由公司章程规定。

知识链接7-1

有限责任公司股东会行使下列职权：（1）决定公司的经营方针和投资计划；（2）选举和更换非由职工代表担任的董事、监事，决定有关董事、监事的报酬事项；（3）审议批准董事会的报告；（4）审议批准监事会或者监事的报告；（5）审议批准公司的年度财务预算方案、决算方案；（6）审议批准公司的利润分配方案和弥补亏损方案；（7）对公司增加或者减少注册资本作出决议；（8）对发行公司债券作出决议；（9）对公司合并、分立、解散、清算或者变更公司形式作出决议；（10）修改公司章程；（11）公司章程规定的其他职权。

2）董事会

董事会是由股东会选举产生的董事组成的公司业务执行机关。董事会由3~13人组成，法律另有规定的除外。两个以上的国有企业或者两个以上的其他国有投资主体投资设立的有限责任公司，其董事会成员中应当有公司职工代表；其他有限责任公司董事会成员中可以有公司职工代表。董事会中的职工代表由公司职工通过职工代表大会、职工大会或者其他形式民主选举产生。

董事会设董事长1人，可以设副董事长。董事长、副董事长的产生办法由公司章程规定。董事任期由公司章程规定，但每届任期不得超过3年。董事任期届满，连选可以连任。董事任期届满未及时改选，或者董事在任期内辞职导致董事会成员低于法定人数的，在改选出的董事就任前，原董事仍应当依照法律、行政法规和公司章程的规定，履行董事职务。

董事会由董事长召集和主持；董事长不能履行职务或者不履行职务的，由副董事长召集和主持；副董事长不能履行职务或者不履行职务的，由半数以上董事共同推举一名董事召集和主持。

董事会的议事方式和表决程序，除《公司法》有规定的外，由公司章程规定。

董事会决议的表决，实行1人1票。出席董事会的董事应当在会议记录上签名。

股东人数较少和规模较小的有限责任公司，可以设1名执行董事，不设董事会。执行董事可以兼任公司经理。

有限责任公司可以设经理，经理由董事会聘任或者解聘，负责公司的日常经营管理工作。经理对董事会负责，并列席董事会会议。

知识链接7-2

董事会对股东会负责，行使下列职权：（1）召集股东会会议，并向股东会报告工作；（2）执行股东会的决议；（3）决定公司的经营计划和投资方案；（4）制订公司的年度财务预算方案、决算方案；（5）制订公司的利润分配方案和弥补亏损方案；（6）制订公司增加或者减少注册资本以及发行公司债券的方案；（7）制订公司合并、分立、解散或者变更公司形式的方案；（8）决定公司内部管理机构的设置；（9）决定聘任或者解聘公司经理及其报酬事项，并根据经理的提名决定聘任或者解聘公司副经理、财务负责人及其报酬事项；（10）制定公司的基本管理制度；（11）公司章程规定的其他职权。

3）监事会

监事会由依法产生的监事组成，对董事和经理的经营管理行为及公司债务进行监督、检查，其成员不少于3人。股东人数较少或者规模较小的有限责任公司，可以设1~2名监事，不设监事会。监事会应当包括股东代表和适当比例的公司职工代表，其中职工代表的比例不得低于1/3。监事的任期每届为3年。监事任期届满，连选可以连任。监事任期届满未及时改选，或者监事在任期内辞职导致监事会成员低于法定人数的，在改选出的监事就任前，原监事仍应当依照法律、行政法规和公司章程的规定，履行监事职务。

监事会设主席1人，由全体监事过半数选举产生。监事会主席召集和主持监事会会议；监事会主席不能履行职务或者不履行职务的，由半数以上监事共同推举1名监事召集和主持监事会会议。

监事会的议事方式和表决程序，除《公司法》有规定的外，由公司章程规定。监事会决议应当经半数以上监事通过。监事会应当对所议事项的决定作成会议记录，出席会议的监事应当在会议记录上签名。

董事、高级管理人员不得兼任监事。

监事可以列席董事会会议，并对董事会决议事项提出质询或者建议。

知识链接7-3

监事会、不设监事会的公司的监事行使下列职权：（1）检查公司财务；（2）对董事、高级管理人员执行公司职务的行为进行监督，对违反法律、行政法规、公司章程或者股东会决议的董事、高级管理人员提出罢免的建议；（3）当董事、高级管理人员的行为损害公司的利益时，要求董事、高级管理人员予以纠正；（4）提议召开临时股东会会议，在董事会不履行本法规定的召集和主持股东会会议职责时召集和主持股东会会议；（5）向股东会会议提出提案；（6）依照《公司法》第一百五十一条的规定，对董事、高级管理人员提起诉讼；（7）公司章程规定的其他职权。

小思考7-2

公司的高级管理人员指哪些人员？

公司高级管理人员是指公司的经理、副经理、财务负责人、上市公司董事会秘书和公司章程规定的其他人员。

小案例7-1

甲有限责任公司注册资本为120万元，股东人数为9人，董事会成员为5人，监事会成员为5人。股东一次缴清出资，该公司章程对股东表决权行使事项未作特别规定。

根据《公司法》的规定，该公司出现的下列情形中，属于应当召开临时股东会的有（   ）。

A.出资20万元的某股东提议召开

B.公司未弥补的亏损达到40万元

C.2名董事提议召开

D.2名监事提议召开

7.2.3 一人有限责任公司的特殊规定

一人有限责任公司是指只有一个自然人股东或者一个法人股东的有限责任公司。《公司法》对一人有限责任公司作出了如下特别规定：

（1）一个自然人只能投资设立一个一人有限责任公司。该一人有限责任公司不能投资设立新的一人有限责任公司。

（2）一人有限责任公司应当在公司登记中注明自然人独资或者法人独资，并在公司营业执照中载明。

（3）一人有限责任公司章程由股东制定。

（4）一人有限责任公司不设股东会。股东对《公司法》规定的股东会职权所列事项作出决定时，应当采用书面形式，并由股东签名后置备于公司。

（5）一人有限责任公司应当在每一会计年度终了时编制财务会计报告，并经会计师事务所审计。

（6）一人有限责任公司的股东不能证明公司财产独立于股东自己的财产的，应当对公司债务承担连带责任。

7.2.4 国有独资公司的特殊规定

国有独资公司是指国家单独出资、由国务院或者地方人民政府授权本级人民政府国有资产监督管理机构履行出资人职责的有限责任公司。

国有独资公司是一种特殊的有限责任公司，《公司法》对其特殊规定体现在：

（1）国有独资公司的章程由国有资产监督管理机构制定，或者由董事会制定报国有资产监督管理机构批准。

（2）国有独资公司不设股东会。由国有资产监督管理机构行使股东会职权。国有资产监督管理机构可以授权公司董事会行使股东会的部分职权，决定公司的重大事项，但公司的合并、分立、解散、增加或者减少注册资本和发行公司债券，必须由国有资产监督管理机构决定；其中，重要的国有独资公司合并、分立、解散、申请破产的，应当由国有资产监督管理机构审核后，报本级人民政府批准。

（3）国有独资公司设立董事会。董事会成员由国有资产监督管理机构委派；董事会成员中应当有公司职工代表，职工代表由公司职工代表大会选举产生。董事长、副董事长由国有资产监督管理机构从董事中指定。国有独资公司的董事长、副董事长、董事、高级管理人员，未经国有资产监督管理机构同意，不得在其他有限责任公司、股份有限公司或者其他经济组织兼职。

（4）国有独资公司设经理，由董事会聘任或者解聘。经国有资产监督管理机构同意，董事会成员可以兼任经理。

（5）国有独资公司设立监事会。其成员不得少于5人，其中职工代表的比例不得低于1/3，具体比例由公司章程规定。其他监事由国有资产监督管理机构委派；监事会主席由国有资产监督管理机构从监事会成员中指定。

知识链接7-4

《公司法》对一人公司、国有独资公司作了特别规定，以加强对其的监管。特殊规定以外的问题，适用对有限责任公司的一般规定。

7.2.5 有限责任公司的股权转让

有限责任公司的股东之间可以相互转让其全部或者部分股权。股东向股东以外的人转让股权，应当经其他股东过半数同意。股东应就其股权转让事项书面通知其他股东征求同意，其他股东自接到书面通知之日起满30日未答复的，视为同意转让。其他股东半数以上不同意转让的，不同意的股东应当购买该转让的股权；不购买的，视为同意转让。

经股东同意转让的股权，在同等条件下，其他股东有优先购买权。两个以上股东主张行使优先购买权的，协商确定各自的购买比例；协商不成的，按照转让时各自的出资比例行使优先购买权。公司章程对股权转让另有规定的，从其规定。

自然人股东死亡后，其合法继承人可以继承股东资格；但是，公司章程另有规定的除外。

人民法院依照法律规定的强制执行程序转让股东的股权时，应当通知公司及全体股东，其他股东在同等条件下有优先购买权。其他股东自人民法院通知之日起满20日不行使优先购买权的，视为放弃优先购买权。

转让股权后，公司应当注销原股东的出资证明书，向新股东签发出资证明书，并相应修改公司章程和股东名册中有关股东及其出资额的记载。

7.2.6 有限责任公司股东退出公司

1）股东退出公司的法定条件

在特定情形下，股东可以请求公司按照合理的价格收购其股权，从而退出公司。

《公司法》规定，有下列情形之一的，对股东会该项决议投反对票的股东可以请求公司按照合理的价格收购其股权，退出公司：

（1）公司连续5年不向股东分配利润，而公司该5年连续盈利，并且符合《公司法》规定的分配利润条件的。

（2）公司合并、分立、转让主要财产的。

（3）公司章程规定的营业期限届满或者章程规定的其他解散事由出现，股东会会议通过决议修改章程使公司存续的。

2）股东退出公司的法定程序

股东退出公司时首先应当采用协商的方式请求公司收购其股权，自股东会会议决议通过之日起60日内，股东与公司不能达成股权收购协议的，股东可以自股东会会议决议通过之日起90日内向人民法院提起诉讼。

小案例7-2

甲、乙、丙共同出资设立了一有限责任公司，1年后，甲拟将其在公司的全部出资转让给丁，乙、丙不同意，下列解决方案中，不符合《公司法》规定的是（ ）。

A．由乙或丙购买甲拟转让给丁的出资

B．乙和丙共同购买甲拟转让给丁的出资

C．乙和丙均不愿意购买，甲无权将出资转让给丁

D．乙和丙均不愿意购买，甲有权将出资转让给丁

7.3　股份有限公司

股份有限公司又称股份公司，是将其全部资本分为等额股份，股东以其认购的股份为限对公司承担责任、公司以其全部财产对公司的债务承担责任的公司。

《公司法》对股份有限公司的设立、组织机构等项内容作出明确规定，没有规定的适用《公司法》关于有限责任公司的相关规定。

7.3.1 股份有限公司的设立

1）股份有限公司设立的方式

股份有限公司的设立，可以采取发起设立或者募集设立两种方式。

发起设立是指由发起人认购公司应发行的全部股份而设立公司。募集设立是指由发起人认购应发行股份的一部分，其余部分向社会公开募集或者向特定对象募集而设立公司。

2）股份有限公司设立的条件

根据《公司法》的规定，设立股份有限公司，应当具备下列条件：

（1）发起人符合法定人数。设立股份有限公司，应当有2~200个发起人，其中须有半数以上的发起人在中国境内有住所。发起人应当签订发起人协议，明确各自在公司设立过程中的权利和义务。发起人是履行公司设立职责的股东。

知识链接7-5

发起人即发起设立公司的股东。股份有限公司的发起人应当承担下列责任：①公司不能成立时，对设立行为所产生的债务和费用负连带责任；②公司不能成立时，对认股人已缴纳的股款，负返还股款并加算银行同期存款利息的连带责任；③在公司设立过程中，由于发起人的过失致使公司利益受到损害的应当对公司承担赔偿责任；④股份有限公司成立后，发起人未按照公司章程的规定缴足出资的，应当补缴，其他发起人承担连带责任；⑤股份有限公司成立后，发现作为设立公司出资的非货币财产的实际价额显著低于公司章程所定价额的，应当由交付该出资的发起人补足其差额，其他发起人承担连带责任。

（2）有符合公司章程规定的全体发起人认购的股本总额或者募集的实收资本总额。我国法律规定，采取发起设立方式设立股份有限公司的，注册资本为在公司登记机关登记的全体发起人认购的股本总额。在发起人认购的股份缴足前，不得向他人募集股份。采取募集方式设立股份有限公司的，注册资本为在公司登记机关登记的实收股本总额。

（3）股份发行、筹办事项符合法律规定。以发起方式设立股份有限公司的，发起人应当书面认足公司章程规定其认购的股份；以募集方式设立股份有限公司的，除了发起人按规定认购的股份外，其余股份应当向社会公开募集。公开募集股份要经国务院证券管理部门批准，并公告招股说明书，制作认股书并由依法设立的证券公司承销。

（4）发起人制定公司章程，采用募集方式设立公司的，公司章程必须经创立大会通过。设立股份有限公司，必须依照《公司法》的规定，由发起人制定出公司章程。该章程应当载明下列事项：①公司的名称和住所；②公司的经营范围；③公司的设立方式；④公司的股份总数、每股金额和注册资本；⑤发起人的姓名或者名称、认购的股份数、出资方式和出资时间；⑥董事会的组成、职权和议事规则；⑦公司法定代表人；⑧监事会的组成、职权和议事规则；⑨公司利润分配办法；⑩公司的解散事由与清算办法；⑪公司的通知和公告办法；⑫股东大会会议认为需要规定的其他事项。

（5）有公司名称，建立符合股份有限公司要求的组织机构。公司名称必须标明"股份有限公司"或"股份公司"字样，并且必须符合有关法律、行政法规的规定。公司必须依法建立与公司性质相适应的组织机构。

（6）有公司住所。公司以其主要办事机构所在地为住所。

3）股份有限公司设立的程序

（1）发起设立的程序

①采取发起设立方式设立股份有限公司的，发起人应书面认足公司章程规定其认购的股份并缴纳出资。以非货币财产出资的，应当依法办理其财产权的转移手续。

②发起人认足出资后，应当选举董事会和监事会，建立公司的组织机构。

③董事会设立后，负责向公司登记机关报送公司章程以及法律、行政法规规定的其他文件，申请设立登记。

依法取得营业执照时，公司成立。

（2）募集设立的程序

①发起人缴纳股款。采取募集方式设立股份有限公司的，发起人认购的股份不得少于公司股份总数的35%；但是，法律、行政法规另有规定的，从其规定。

②向社会公开募集股份。向社会公开募集股份的，必须依法报经国务院证券监督管理机构或者国务院授权的部门注册，并且发起人必须公告招股说明书，并制作认股书。股份应当由依法设立的证券公司承销，由银行代收股款。

③验资。发行股份的股款缴足后，必须经依法设立的验资机构验资并出具证明。

④召开创立大会。发起人应当自股款缴足之日起30日内主持召开公司创立大会。创立大会由发起人、认股人组成。创立大会应有代表股份总数过半数的发起人、认股人出席，方可举行。创立大会依《公司法》行使职权，对相关事项作出的决议，必须经出席会议的认股人所持表决权的过半数通过。创立大会选举产生董事会和监事会。

⑤申请设立登记。董事会应于创立大会结束后30日内，向公司登记机关报送相关文件，申请设立登记。

知识链接7-6

发起人、认股人缴纳股款或者交付抵作股款的出资后，除未按期募足股份、发起人未按期召开创立大会或者创立大会决议不设立公司的情形外，不得抽回其股本。

7.3.2 股份有限公司的组织机构

股份有限公司必须建有股东大会、董事会和监事会。

1）股东大会

股份有限公司的股东大会由全体股东组成，是公司的权力机构。股东大会应当每年召开一次，出现特定情形时，应当召开临时股东大会。召开股东大会，应当提前通知股东。

股东大会会议由董事会召集，董事长主持；董事长不能履行职务或者不履行职务的，由副董事长主持；副董事长不能履行职务或者不履行职务的，由半数以上董事共同推举一名董事主持。董事会不能履行或者不履行召集股东大会会议职责的，监事会应当及时召集和主持；监事会不召集和主持的，连续90日以上单独或者合计持有公司10%以上股份的股东可以自行召集和主持。

股东出席股东大会会议，所持每1股份有1表决权。但是，公司持有的本公司股份没有表决权。股东大会作出决议，必须经出席会议的股东所持表决权过半数通过。但是，股东大会作出修改公司章程、增加或者减少注册资本的决议，以及公司合并、分立、解散或者变更公司形式的决议，必须经出席会议的股东所持表决权的2/3以上通过。

股东大会应当对所议事项的决定作成会议记录，主持人、出席会议的董事应当在会议记录上签名。

无记名股票持有人出席股东大会会议的，应当于会议召开5日前至股东大会闭会时将股票交存于公司。

知识链接7-7

有下列情形之一的，股份有限公司应当在两个月内召开临时股东大会：（1）董事人数不足《公司法》规定人数或者公司章程所定人数的2/3时；（2）公司未弥补的亏损达实收股本总额1/3时；（3）单独或者合计持有公司10%以上股份的股东请求时；（4）董事会认为必要时；（5）监事会提议召开时；（6）公司章程规定的其他情形。

2）董事会

董事会是公司的业务执行机构，由股东大会选举产生的董事组成，对股东大会负责。股份有限公司的董事会由5~19人组成。董事会成员中可以有公司职工代表，职工代表由公司职工通过职工代表大会、职工大会或者其他形式民主选举产生。

董事会每年度至少召开两次会议。代表1/10以上表决权的股东、1/3以上董事或者监事会，可以提议召开董事会临时会议。董事会会议应有过半数的董事出席方可举行。董事会作出决议，必须经全体董事的过半数通过。董事会会议应由董事本人出席；董事因故不能出席的，可以书面委托其他董事代为出席，委托书中应载明授权范围。董事应对董事会的决议承担责任。

股份有限公司设经理，负责公司的日常经营管理工作。经理由公司董事会聘任或者解聘。经理对董事会负责，列席董事会。公司董事会可以决定由董事会成员兼任经理。

3）监事会

股份有限公司设立监事会，其成员不少于3人。

监事会每6个月至少召开1次会议。监事可以提议召开临时监事会会议。监事会的议事方式和表决程序，除《公司法》有规定的外，由公司章程规定。监事会决议应当经半数以上监事通过。监事会应当对所议事项的决定作成会议记录，出席会议的监事应当在会议记录上签名。

7.3.3 股份有限公司的股份发行和转让

1）股份发行

股份发行是指股份有限公司为筹集资本，出售和分配股份的法律行为。股份发行分为设立发行和新股发行。设立发行是为成立公司募集资本而发行的股票。设立发行应按募集设立公司的程序进行。新股发行指在公司成立后，以增加公司资本为目的而发行新的股票。新股发行除了要按照募集设立公司的程序操作外，还要符合法律对新股发行条件的规定。

知识链接7-8

公司首次公开发行新股，应当符合下列条件：（1）具备健全且运行良好的组织机构；（2）具有持续经营能力；（3）最近3年财务会计报告被出具无保留意见审计报告；（4）发行人及其控股股东、实际控制人最近3年不存在贪污、贿赂、侵占财产、挪用财产或者破坏社会主义市场经济秩序的刑事犯罪；（5）经国务院批准的国务院证券监督管理机构规定的其他条件。

（1）股份与股票。股份是股份有限公司的注册资本按相同的金额或比例划分成的相等份额。股票是股份有限公司签发的，证明股东所持股份的凭证。股份有限公司的股份是以股票形式表现的，体现了股东的权利和义务，是公司资本的组成部分。

按股东的权利、义务不同，股票可以划分为普通股和优先股；按投资主体性质的不同，股票可以划分为国有股、发起股和社会公众股；按票面上是否记载股东的姓名或名称，股票可以划分为记名股和无记名股。公司向发起人、法人发行的股票，应当为记名股票；公司对社会公众发行的股票，可为记名股票也可为无记名股票。

（2）股份发行原则。股份发行的原则为公平、公正，同次同种同股同价。同次发行的同种类股票，每股的发行条件和价格应当相同。

有下列情形之一的，为公开发行，还要贯彻公开的原则：①向不特定对象发行证券；②向特定对象发行证券，累计超过200人，但依法实施员工持股计划的员工人数不计算在内；③法律、行政法规规定的其他发行行为。

（3）股份发行价格。股票的发行价格可以按票面金额，也可以超过票面金额，但不得低于票面金额。公司发行股票，应当符合一定的条件，并经国务院证券监督管理机构批准。

（4）股票的交付。股份有限公司成立后，即向股东正式交付股票。公司成立前不得向股东交付股票。

知识链接 7-9

《中华人民共和国证券法》（以下简称《证券法》）是为了规范证券发行和交易行为，保护投资者的合法权益，维护社会经济秩序和社会公共利益，促进社会主义市场经济的发展而制定的一部法律。《证券法》由 1998 年 12 月 29 日第九届全国人民代表大会常务委员会第六次会议通过，并经历了三次修正和两次修订，现行《证券法》于 2019 年 12 月 28 日由第十三届全国人民代表大会常务委员会第十五次会议修订通过，自 2020 年 3 月 1 日起施行。

《证券法》规定，在中华人民共和国境内，股票、公司债券、存托凭证和国务院依法认定的其他证券的发行和交易，适用本法；本法未规定的，适用《公司法》和其他法律、行政法规的规定。

本章内容中有关股票、债券的发行和交易等法学理论就是依据《证券法》《公司法》的规定进行的阐述。因《公司法》是 2018 年 10 月修正的，按照新法优于旧法的原则，《证券法》《公司法》规定不一致的，按照《证券法》的规定执行。

2）股份转让

股份转让是指股份有限公司的股份持有人依法自愿将自己的股份转让他人，使他人取得股份成为股东的法律行为。

（1）股份转让的方式和地点。记名股票由股东以背书方式或者法律、行政法规规定的其他方式转让；转让后由公司将受让人的姓名或者名称及住所记载于股东名册。无记名股票由股东将股票交付给受让人后即发生转让的效力。

股东转让其股份，应当在依法设立的证券交易所或者在国务院批准的其他全国性证券交易场所进行。

（2）股份转让的限制。股份有限公司的股东可以自由转让其股份，但法律对某些人转让股份作出限制：①发起人持有的本公司股份，自公司成立之日起 1 年内不得转让。公司公开发行股份前已发行的股份，自公司股票在证券交易所上市交易之日起 1 年内不得转让。②公司董事、监事、高级管理人员应当向公司申报所持有的本公司的股份及其变动情况，在任职期间每年转让的股份不得超过其所持有本公司股份总数的 25%；所持本公司股份自公司股票上市交易之日起 1 年内不得转让。上述人员离职后半年内，不得转让其所持有的本公司股份。③上市公司持有 5% 以上股份的股东、实际控制人、董事、监事、高级管理人员，以及其他持有发行人首次公开发行前发行的股份或者上市公司向特定对象发行的股份的股东，转让其持有的本公司股份的，不得违反法律、行政法规和国务院证券监督管理机构关于持有期限、卖出时间、卖出数量、卖出方式、信息披露等规定，并应当遵守证券交易所的业务规则。

公司不得收购本公司股份（特别规定除外）。公司不得接受本公司的股票作为质押权的标的。

记名股票被盗、遗失或者灭失，股东可以依法申请公示催告。公示催告期间，转让票据权利的行为无效。

上市公司、股票在国务院批准的其他全国性证券交易场所交易的公司持有5%以上股份的股东、董事、监事、高级管理人员，将其持有的该公司的股票或者其他具有股权性质的证券在买入后6个月内卖出，或者在卖出后6个月内又买入，由此所得收益归该公司所有，公司董事会应当收回其所得收益。但是，证券公司因购入包销售后剩余股票而持有5%以上股份，以及有国务院证券监督管理机构规定的其他情形的除外。这里所称董事、监事、高级管理人员、自然人股东持有的股票或者其他具有股权性质的证券，包括其配偶、父母、子女持有的及利用他人账户持有的股票或者其他具有股权性质的证券。

7.3.4 上市公司的特殊规定

上市公司是指其所发行的股票经批准，在证券交易所上市交易的股份有限公司。上市公司因其股票在市场交易，因而其行为除了要遵守《公司法》的相关规定外，还要符合《证券法》的规定。

1）股份公司申请股票上市的条件和程序

股份公司申请股票上市应当符合证券交易所上市规则规定的上市条件。

我国上海证券交易所、深圳证券交易所和北京证券交易所对不同类型的证券上市交易条件作出详细规定。股份公司申请股份上市交易的要符合这些条件。

依法公开发行的股票，应当在依法设立的证券交易所上市交易或者在国务院批准的其他证券交易场所转让。申请股票上市交易，应当向证券交易所提出申请，由证券交易所依法审核同意，并由双方签订上市协议。股票上市交易申请经证券交易所审核同意后，签订上市协议的公司应当在规定的期限内公告股票上市的有关文件，并将该文件置备于指定场所，供公众查阅。

2）上市公司信息披露制度

上市公司应依法向社会披露相关信息。在每一会计年度的上半年结束之日起2个月内向国务院证券监督管理机构和证券交易所报送并公告中期报告；在每一会计年度结束之日起4个月内，报送并公告年度报告；在发生可能对上市公司股票交易价格产生较大影响的重大事件，投资者尚未得知时，上市公司应当立即将有关该重大事件的情况向国务院证券监督管理机构和证券交易所报送临时报告，并予公告，说明事件的起因、目前的状态和可能产生的法律后果。

依法披露的信息，应当在证券交易场所的网站和符合国务院证券监督管理机构规定条件的媒体发布，同时将其置备于公司住所、证券交易场所，供社会公众查阅。

上市公司依法披露的信息，应当真实、准确、完整，简明清晰，通俗易懂，不得有虚假记载、误导性陈述或者重大遗漏。公司有以上情形致使投资者在证券交易中遭受损失的，发行人、上市公司应当承担赔偿责任。

3）上市公司独立董事制度

上市公司独立董事是指既不是公司股东，又不在公司担任除董事外的其他职务，并与其所受聘的上市公司及其主要股东不存在可能妨碍其进行独立客观判断的关系的董事。独立董事除行使股份有限公司董事的职权外，还行使下列特别职权：

（1）重大关联交易（指上市公司拟与关联人达成的总额高于300万元或高于上市公司最近经审计净资产值的5%的关联交易）应由独立董事认可后，提交董事会讨论；

（2）向董事会提议聘用或解聘会计师事务所；

（3）向董事会提请召开临时股东大会；

（4）提议召开董事会；

（5）独立聘请外部审计机构和咨询机构；

（6）可以在股东大会召开前公开向股东征集投票权。

为进一步完善上市公司治理结构，促进上市公司规范运作，中国证监会颁布了《关于在上市公司建立独立董事制度的指导意见》（以下简称《指导意见》），《指导意见》对独立董事的任职条件、独立董事的特别职权、独立董事的议事规则、上市公司应当为独立董事提供的必要条件等都作了详细规定。

4）上市公司董事会秘书制度

上市公司设立董事会秘书是一项独有的制度。上市公司董事会秘书是董事会设置的一个席位，董事会秘书是公司高级管理人员之一，对外负责公司信息披露事宜，对内负责筹备董事会会议和股东大会，记录会议内容、保管会议文件以及其他股权管理事宜。董事会秘书对董事会负责。

5）上市公司关联关系董事制度

关联关系，是指公司控股股东、实际控制人、董事、监事、高级管理人员与其直接或者间接控制的企业之间的关系，以及可能导致公司利益转移的其他关系。

公司的控股股东、实际控制人、董事、监事、高级管理人员不得利用其关联关系损害公司利益。否则，给公司造成损失的，应当承担赔偿责任。

上市公司董事与董事会会议决议事项所涉及的企业有关联关系的，不得对该项决议行使表决权，也不得代理其他董事行使表决权。该董事会会议由过半数的无关联关系董事出席即可举行，董事会会议所作决议须经无关联关系董事过半数通过。出席董事会的无关联关系董事人数不足3人的，应将该事项提交上市公司股东大会审议。

知识链接7-11

新修订的《证券法》第88条至95条增加了对投资者保护的规定，例如第91条规定："上市公司应当在章程中明确分配现金股利的具体安排和决策程序，依法保障股东的资产收益权。上市公司当年税后利润，在弥补亏损及提取法定公积金后有盈余的，应当按照公司章程的规定分配现金股利。"上市公司必须遵守这些法律规定。

小案例 7-3

下列关于股份有限公司股份转让限制的表述中，哪些符合《公司法》规定？

A.公司发起人持有的本公司股份，自公司成立之日起1年内不得转让

B.公司董事持有的本公司股份，自公司股票上市交易之日起1年内不得转让

C.公司监事离职后1年内，不得转让其所持有的本公司股份

D.公司经理在任职期间每年转让的股份不得超过其所持有本公司股份总数的25%

7.4　公司的董事、监事、高级管理人员的任职资格和义务

7.4.1　董事、监事、高级管理人员的任职资格

《公司法》规定，下列人员不得担任公司的董事、监事、高级管理人员：①无民事行为能力或者限制民事行为能力。②因犯有贪污、贿赂、侵占财产、挪用财产罪或者破坏社会主义经济秩序，被判处刑罚，执行期满未逾5年，或者因犯罪被剥夺政治权利，执行期满未逾5年。③担任破产清算的公司、企业的董事或者厂长、经理，对该公司、企业的破产负有个人责任的，自该公司、企业破产清算完结之日起未逾3年。④担任因违法被吊销营业执照、责令关闭的公司、企业的法定代表人，并负有个人责任的，自该公司、企业被吊销营业执照之日起未逾3年。⑤个人所负数额较大的债务到期未清偿。

董事、监事、高级管理人员在任职期间丧失民事行为能力，公司应当解除其职务。

小案例 7-4

A、B、C三个企业各出资1/3组建D公司。公司董事会由A企业法人代表林某、B企业厂长王某、C企业副董事长宋某组成。在公司运营过程中，A企业因违法经营被宣告停业整顿，王某和宋某即对林某的董事资格提出异议，认为林某不能再担任D公司的董事了。

请分析：王某和宋某的异议有法律依据吗？

7.4.2　董事、监事、高级管理人员的义务

董事、监事、高级管理人员应当遵守法律、行政法规和公司章程，对公司负有忠实义务和勤勉义务。董事、监事、高级管理人员不得利用职权收受贿赂或者获取其他非法收入，不得侵占公司的财产。

董事、高级管理人员不得有下列行为：①挪用公司资金；②将公司资金以其个人名义或者以其他个人名义开立账户存储；③违反公司章程的规定，未经股东会、股东大会或者董事会同意，将公司资金借贷给他人或者以公司财产为他人提供担保；④违反公司

章程的规定或者未经股东会、股东大会同意，与本公司订立合同或者进行交易；⑤未经股东会或者股东大会同意，利用职务便利为自己或者他人谋取属于公司的商业机会，自营或者为他人经营与所任职公司同类的业务；⑥接受他人与公司交易的佣金归为己有；⑦擅自披露公司秘密；⑧违反对公司忠实义务的其他行为。

知识链接 7-12

董事、高级管理人员违反《公司法》规定所得的收入应当归公司所有。公司董事、监事、高级管理人员执行公司职务时违反法律、行政法规或者公司章程的规定，给公司造成损失的，应当承担赔偿责任。

7.5　公司股东的诉讼

股东诉讼包括两种形式，即股东代表诉讼和股东直接诉讼。

7.5.1　股东代表诉讼

股东代表诉讼也称股东间接诉讼，是指当公司董事、监事、高级管理人员或者他人的行为，违反法律或者公司章程的规定，给公司造成损失，公司拒绝或者怠于向违法行为人请求损害赔偿时，具备法定资格的股东有权代表股东，代替公司提起诉讼，请求违法行为人赔偿公司损失的行为。

我国法律规定，董事、高级管理人员执行公司职务时违反法律、行政法规或者公司章程的规定，给公司造成损失的，有限责任公司的股东、股份有限公司连续 180 日以上单独或者合计持有公司 1% 以上股份的股东，可以书面请求监事会或者不设监事会的有限责任公司的监事向人民法院提起诉讼；监事有上述情形的，前述股东可以书面请求董事会或者不设董事会的有限责任公司的执行董事向人民法院提起诉讼。

监事会或者董事会收到股东书面请求后拒绝提起诉讼，或者自收到请求之日起 30 日内未提起诉讼，或者情况紧急、不立即提起诉讼将会使公司利益受到难以弥补的损害的，股东有权以自己的名义直接向人民法院提起诉讼。

7.5.2　股东直接诉讼

董事、高级管理人员违反法律、行政法规或者公司章程的规定，损害股东利益的，股东可以向人民法院提起诉讼。

其他人侵犯公司合法权益，给公司造成损失的，有诉讼权的股东可以通过监事会或者监事、董事会或者董事向人民法院提起诉讼，也可以直接向人民法院提起诉讼。

知识链接 7-13

《民法典》规定，营利法人的出资人不得滥用出资人权利损害法人或者其他出资人的利益；滥用出资人权利造成法人或者其他出资人损失的，应当依法承担民事责任。

营利法人的出资人不得滥用法人独立地位和出资人有限责任损害法人债权人的利益；滥用法人独立地位和出资人有限责任，逃避债务，严重损害法人债权人的利益的，应当对法人债务承担连带责任。

营利法人的控股出资人、实际控制人、董事、监事、高级管理人员不得利用其关联关系损害法人的利益；利用关联关系造成法人损失的，应当承担赔偿责任。

7.6 公司债券

公司债券是指公司依照法定程序发行的、约定在一定期限内还本付息的有价证券。

公司债券可分为记名公司债券和无记名公司债券。记名公司债券被盗、遗失或灭失时，债券持有人可以依照公示催告程序，请求人民法院予以补救。无记名公司债券灭失时，无法请求人民法院依法补救；无记名公司债券易于投资者的资本转换和流通。

7.6.1 公司债券的发行条件

公司公开发行债券，应当符合下列条件：
（1）具备健全且运行良好的组织机构；
（2）最近3年平均可分配利润足以支付公司债券1年的利息；
（3）国务院规定的其他条件。

公司发行债券应当报经国务院证券监督管理机构或者国务院授权的部门注册。公开发行公司债券筹集的资金，必须按照公司债券募集办法所列资金用途使用；改变资金用途，必须经债券持有人会议作出决议。公开发行公司债券筹集的资金，不得用于弥补亏损和非生产性支出。

上市公司发行可转换为股票的公司债券，除应当符合以上条件外，还应当遵守"上市公司发行新股，应当符合经国务院批准的国务院证券监督管理机构规定的条件"的规定。但是，按照公司债券募集办法，上市公司通过收购本公司股份的方式进行公司债券转换的除外。

有下列情形之一的，不得再次公开发行公司债券：①对已公开发行的公司债券或者其他债务有违约或者延迟支付本息的事实，仍处于继续状态的；②违反法律规定，改变公开发行公司债券所募资金的用途的。

7.6.2 公司债券的转让

依法发行并交付的公司债券可以转让，转让价格由转让人与受让人约定。
公司债券在证券交易所上市交易的，需遵守证券交易所的交易规则。

7.7 公司的财务会计制度

公司应当依照法律、行政法规和国务院财政部门的规定建立本公司的财务、会计制度。公司应当在每一会计年度终了时编制财务会计报告，并依法经会计师事务所审计。有限责任公司应当依照公司章程规定的期限将财务会计报告送交各股东。股份有限公司的财务会计报告应当在召开股东大会年会的20日前置备于本公司，供股东查阅；公开发行股票的股份有限公司必须公告其财务会计报告。

公司分配当年税后利润时，应当提取利润的10%列入公司法定公积金。公司法定公积金累计额为公司注册资本的50%以上的，可以不再提取。

公司的公积金用于弥补公司的亏损，扩大公司生产经营或者转为增加公司的资本。但是资本公积金不得用于弥补公司的亏损。公司的法定公积金不足以弥补以前年度亏损的，在依法提取法定公积金之前，应当先用当年利润弥补亏损。

公司从税后利润中提取法定公积金后，经股东会或者股东大会决议，还可以从税后利润中提取任意公积金。

公司弥补亏损和提取公积金后所余税后利润，有限责任公司依照股东实缴的出资比例分配；股份有限公司按照股东持有的股份比例分配，但股份有限公司章程规定不按持股比例分配的除外。

股东会、股东大会或者董事会违反规定，在公司弥补亏损和提取法定公积金之前向股东分配利润的，股东必须将违反规定分配的利润退还公司。

公司持有的本公司股份不得分配利润。

公司除法定的会计账簿外，不得另立会计账簿。对公司资产，不得以任何个人名义开立账户存储。

7.8 公司的合并、分立、增资、减资

7.8.1 公司的合并与分立

1）公司合并与分立的概念和种类

公司的合并，是指依法定程序将两个以上的公司变为一个公司的法律行为。它分为吸收合并和新设合并两种。吸收合并指公司接纳一个以上的公司加入本公司，加入方解散、接纳方存续的合并形式。新设合并指两个以上的公司合并生成一个新公司，原合并各方解散的合并形式。

公司的分立，是指一个公司将其财产和经营业务的全部或一部分划归两个以上公司的法律行为。它分为新设分立和派生分立。新设分立是指原公司不存在，其全部财产和经营业务分别归属于两个以上新设公司的分立形式。派生分立是指原公司存在，在原公司的基础上，其公司的部分财产和经营业务归属于另一新设公司的分立形式。

2）公司合并与分立的程序

公司的合并与分立主要有以下步骤：①股东会或者股东大会作出决议；②签订合并与分立协议，编制资产负债表及财产清单；③通知并公告债权人，债权人可以要求清偿债务或提供相应担保；④进行合并与分立登记。

3）公司合并与分立的效力

合并或分立后不继续存在的公司无须经过清算程序，法人资格自动消灭；继续存在的公司发生变更的效力；新产生的公司发生设立效力。

公司合并时，合并各方的债权、债务，应当由合并后存续的公司或者新设的公司承继。

公司分立前的债务由分立后的公司承担连带责任。但是，公司在分立前与债权人就债务清偿达成书面协议另有约定的除外。

7.8.2 公司的增资与减资

1）公司增资

有限责任公司增加注册资本时，股东认缴新增资本的出资，依照《公司法》设立有限责任公司缴纳出资的有关规定执行。

股份有限公司为增加注册资本发行新股时，股东认购新股，依照《公司法》设立股份有限公司缴纳股款的有关规定执行。

2）公司减资

公司需要减少注册资本时，必须编制资产负债表及财产清单。

公司应当自作出减少注册资本决议之日起10日内通知债权人，并于30日内在报纸上公告。债权人自接到通知书之日起30日内，未接到通知书的自公告之日起45日内，有权要求公司清偿债务或者提供相应的担保。

公司合并或者分立，登记事项发生变更的，应当依法向公司登记机关办理变更登记；公司解散的，应当依法办理公司注销登记；设立新公司的，应当依法办理公司设立登记。

公司增加或者减少注册资本，应当依法向公司登记机关办理变更登记。

7.9 公司的解散和清算

7.9.1 公司的解散

公司的解散是指因公司章程或法律规定的事由出现，依法使已经成立的公司法人资格消灭的法律行为。

公司因下列原因解散：①公司章程规定的营业期限届满或者公司章程规定的其他解散事由出现；②股东会或股东大会决议解散；③因公司合并或分立需要解散；④依法被吊销营业执照、责令关闭或者被撤销；⑤人民法院依照《公司法》的规定予以解散。

《公司法》规定，公司经营管理发生严重困难，继续存续会使股东利益受到重大损失，通过其他途径不能解决的，持有公司全部股东表决权10%以上的股东，可以请求人民法院解散公司。

7.9.2　公司的清算

公司清算是终结公司法律关系、消灭公司法人资格的程序。

1）清算组

清算工作一般由清算组完成。有限责任公司的清算组由股东组成，股份有限公司的清算组由董事或者股东大会确定的人员组成。逾期不成立清算组进行清算的，债权人可以申请人民法院指定有关人员组成清算组进行清算。人民法院应当受理该申请，并及时组织清算组进行清算。

2）清算程序

公司因公司章程规定的营业期限届满或者公司章程规定的其他解散事由出现、股东会或股东大会决议解散、依法被吊销营业执照、责令关闭或者被撤销、法院依法裁定而解散的，应当在解散事由出现之日起15日内成立清算组，开始清算。

清算组应当自成立之日起10日内通知债权人，并于60日内在报纸上公告。债权人应当自接到通知书之日起30日内，未接到通知书的自公告之日起45日内，向清算组申报其债权。在申报债权期间，清算组不得对债权人进行清偿。

清算组在清理公司财产、编制资产负债表和财产清单后，应当制订清算方案，并报股东会、股东大会或者人民法院确认。公司财产在分别支付清算费用、职工的工资、社会保险费用和法定补偿金，缴纳所欠税款，清偿公司债务后的剩余财产，有限责任公司按照股东的出资比例分配，股份有限公司按照股东持有的股份比例分配。

清算期间，公司存续，但不得开展与清算无关的经营活动。公司财产在未依法清偿前，不得分配给股东。

清算组在清理公司财产、编制资产负债表和财产清单后，发现公司财产不足以清偿债务的，应当依法向人民法院申请宣告破产。公司经人民法院裁定宣告破产后，清算组应当将清算事务移交给人民法院。

公司清算结束后，清算组应当制作清算报告，报股东会、股东大会或者人民法院确认，并报送公司登记机关，申请注销公司登记，公告公司终止。

7.10　违反公司法的法律责任

7.10.1　公司违反公司法的法律责任

1）公司违反注册登记事项的法律责任

公司虚报注册资本、提交虚假材料或者采取其他欺诈手段隐瞒重要事实取得公司登记的，由公司登记机关责令改正，对虚报注册资本的公司，处以虚报注册资本金额5%以上15%以下的罚款；对提交虚假材料或者采取其他欺诈手段隐瞒重要事实的公司，处以5万元以上50万元以下的罚款；情节严重的，撤销公司登记或者吊销营业执照。

未依法登记为有限责任公司或者股份有限公司，而冒用有限责任公司或者股份有限公司名义的，或者未依法登记为有限责任公司或者股份有限公司的分公司，而冒用有限责任公司或者股份有限公司的分公司名义的，由公司登记机关责令改正或者予以取缔，可以并处10万元以下的罚款。

公司成立后无正当理由超过6个月未开业的，或者开业后自行停业连续6个月以上的，可以由公司登记机关吊销营业执照。

公司登记事项发生变更时，未依照本法规定办理有关变更登记的，由公司登记机关责令限期登记；逾期不登记的，处以1万元以上10万元以下的罚款。

外国公司违反本法规定，擅自在中国境内设立分支机构的，由公司登记机关责令改正或者关闭，可以并处5万元以上20万元以下的罚款。

2）公司违反公司证券规定的法律责任

未经法定机关核准，擅自公开或者变相公开发行证券的，责令停止发行，退还所募资金并加算银行同期存款利息，处以非法所募资金金额1%以上5%以下的罚款；对擅自公开或者变相公开发行证券设立的公司，由依法履行监督管理职责的机构或者部门会同县级以上地方人民政府予以取缔。对直接负责的主管人员和其他直接责任人员给予警告，并处以3万元以上30万元以下的罚款。

上市公司擅自改变公开发行证券所募集资金的用途的，责令改正，对直接负责的主管人员和其他直接责任人员给予警告，并处以3万元以上30万元以下的罚款。

3）公司违反财务会计规定的法律责任

公司在法定的会计账簿以外另立会计账簿的，由县级以上人民政府财政部门责令改正，处以5万元以上50万元以下的罚款。

公司在依法向有关主管部门提供的财务会计报告等材料上作虚假记载或者隐瞒重要事实的，由有关主管部门对直接负责的主管人员和其他直接责任人员处以3万元以上30万元以下的罚款。

公司不依法提取法定公积金的，由县级以上人民政府财政部门责令如数补足应当提取的金额，可以对公司处以20万元以下的罚款。

4）公司违反合并、分立、减少注册资本或者清算的规定的法律责任

公司在合并、分立、减少注册资本或者进行清算时，不依照本法规定通知或者公告债权人的，由公司登记机关责令改正，对公司处以1万元以上10万元以下的罚款。

公司在进行清算时，隐匿财产，对资产负债表或者财产清单作虚假记载或者在未清偿债务前分配公司财产的，由公司登记机关责令改正，对公司处以隐匿财产或者未清偿债务前分配公司财产金额5%以上10%以下的罚款；对直接负责的主管人员和其他直接责任人员处以1万元以上10万元以下的罚款。

公司在清算期间开展与清算无关的经营活动的，由公司登记机关予以警告，没收违法所得。

利用公司名义从事危害国家安全、社会公共利益的严重违法行为的，吊销营业执照。

公司违反法律规定，应当承担民事赔偿责任和缴纳罚款、罚金的，其财产不足以支付时，先承担民事赔偿责任。

违反《公司法》的规定，构成犯罪的，依法追究刑事责任。

7.10.2　发起人、股东违反公司法的法律责任

公司的发起人、股东虚假出资，未交付或者未按期交付作为出资的货币或者非货币财产的，由公司登记机关责令改正，处以虚假出资金额5%以上15%以下的罚款。

公司的发起人、股东在公司成立后，抽逃其出资的，由公司登记机关责令改正，处以所抽逃出资金额5%以上15%以下的罚款。

7.10.3　公司董事、经理及有关人员违反公司法的法律责任

董事、经理及有关人员违法，主要应承担如下法律责任：

（1）董事、监事、高级管理人员违反法律规定的忠实义务和勤勉义务，所得的收入应当归公司所有。

（2）董事、监事、高级管理人员执行公司职务时违反法律、行政法规或者公司章程的规定，给公司造成损失的，应当承担赔偿责任。

（3）公司在依法向有关主管部门提供的财务会计报告等材料上作虚假记载或者隐瞒重要事实的，由有关主管部门对直接负责的主管人员和其他直接责任人员处以3万元以上30万元以下的罚款。

（4）公司在清算期间开展与清算无关的经营活动的，由公司登记机关予以警告，没收违法所得。公司在进行清算时，隐匿财产，对资产负债表或者财产清单作虚假记载或者在未清偿债务前分配公司财产的，由公司登记机关对直接负责的主管人员和其他直接责任人员处以1万元以上10万元以下的罚款。

（5）公司在清算期间，清算组不依照法律规定向公司登记机关报送清算报告，或者报送清算报告隐瞒重要事实或者有重大遗漏的，由公司登记机关责令改正；清算组成员利用职权徇私舞弊、牟取非法收入或者侵占公司财产的，由公司登记机关责令退还公司财产，没收违法所得，并可以处以违法所得1倍以上5倍以下的罚款。

（6）公司的相关人员违反法律规定，构成犯罪的，依法追究刑事责任。

7.10.4　有关主管部门和机构违反公司法的法律责任

有关主管部门和机构违法应承担的法律责任包括：

（1）清算组不依照本法规定向公司登记机关报送清算报告，或者报送清算报告隐瞒重要事实或者有重大遗漏的，由公司登记机关责令改正。

清算组成员利用职权徇私舞弊、牟取非法收入或者侵占公司财产的，由公司登记机关责令退还公司财产，没收违法所得，并可以处以违法所得1倍以上5倍以下的罚款。

（2）承担资产评估、验资或者验证的机构提供虚假材料的，由公司登记机关没收违法所得，处以违法所得1倍以上5倍以下的罚款，并可以由有关主管部门依法责令该机

构停业、吊销直接责任人员的资格证书，吊销营业执照。

承担资产评估、验资或者验证的机构因过失提供有重大遗漏的报告的，由公司登记机关责令改正，情节较重的，处以所得收入1倍以上5倍以下的罚款，并可以由有关主管部门依法责令该机构停业、吊销直接责任人员的资格证书，吊销营业执照。

承担资产评估、验资或者验证的机构因其出具的评估结果、验资或者验证证明不实，给公司债权人造成损失的，除能够证明自己没有过错的外，在其评估或者证明不实的金额范围内承担赔偿责任。

（3）公司登记机关对不符合《公司法》规定条件的登记申请予以登记，或者对符合《公司法》规定条件的登记申请不予登记的，对直接负责的主管人员和其他直接责任人员，依法给予行政处分。

（4）公司登记机关的上级部门强令公司登记机关对不符合《公司法》规定条件的登记申请予以登记，或者对符合《公司法》规定条件的登记申请不予登记的，或者对违法登记进行包庇的，对直接负责的主管人员和其他直接责任人员依法给予行政处分。

（5）有关部门和机构，违反法律规定，构成犯罪的，依法追究刑事责任。

应知应会

1. 概念：有限公司、股份公司、国有独资公司、一人公司、上市公司、股票、债券。
2. 设立有限责任公司和股份有限公司应具备的条件。
3. 股东的出资方式及出资缴纳的规定。
4. 董事、监事、高级管理人员的任职资格和义务。
5. 股票、债券的发行条件及股权转让的规定。
6. 国有独资公司、一人公司、上市公司的特殊规定。

课堂实训

1. 编写一份公司章程。
2. 列表比较有限责任公司与股份有限公司的区别。
3. 实战演练：

案例分析一

甲、乙、丙三人共同出资500万元设立了一个有限责任公司，其中甲和乙各出资40%，丙出资20%。

请分析：该公司章程的下列条款中，哪些符合公司法律制度的规定？（2010年注册会计师考试试题）

（1）股东会表决时，甲、乙、丙按照出资比例行使表决权。

（2）股东会表决选举公司董事和总经理时，须经甲、乙、丙一致同意，决议方为通过。

（3）公司分配利润时，丙有优先分配权；公司当年利润不足10万元的，仅分配给丙，超过10万元的部分，甲、乙、丙按出资比例分配。

（4）公司解散清算后，如有剩余财产，甲、乙、丙按照出资比例分配。

案例分析二

2018年8月8日，甲、乙、丙、丁共同出资设立了一家有限责任公司（下称公司）。公司未设董事会，仅设丙为执行董事。2019年6月8日，甲与戊订立合同，约定将其所持有的全部股权以20万元的价格转让给戊。甲于同日分别向乙、丙、丁发出拟转让股权给戊的通知书。乙、丙收到通知书后立即作了回复，均要求在同等条件下优先购买甲所持公司全部股权。丁于同年6月9日收到甲的通知后，至7月15日未就此项股权转让事项作出任何答复。戊在对公司进行调查的过程中，发现乙在公司设立时以机器设备折合30万元用于出资，而该机器设备当时的实际价值仅为10万元。公司股东会于2019年2月就2018年度利润分配作出决议，决定将公司在该年度获得的可分配利润68万元全部用于分红，并在4月底之前实施完毕。至7月底丁尚未收到上述分红利润，在没有告知公司任何机构和人员的情况下，其直接向人民法院提起诉讼，要求实施分红决议。

请根据上述内容，回答下列问题。

（1）丁未作答复将产生何种法律效果？并说明理由。

（2）乙、丙均要求在同等条件下，优先受让甲所持公司全部股权，应当如何处理？

（3）如果乙出资不实的行为属实，应当如何处理？

（4）丁直接向人民法院提起诉讼的行为是否符合法律程序？并说明理由。

第8章

企业破产法

学习目标

通过本章的学习，使学生了解破产的含义、破产的程序、破产的法律责任等内容；理解破产的界限、债务人重整、和解的含义及程序、破产宣告的条件以及管理人、债权人会议的相关规定；掌握破产债权、破产财产、破产费用、破产财产的分配顺序等方面的法律规定。最终达到能够较好地运用相关法学理论，解决现实生活中存在的有关企业破产问题的目的。

引入案例

某公司因经营管理不善，不能偿还到期债务，想向法院申请破产。企业尚存：①流动资金70万元；②自有设备，折价120万元；③租借的设备，计价18万元；④厂房估价90万元，已经抵押给一个债权人。

请思考：该企业能否申请破产？如何申请破产？如何处理租借的设备和已经抵押的厂房？破产财产的范围如何确定？

8.1 破产法概述

8.1.1 破产的概念和破产界限

1）破产的概念

破产是在企业法人不能清偿到期债务，并且资产不足以清偿全部债务或者明显缺乏清偿能力时，由法院主持依法清理债务，将债务人的全部财产依法抵偿所欠的各种债务，不足部分不再清偿的法律制度。

知识链接8-1

《最高人民法院关于适用〈中华人民共和国企业破产法〉若干问题的规定（一）》规定，下列情形同时存在的，人民法院应当认定债务人不能清偿到期债务：①债权债务关系依法成立；②债务履行期限已经届满；③债务人未完全清偿债务。

债务人的资产负债表，或者审计报告、资产评估报告等显示其全部资产不足以偿付全部负债的，人民法院应当认定债务人资产不足以清偿全部债务，但有相反证据足以证明债务人资产能够偿付全部负债的除外。

债务人账面资产虽大于负债，但存在下列情形之一的，人民法院应当认定其明显缺乏清偿能力：①因资金严重不足或者财产不能变现等原因，无法清偿债务；②法定代表人下落不明且无其他人员负责管理财产，无法清偿债务；③经人民法院强制执行，无法清偿债务；④长期亏损且经营扭亏困难，无法清偿债务；⑤导致债务人丧失清偿能力的其他情形。

2）破产界限

破产界限又称破产原因，是提出破产申请，从而启动破产程序的客观事实，也是人民法院据以宣告债务人破产的法律标准。我国破产法确定的破产界限是企业法人不能清偿到期债务，并且资产不足以清偿全部债务或者明显缺乏清偿能力。

依此规定，只要债务人不能清偿到期债务，债权人就可以向人民法院提出对债务人进行破产清算的申请。而人民法院在核实债务人资产不足以清偿全部债务或者明显缺乏清偿能力时，可以宣告债务人破产。

企业法人有破产原因规定的情形，或者有明显丧失清偿能力可能的，可以依照破产法的规定进行重整。

8.1.2 破产法的概念和适用范围

1）破产法的概念

破产法是调整企业在破产清算、和解、重整过程中形成的各种社会关系的法律规范的总称。

破产法有狭义和广义之分。狭义的破产法仅指《中华人民共和国企业破产法》（以下简称《破产法》），该法于2006年8月27日由第十届全国人民代表大会常务委员会第二十三次会议通过，于2007年6月1日起实施。广义的破产法则包括所有调整与破产相关联的社会关系的法律、法规。现代意义上的破产法均指广义的破产法，既包括破产清算制度，又包括挽救债务人的和解、重整等制度。

2）破产法的适用范围

《破产法》适用于中华人民共和国领域内的所有企业法人。其他法律规定企业法人以外的组织的清算，属于破产清算的，参照适用《破产法》规定的程序。

依照《破产法》开始的破产程序，对债务人在中华人民共和国领域外的财产发生效力。

8.2　破产申请的提出与受理

8.2.1　破产申请的提出

依照我国《破产法》的规定，不同的人在不同的情形下可以向人民法院提出不同的请求：

（1）债务人在不能清偿到期债务，并且资产不足以清偿全部债务或者明显缺乏清偿能力的情形下，可以向人民法院提出重整、和解或者破产清算申请。

（2）债务人不能清偿到期债务，债权人可以向人民法院提出对债务人进行重整或者破产清算的申请。

（3）对企业依法负有清算责任的人发现企业资产不足以清偿债务的，应当向人民法院申请破产清算。

债权人向人民法院提出破产申请，应当提交破产申请书和债务人不能清偿到期债务的有关证据。

债务人提出申请的，还应当向人民法院提交财产状况说明、债务清册、债权清册、有关财务会计报告、职工安置预案以及职工工资的支付和社会保险费用的缴纳情况。

破产企业职工提出破产申请的，应经职工代表大会或者全体职工会议决议通过。

知识链接 8-2

破产申请书应当载明下列事项：①申请人、被申请人的基本情况；②申请目的；③申请的事实和理由；④人民法院认为应当载明的其他事项。

8.2.2　破产申请的受理

破产案件由债务人住所地人民法院管辖。人民法院受理破产案件一般要经过立案、发布通知和公告等程序。

1）立案

债权人提出破产申请的，人民法院应当自收到申请之日起5日内通知债务人。债务人对申请有异议的，应当自收到人民法院的通知之日起7日内向人民法院提出。人民法院应当自异议期满之日起10日内裁定是否受理。

其他情形下，人民法院应当自收到破产申请之日起15日内裁定是否受理。人民法院裁定不受理破产申请的，应当自裁定作出之日起5日内送达申请人并说明理由。申请人对裁定不服的，可以自裁定送达之日起10日内向上一级人民法院提起上诉。

2）发布通知和公告

人民法院受理破产申请的，应当自裁定作出之日起5日内送达申请人。债权人提出申请的，人民法院应当自裁定作出之日起5日内送达债务人。人民法院应当自裁定受理破产申请之日起25日内通知已知债权人，并予以公告。

8.2.3　破产申请受理的效力

破产申请受理的效力是破产程序开始所带来的法律后果，主要表现在以下几个方面：

（1）自人民法院受理破产申请的裁定送达债务人之日起至破产程序终结之日，债务人的有关人员（企业的法定代表人、财务管理人员和其他经营管理人员）承担下列义务：①妥善保管其占有和管理的财产、印章和账簿、文书等资料；②根据人民法院、管理人的要求进行工作，并如实回答询问；③列席债权人会议并如实回答债权人的询问；④未经人民法院许可，不得离开住所地；⑤不得新任其他董事、监事、高级管理人员。

（2）人民法院受理破产申请后，债务人对个别债权人的债务清偿无效。

（3）人民法院受理破产申请后，债务人的债务人或者财产持有人应当向管理人清偿债务或者交付财产。

（4）人民法院受理破产申请后，管理人对破产申请受理前成立而债务人和对方当事人均未履行完毕的合同有权决定解除或者继续履行，并通知对方当事人。管理人自破产申请受理之日起2个月内未通知对方当事人，或者自收到对方当事人催告之日起30日内未答复的，视为解除合同。

管理人决定继续履行合同的，对方当事人应当履行；但是，对方当事人有权要求管理人提供担保，管理人不提供担保的，视为解除合同。

（5）人民法院受理破产申请后，有关债务人财产的保全措施应当解除，执行程序应当中止。

人民法院受理破产申请后，已经开始但尚未终结或尚未执行的有关债务人的民事诉讼或者仲裁应当中止；在管理人接管债务人的财产后，视情况确定是否继续进行。

人民法院受理破产申请后，有关债务人的民事诉讼，只能向受理破产申请的人民法院提起。

人民法院裁定受理破产申请后，应当同时指定管理人，由管理人接管和处理破产企业的相关事务。

8.3　管理人

8.3.1　管理人的概念

管理人是破产申请受理后经人民法院指定的，全面接管破产企业并负责破产财产的保管、清算、估价、处理和分配等破产事务的组织。管理人的报酬由人民法院确定。

8.3.2　管理人的产生和任职资格

管理人由人民法院指定，可以由有关部门、机构的人员组成的清算组或者依法设立的律师事务所、会计师事务所、破产清算事务所等社会中介机构担任。债权人会议认为管理人不能依法、公正执行职务或者有其他不能胜任职务情形的，可以申请人民法院予以更换。

人民法院根据债务人的实际情况，可以在征询有关社会中介机构的意见后，指定该机构具备相关专业知识并取得执业资格的人员担任管理人。

小思考 8-1

哪些人不能担任管理人？

有下列情形之一的，不得担任管理人：①因故意犯罪受过刑事处罚；②曾被吊销相关专业执业证书；③与本案有利害关系；④人民法院认为不宜担任管理人的。

8.3.3　管理人的职责

管理人依据《破产法》履行的主要职责包括：①接管债务人的财产等资料；②调查债务人财产状况；③决定债务人的内部管理事务；④决定债务人的日常开支和其他必要开支；⑤在第一次债权人会议召开之前，决定继续或者停止债务人的营业；⑥管理和处分债务人的财产；⑦代表债务人参加诉讼、仲裁或者其他法律程序；⑧提议召开债权人会议；⑨人民法院认为管理人应当履行的其他职责。

管理人依法执行职务，向人民法院报告工作，并接受债权人会议和债权人委员会的监督。管理人应当列席债权人会议，向债权人会议报告职务执行情况，并回答询问。

管理人没有正当理由不得辞去职务；管理人辞去职务应当经人民法院许可。

管理人应当勤勉尽责，忠实执行职务。

8.4　破产债权的申报和确认

破产债权是指人民法院受理破产申请时债权人对债务人享有的债权。破产案件受理后，债权人只有在依法申报债权并得到确认后，才能参与到破产程序中来，行使相应的权利。

8.4.1　债权申报时间

人民法院受理破产申请后，应当确定债权人申报债权的期限。债权申报期限自人民法院发布受理破产申请公告之日起计算，最短不得少于 30 日，最长不得超过 3 个月。

债权申报事宜，由管理人负责。

8.4.2　债权的种类和申报程序

因债务人所负债务种类不同，债权的申报程序也不尽相同。

（1）债权人应当在人民法院确定的债权申报期限内向管理人申报债权。债权人申报债权时，应当书面说明债权的数额和有无财产担保，并提交有关证据。对破产人的特定财产享有担保权的债权人也要申报债权,对行使优先受偿权利未能完全受偿的部分债权或放弃优先受偿权利的债权,以普通债权申报。申报的债权是连带债权的,应当说明。连带债权人可以由其中一人代表全体连带债权人申报债权,也可以共同申报债权。

(2)未到期的债权,在破产申请受理时视为到期。附利息的债权自破产申请受理时起停止计息。附条件、附期限的债权和诉讼、仲裁未决的债权,债权人可以申报。

(3)债务人的保证人或者其他连带债务人已经代替债务人清偿债务的,以其对债务人的求偿权申报债权;尚未代替债务人清偿债务的,以其对债务人的将来求偿权申报债权。但是,债权人已经向管理人申报全部债权的除外。

(4)连带债务人数人均被裁定适用破产法规定的程序的,其债权人有权就全部债权分别在各破产案件中申报债权。

(5)管理人或者债务人依照破产法规定解除合同的,对方当事人以因合同解除所产生的损害赔偿请求权申报债权。这里的损害只包括直接损失,违约金等不得作为破产债权申报。

(6)债务人是委托合同的委托人,被裁定适用破产法规定的程序,受托人不知该事实,继续处理委托事务的,受托人以由此产生的请求权申报债权。

(7)债务人是票据的出票人,被裁定适用破产法规定的程序,该票据的付款人继续付款或者承兑的,付款人以由此产生的请求权申报债权。

人民法院确定的债权申报期限内,债权人未申报债权的,可以在破产财产最后分配前补充申报;但是,此前已进行的分配,不再对其补充分配。为审查和确认补充申报债权的费用,由补充申报人承担。

债权人未依法申报债权的,不得依照《破产法》规定的程序行使权利。

知识链接8-3

债务人所欠职工的工资和医疗、伤残补助、抚恤费用,所欠的应当划入职工个人账户的基本养老保险、基本医疗保险费用,以及法律、行政法规规定应当支付给职工的补偿金,称为劳动债权,不必申报,由管理人调查后列出清单并予以公示。

8.4.3 债权的确认

管理人收到债权申报材料后,应当登记造册,对申报的债权进行审查,并编制债权表。债权表和债权申报材料由管理人保存,供利害关系人查阅。债权表应当提交第一次债权人会议核查。

债务人、债权人对债权表记载的债权无异议的,由人民法院裁定确认。债务人、债权人对债权表记载的债权有异议的,可以向受理破产申请的人民法院提起诉讼。

小案例8-1

A公司申请破产后,进入债权申报程序:甲债权人申报债权时,口头陈述了自己债权的数额和有无财产担保情况；该申请破产的企业的保证人乙已经代替债务人偿还了债务，以其求偿权向债务人申报债权；该申请破产的企业的另一保证人丙没有代替债务人清偿债务，但仍然以其未来求偿权申报债权；丁是A公司的受托人，其不知道A申请破产的事实，仍然处理委托事务，丁以由此产生的请求权申报债权。

请问：乙、丙、丁能否申报债权？应向谁申报债权？请说明理由。

8.5　债权人会议

债权人会议是在破产案件受理后，由申报债权的债权人组成的破产议事机构。债权人会议是一个临时性的决议机构，仅在破产程序中与法院、管理人、债务人等进行交涉，负责协调债权人之间的法律行为，处理涉及全体债权人共同利益的问题，它不与破产程序之外的主体发生法律关系。

8.5.1　债权人会议的成员及其权利

依法申报债权的债权人都是债权人会议的成员，有权参加债权人会议，在法院监督下讨论决定有关破产事宜。但债权人会议成员因其身份不同而享有的表决权不同。

（1）无财产担保的债权人。无财产担保的债权人即通常所称的破产债权人。依法申报了债权的无财产担保的债权人是完整意义上的债权人，其债权被确认后，在债权人会议上享有完全的表决权。

（2）对债务人的特定财产享有担保权，且未放弃优先受偿权利的债权人。该类债权人即破产法理论上所称别除权人。别除权人因未放弃对特定的财产享有的优先受偿的权利，因此其在债权人会议上享有不完全的表决权，即其对"和解协议""破产财产的分配方案"之外的事项享有表决权。如果别除权人放弃优先受偿权利，其相应的债权就转化为破产债权，在债权人会议上就享有完全的表决权。如果别除的债权存在担保物价款不足清偿的部分，债权人就兼有别除权人与破产债权人双重身份，在债权人会议中享有表决权，但其行使表决权的数额仅限于从担保物价款上不能受偿的部分债权。

（3）债权尚未确定的债权人。一般而言，对债权的审查、确认是在第一次债权人会议上进行的，所以，凡是申报债权的债权人均有权参加第一次债权人会议，有权参加对其债权的审查、确认，并可以依法提出异议。对于第一次会议以后的债权人会议，就只有债权得到确认的债权人才有权参加。对债权尚存在争议的债权人，除了人民法院以裁定方式确认其享有表决权，或为其行使表决权而临时确定债权额之外，在债权人会议上不得行使表决权。

（4）债务人的职工和工会的代表。债务人企业的职工和工会可以派代表参加债权人会议，对有关事项发表意见。

在债权人会议上，除了作为会议成员出席的债权人外，还有其他列席人员。列席人员是为了协助债权人会议的顺利召开而履行法定或职务义务的人员，其在债权人会议上无发言权和表决权。列席人员包括：①债务人的法定代表人；②债务人的财务管理人员和其他经营管理人员；③管理人；④人民法院指派的人。

8.5.2 债权人会议的召集和主持

债权人会议设主席一人，由人民法院从有表决权的债权人中指定。主席主持债权人会议。第一次债权人会议由人民法院召集，应当在债权申报期限届满后 15 日内召开。以后的债权人会议，在人民法院认为必要时，或者管理人、债权人委员会、占债权总额 1/4 以上的债权人向债权人会议主席提议时召开。

召开债权人会议，管理人应当提前 15 日通知已知的债权人。

8.5.3 债权人会议的职权与债权人会议决议

1）债权人会议的职权

债权人会议享有以下职权：①核查债权；②申请人民法院更换管理人，审查管理人的费用和报酬；③监督管理人；④选任和更换债权人委员会成员；⑤决定继续或者停止债务人的营业；⑥通过重整计划；⑦通过和解协议；⑧通过债务人财产的管理方案；⑨通过破产财产的变价方案；⑩通过破产财产的分配方案；⑪人民法院认为应当由债权人会议行使的其他职权。

2）债权人会议决议

债权人会议决议是债权人对有关事项作出的决定，债权人会议的决议，对于全体债权人均有约束力。

债权人会议的决议，应当由出席会议的有表决权的债权人过半数通过，并且他们所代表的债权额必须占无财产担保债权总额的 1/2 以上。法律有特别规定的，按照其特别规定执行。

对"债务人财产的管理方案"和"破产财产的变价方案"的决议，经债权人会议表决未通过的，由人民法院裁定。

对"破产财产的分配方案"，经债权人会议二次表决仍未通过的，由人民法院裁定。

8.5.4 债权人委员会

依据我国《破产法》的规定，债权人会议可以决定设立债权人委员会。债权人委员会由债权人会议选任的债权人代表和 1 名债务人的职工代表或者工会代表组成。债权人委员会成员不得超过 9 人。债权人委员会成员应当经人民法院书面决定认可。

债权人委员会作为债权人会议的常设机构行使下列职权：①监督债务人财产的管理和处分；②监督破产财产分配；③提议召开债权人会议；④债权人会议委托的其他职权。

债权人委员会执行职务时，有权要求管理人、债务人的相关人员对其职权范围内的事务作出说明或者提供有关文件。

债权人委员会还可以依法对管理人相应的行为实施监督。管理人拒绝接受监督的，债权人委员会有权就监督事项请求人民法院作出决定。

8.6　重　整

重整是通过推迟债务、注入资本、对企业的债务与经营进行必要的整合、采取措施消除引起企业经营困难的原因，使濒临破产的企业起死回生的行为。

为了处理好重整期间的各种关系，《破产法》对重整行为作出了一系列的规定。

8.6.1　重整的申请人和重整期间

1）申请人

《破产法》规定，债务人或者债权人可以依照《破产法》直接向人民法院申请对债务人进行重整。债权人申请对债务人进行破产清算的，在人民法院受理破产申请后、宣告债务人破产前，债务人或者出资额占债务人注册资本 1/10 以上的出资人，可以向人民法院申请重整。由此可见，有权申请对债务人进行重整的只有三种人：一是债权人；二是债务人；三是出资额占债务人注册资本 1/10 以上的出资人。

人民法院经审查认为重整申请符合法律规定的，应当裁定债务人重整，并予以公告。

2）重整期间

自人民法院裁定债务人重整之日起至重整程序终止，为重整期间。重整期间，债务人企业事务的执行可以采用两种方式进行：①管理人负责管理财产和营业事务；②经债务人申请，人民法院批准，债务人在管理人的监督下自行管理财产和营业事务。

重整期间，对债务人的特定财产享有的担保权暂停行使；债务人的出资人不得请求投资收益分配；债务人的董事、监事、高级管理人员不得向第三人转让其持有的债务人的股权；债务人合法占有的他人财产，该财产的权利人在重整期间要求取回的，应当符合事先约定的条件。

8.6.2　重整计划的制作、通过和批准

1）重整计划草案的制作

债务人自行管理财产和营业事务的，由债务人制作重整计划草案；管理人负责管理财产和营业事务的，由管理人制作重整计划草案。

债务人或者管理人应当自人民法院裁定债务人重整之日起 6 个月内，同时向人民法院和债权人会议提交重整计划草案。经债务人或者管理人请求，有正当理由的，人民法院可以裁定延期 3 个月。债务人或者管理人未按期提出重整计划草案的，人民法院应当裁定终止重整程序，并宣告债务人破产。

小思考8-2

重整计划草案包括哪些内容？

重整计划草案的内容包括：（1）债务人的经营方案；（2）债权分类；（3）债权调整

方案；（4）债权受偿方案；（5）重整计划的执行期限；（6）重整计划执行的监督期限；（7）有利于债务人重整的其他方案。

2）重整计划草案的表决与通过

人民法院应当自收到重整计划草案之日起30日内召开债权人会议，对重整计划草案进行表决。

债权人会议根据债权的种类按照以下分组对重整计划草案进行表决：①对债务人的特定财产享有担保权的债权；②债务人所欠职工的工资和医疗、伤残补助、抚恤费用，所欠的应当划入职工个人账户的基本养老保险、基本医疗保险费用，以及法律、行政法规规定应当支付给职工的补偿金；③债务人所欠税款；④普通债权。

人民法院在必要时可以决定在普通债权组中设小额债权组对重整计划草案进行表决。

债务人的出资人代表可以列席讨论重整计划草案的债权人会议。重整计划草案涉及出资人权益调整事项的，应当设立出资人组，对该事项进行表决。

出席会议的同一表决组的债权人过半数同意重整计划草案，并且其所代表的债权额占该组债权总额的2/3以上的，即为该组通过重整计划草案。各表决组均通过重整计划草案时，重整计划即为通过。部分表决组未通过重整计划草案的，债务人或者管理人可以同未通过重整计划草案的表决组协商。该表决组可以在协商后再表决一次。双方协商的结果不得损害其他表决组的利益。

重整计划草案未获债权人会议通过，但符合法律规定的特别条件的，人民法院应当裁定批准，终止重整程序，并予公告。

3）重整计划的批准和效力

自重整计划通过之日起10日内，债务人或者管理人应当向人民法院提出批准重整计划的申请。人民法院经审查认为符合法律规定的，应当自收到申请之日起30日内裁定批准、终止重整程序，并予以公告。

经人民法院批准的重整计划，对债务人和全体债权人均有约束力。未申报债权的债权人在重整计划执行期间不得行使权利，在重整计划执行完毕后，可按照重整计划规定的同类债权的清偿条件行使权利。

按照重整计划减免的债务，自重整计划执行完毕起，债务人不再承担清偿责任。

重整计划草案未获得通过且未依照法律规定获得人民法院强制批准，或者已通过的重整计划未获批准的，人民法院应当裁定终止重整程序，并宣告债务人破产。

8.6.3　重整计划的执行

重整计划批准后由债务人负责执行，已接管财产和营业的管理人应当向债务人移交财产和营业事务。

在重整计划规定的监督期内，由管理人监督重整计划的执行，债务人应当向管理人报告重整计划执行情况和债务人财务状况。监督期届满时，管理人应当向人民法院提交监督报告。自监督报告提交之日起，管理人的监督职责终止。

债务人不能执行或者不执行重整计划的，人民法院经管理人或者利害关系人请求，应当裁定终止重整计划的执行，并宣告债务人破产。

人民法院裁定终止重整计划执行的，债权人在重整计划中作出的债权调整的承诺失去效力。债权人因执行重整计划所受的清偿仍然有效，未受清偿的部分作为破产债权。前述规定的债权人，只有在其他同顺位债权人同自己所受的清偿达到同一比例时，才能继续接受分配。

在重整期间，有下列情形之一的，经管理人或者利害关系人请求，人民法院应当裁定终止重整程序，并宣告债务人破产：①债务人的经营状况和财产状况继续恶化，缺乏挽救的可能性；②债务人有欺诈、恶意减少债务人财产或者其他显著不利于债权人的行为；③由于债务人的行为导致管理人无法执行职务。

8.7 和解

和解是债务人与债权人经过协商，就债务人延期清偿债务、减少债务数额等事项达成协议，以解决债务人债务危机的行为。

8.7.1 和解申请的提出

债务人可以依法直接向人民法院申请和解，也可以在人民法院受理破产申请后，宣告债务人破产前，向人民法院申请和解。人民法院经审查认为和解申请符合法律规定的，应当裁定和解，予以公告。

8.7.2 和解协议的制定和通过

债务人提出和解，应当提出和解协议草案。和解协议草案由债权人会议表决，通过方式为出席债权人会议有表决权的债权人过半数同意，并且其所代表的债权额占无财产担保债权总额的2/3以上。

债权人会议通过和解协议的，由人民法院裁定认可，终止和解程序，并予以公告。管理人应当向债务人移交财产和营业事务，并向人民法院提交执行职务的报告。

和解协议草案经债权人会议表决未获得通过的，或者已经债权人会议通过的和解协议未获人民法院认可的，人民法院应当裁定终止和解程序，并宣告债务人破产。

因债务人的欺诈或者其他违法行为而成立的和解协议，人民法院应当裁定无效，并宣告债务人破产。

8.7.3 和解协议的效力

经人民法院裁定认可的和解协议，对债务人与全体和解债权人均有约束力。和解债权人是指人民法院受理破产申请时对债务人享有无物权担保债权的人。

按照和解协议减免的债务，自和解协议执行完毕时起，债务人不再承担清偿责任。

未申报债权的债权人，在和解协议执行期间不得行使权利，在和解协议执行完毕后，可以按照和解协议规定的清偿条件行使权利。

债务人应当按照和解协议规定的条件清偿债务。债务人不能执行或者不执行和解协议的，人民法院经和解债权人请求，应当裁定终止和解协议的执行，并宣告债务人破产。

人民法院裁定终止和解协议执行的，债权人在和解协议中作出的债权调整的承诺失去效力。债权人因执行和解协议所受的清偿仍然有效，未受清偿的部分作为破产债权。前述规定的债权人，只有在其他同顺位债权人同自己所受的清偿达到同一比例时，才能继续接受分配。

和解债权人对债务人的保证人和其他连带债务人所享有的权利，不受和解协议的影响，即和解协议的效力不及于债务人的保证人或连带债务人，他们仍应按原来的约定或法定责任承担保证或连带责任。

8.8 破产宣告和破产清算

破产宣告是人民法院依法裁定债务人进入破产清算程序，清理债权、债务关系的活动。

人民法院依法宣告债务人破产的，应当自裁定作出之日起5日内送达债务人和管理人，自裁定作出之日起10日内通知已知债权人，并予以公告。

8.8.1 破产宣告的情形

债务人具有以下情形的，人民法院依法宣告债务人破产：

（1）债务人达到破产界限。破产法规定的破产界限是：企业法人不能清偿到期债务，并且资产不足以清偿全部债务或者明显缺乏清偿能力。

（2）重整计划草案未获得通过或者未获得批准的；债务人不能执行或者不执行重整计划的。

（3）和解协议草案经债权人会议表决未获得通过或者未获得人民法院认可的；债务人不能执行或者不执行和解协议的。

债务人被宣告破产后，债务人称为破产人，债务人的财产称为破产财产，人民法院受理破产申请时对债务人享有的债权称为破产债权。

破产宣告前，第三人为债务人提供足额担保或者为债务人清偿全部到期债务、债务人已清偿全部到期债务的，人民法院应当裁定终结破产程序，并予以公告。

8.8.2 破产财产的确认

破产财产在破产宣告时即属于债务人的财产。

1）破产财产与债务人的财产

"破产财产"和"债务人的财产"是两个概念，不单是称谓的时间不同，两者的数量也可能不同。债务人的财产包括破产申请受理时属于债务人的全部财产和破产申请受理后至破产程序终结前债务人取得的财产。债务人的财产自破产申请到破产程序终结这一阶段时间有可能发生合理性的变化，而能够用于破产清算的破产财产必须是破产宣告时尚属于破产人的财产，而且是破产人所有的或者经营管理的全部财产，包括应当由破产人行使的相关权利。

知识链接8-4

自破产申请到破产宣告这一阶段，债务人仍然可以从事某些必要的民事活动，这就存在着取得财产的可能。这些财产包括：①因破产企业债务人的清偿和财产持有人的交还而取得的财产；②因未履行合同的继续履行而取得的财产；③由破产企业享有的投资权益所产生的收益；④破产财产所生的孳息或转让所得；⑤继续营业的收益；⑥其他基于合法原因而取得的财产。

2）不属于破产财产的财产范围

下列财产不属于债务人财产：①债务人基于仓储、保管、加工承揽、委托交易、代销、借用、寄存、租赁等法律关系占有、使用的他人财产；②特定物买卖中，尚未转移占有但相对人已完全支付对价的特定物；③尚未办理产权证或者产权过户手续但已向买方交付的财产；④债务人在所有权保留买卖中尚未取得所有权的财产；⑤所有权专属于国家且不得转让的财产；⑥破产企业内的社团（主要有企业的党团组织和工会组织）的经费及其拥有的财产；⑦因无效合同取得的财产。

3）对债务人财产的特殊规定

为了维护债权人的利益，《破产法》对涉及债务人财产的某些行为作出了特殊规定。

（1）撤销。人民法院受理破产申请前1年内，涉及债务人财产的下列行为，管理人有权请求人民法院予以撤销：①无偿转让财产的；②以明显不合理的价格进行交易的；③对没有财产担保的债务提供财产担保的；④对未到期的债务提前清偿的；⑤放弃债权的。

人民法院受理破产申请前6个月内，债务人具有破产情形，仍对个别债权人进行清偿的，管理人有权请求人民法院予以撤销。但是，个别清偿使债务人财产受益的除外。

（2）无效行为。涉及债务人财产的下列行为无效：①为逃避债务而隐匿、转移财产的；②虚构债务或者承认不真实的债务的。

（3）追缴。人民法院受理破产申请后，债务人的出资人尚未完全履行出资义务的，管理人应当要求该出资人缴纳所认缴的出资，而不受出资期限的限制。

（4）追回。对于因撤销、无效行为而取得债务人财产的，管理人有权予以追回。债务人的董事、监事和高级管理人员利用职权从企业获取的非正常收入和侵占的企业财产，管理人应当追回。

（5）取回。人民法院受理破产申请后，管理人可以通过清偿债务或者提供为债权人接受的担保，取回质物、留置物。

人民法院受理破产申请后，债务人占有的不属于债务人的财产，该财产的权利人可以通过管理人取回。但是，《破产法》另有规定的除外。

人民法院受理破产申请时，出卖人已将买卖标的物向作为买受人的债务人发运，债务人尚未收到且未付清全部价款的，出卖人可以取回在运途中的标的物。但是，管理人可以支付全部价款，请求出卖人交付标的物。

（6）抵销。债权人在破产申请受理前对债务人负有债务的，可以向管理人主张抵销。抵销权只能由债权人行使，并且有下列情形之一的，不得抵销：①债务人的债务人在破产申请受理后取得他人对债务人的债权的；②债权人已知债务人有不能清偿到期债务或者破产申请的事实，对债务人负担债务的；但是，债权人因为法律规定或者有破产申请1年前所发生的原因而负担债务的除外；③债务人的债务人已知债务人有不能清偿到期债务或者破产申请的事实，对债务人取得债权的；但是，债务人的债务人因为法律规定或者有破产申请1年前所发生的原因而取得债权的除外。

债权人对破产人的特定财产享有担保权的，有权就该担保物优先受偿，即该项财产的变价款必须优先清偿有担保的债权，剩余款项才能用于清偿其他的普通债权。这项权利被称为别除权，享有这项权利的人称为别除权人。

别除权人行使优先受偿权利未能完全受偿的，其未受偿的债权属于普通债权。如果有财产担保的债权人放弃优先受偿权利，其债权便属于普通破产债权，担保物也应计入破产财产统一分配。

小案例 8-2

甲公司通过融资租赁的方式租给乙公司一套生产设备。后由于市场产品过剩、管理不善等原因，乙公司资不抵债，拖欠甲公司租赁费800万元，欠丙银行贷款2 000万元，欠丁公司原材料费80万元，欠戊公司50万元。进入破产程序后，法院查明，乙公司与甲公司之间存在物权担保，乙公司将其包装生产线（价值1 000万元）抵押给了甲公司，并办理了抵押登记；乙公司将其厂房（价值500万元）抵押给了丙银行，并办理了抵押登记；乙公司与丁公司之间也存在抵押关系，即将其汽车以及部分机器设备抵押给了丁公司，但未办理抵押登记。

请分析：乙公司的各种财产如何定性？

8.8.3 破产费用和共益债务

1）破产费用

破产费用是为完成破产程序而支付的各项费用。破产费用包括：①破产案件的诉讼费用；②管理、变价和分配债务人财产的费用；③管理人执行职务的费用、报酬和聘用工作人员的费用。

2）共益债务

共益债务是在破产程序进行中，为了全体债权人的共同利益而形成的新的债务。共益债务包括：①因管理人或者债务人请求对方当事人履行双方均未履行完毕的合同所产生的债务；②债务人财产受无因管理所产生的债务；③因债务人不当得利所产生的债务；④为债务人继续营业而应支付的劳动报酬和社会保险费用以及由此产生的其他债务；⑤管理人或者相关人员执行职务致人损害所产生的债务；⑥债务人财产致人损害所产生的债务。

破产费用和共益债务由债务人财产随时清偿。债务人财产不足以清偿所有破产费用和共益债务的，先行清偿破产费用。债务人财产不足以清偿所有破产费用或共益债务的，按照比例清偿。债务人财产不足以清偿破产费用的，管理人应当提请人民法院终结破产程序。人民法院应当自收到请求之日起15日内裁定终结破产程序，并予以公告。

知识链接8-5

债务人财产受无因管理所产生的债务称为"无因管理之债"；因债务人不当得利所产生的债务称为"不当得利之债"。《民法典》将无因管理和不当得利看作准合同，在合同编第三分编中专门对此作出规定。

第979条规定，管理人没有法定的或者约定的义务，为避免他人利益受损失而管理他人事务的，可以请求受益人偿还因管理事务而支出的必要费用；管理人因管理事务受到损失的，可以请求受益人给予适当补偿。

第985条规定，得利人没有法律根据取得不当利益的，受损失的人可以请求得利人返还取得的利益，但是有下列情形之一的除外：（1）为履行道德义务进行的给付；（2）债务到期之前的清偿；（3）明知无给付义务而进行的债务清偿。

8.8.4　破产财产的变价和分配

1）破产财产的变价

破产财产的分配以货币分配为基本方式，因而管理人应当及时拟订破产财产变价方案，提交债权人会议讨论。方案通过后，管理人应适时变价出售破产财产。

变价出售破产财产应当通过拍卖进行，但是债权人会议另有决议的除外。破产企业可以全部或者部分变价出售。企业变价出售时，可以将其中的无形资产和其他财产单独变价出售。按照国家规定不能拍卖或者限制转让的财产，应当按照国家规定的方式处理。

2）破产财产分配方案

破产财产分配是指将破产财产按照法律规定的债权清偿顺序和案件实际情况决定的受偿比例进行清偿的行为。

管理人应当及时拟订破产财产分配方案，提交债权人会议讨论通过。债权人会议通过破产财产分配方案后，由管理人将该方案提请人民法院裁定认可。经人民法院裁定认可后，破产财产分配方案由管理人执行。

小思考8-3

破产财产分配方案应当载明哪些事项？

破产财产分配方案应当载明下列事项：①参加破产财产分配的债权人名称或者姓名、住所；②参加破产财产分配的债权额；③可供分配的破产财产数额；④破产财产分配的顺序、比例及数额；⑤实施破产财产分配的方法。

3）破产财产分配顺序

破产财产在优先清偿破产费用和共益债务后，依照下列顺序清偿：①债务人所欠职工的工资和医疗、伤残补助、抚恤费用，所欠的应当划入职工个人账户的基本养老保险、基本医疗保险费用，以及法律、行政法规规定应当支付给职工的补偿金；②债务人欠缴的除前项规定以外的社会保险费用和破产人所欠税款；③普通破产债权。

破产财产不足以清偿同一顺序的清偿要求的，按照比例分配。破产企业的董事、监事和高级管理人员的工资按照企业职工的平均工资计算。

破产人在《破产法》公布之日前所欠职工的工资和医疗、伤残补助、抚恤费用，所欠的应当划入职工个人账户的基本养老保险、基本医疗保险费用，以及法律、行政法规规定应当支付给职工的补偿金，依照规定清偿后不足以清偿的部分，以特定财产优先于对该特定财产享有担保权的权利人受偿。

8.8.5 破产程序的终结

破产人无财产可供分配的，管理人应当请求人民法院裁定终结破产程序。

管理人在最后分配完结后，应当及时向人民法院提交破产财产分配报告，并提请人民法院裁定终结破产程序。人民法院应当在收到管理人终结破产程序的请求之日起15日内作出是否终结破产程序的裁定。裁定终结的，应当予以公告。

管理人应当自破产程序终结之日起10日内，持人民法院终结破产程序的裁定，向破产人的原登记机关办理注销登记。管理人于办理注销登记完毕的次日终止执行职务。

自破产程序终结之日起2年内，有下列情形之一的，债权人可以请求人民法院按照破产财产分配方案进行追加分配：（1）发现有依照《破产法》的规定应当追回的财产的；（2）发现破产人有应当供分配的其他财产的。有以上情形，但财产数量不足以支付分配费用的，不再进行追加分配，由人民法院将其上缴国库。

破产人的保证人和其他连带债务人，在破产程序终结后，对债权人依照破产清算程序未受清偿的债权，依法继续承担清偿责任。

8.9 破产法律责任

8.9.1 破产企业的董事、监事和高级管理人员的法律责任

企业董事、监事或者高级管理人员违反忠实义务、勤勉义务，致使所在企业破产的，依法承担民事责任。自破产程序终结之日起3年内不得担任任何企业的董事、监事、高级管理人员。

8.9.2　债务人及其相关人员的法律责任

债务人违反《破产法》的规定，拒不向人民法院提交或者提交不真实的财产状况说明、债务清册、债权清册、有关财务会计报告以及职工工资的支付情况和社会保险费用的缴纳情况的，人民法院可以对直接责任人员依法处以罚款。

债务人违反《破产法》的规定，拒不向管理人移交财产、印章和账簿、文书等资料的，或者伪造、销毁有关财产证据材料而使财产状况不明的，人民法院可以对直接责任人员依法处以罚款。

债务人在破产程序中有隐匿、转移财产，虚构债务等损害债权人利益行为的，债务人的法定代表人和其他直接责任人员依法承担赔偿责任。

债务人的有关人员违反《破产法》的规定，擅自离开住所地的，人民法院可以予以训诫、拘留，可以依法并处罚款。

8.9.3　管理人的法律责任

管理人未依照破产法律规定勤勉尽责，忠实执行职务的，人民法院可以依法处以罚款；给债权人、债务人或者第三人造成损失的，依法承担赔偿责任。

应知应会

1.概念：破产、破产界限、破产债权、管理人、重整、和解、破产财产、破产费用。

2.破产申请的提出和受理。

3.债权的种类和申报程序。

4.债权人会议的成员及其表决权。

5.债权人会议的决议。

6.重整申请人及重整计划的表决。

7.和解的效力。

8.破产财产的确认。

9.破产财产的分配。

课堂实训

1.撰写一份破产申请书或重整计划草案。

2.实战演练：

案例分析一

某企业被依法宣告破产，企业破产时管理人审查的财产和债权人申报的债权情况如下：

（1）企业破产时经营管理的财产评估变现价值：

①生产厂房价值300万元，用于对A银行240万元债务的抵押；

②借用 B 公司的办公楼，价值 160 万元；

③专有技术评估作价 70 万元。

（2）企业破产时有关负债情况如下：

①欠 A 银行 240 万元的债务，已经以生产厂房进行抵押；

②欠 C 银行 50 万元的贷款，该贷款截至破产受理之日的利息为 2 万元，截至破产宣告时的利息为 3 万元；

③管理人解除破产企业与 D 企业签订的 100 万元买卖合同，给 D 企业造成 5 万元经济损失；

④破产案件的诉讼费用 10 万元、管理债务人财产的费用 5 万元；

⑤破产受理后，管理人在继续营业时，相关人员在执行职务时因驾驶汽车超速而发生了交通事故，给受害方造成了 10 万元的损失，受害方请求赔偿；

⑥在破产受理时未到期的其他债权 140 万元；

⑦欠职工工资 20 万元，欠缴税款 50 万元。

资料来源：中华会计网校. 注册会计师考试经济法应试指南［M］. 北京：人民出版社，2014.

请思考：根据以上资料，回答下列问题：

（1）企业破产时经营管理的财产中，哪些属于无担保的破产财产，金额是多少？

（2）企业破产时的负债中哪些是破产费用？哪些是共益债务？

（3）破产企业的普通债权总额为多少？

（4）C 银行可以在破产分配中取得多少财产？（小数点后保留两位）

案例分析二

法院受理了利捷公司的破产申请。管理人甲发现，利捷公司与翰扬公司之间的债权债务关系较为复杂。

请分析下列哪些说法是正确的？（2016 年司法考试试题）

A. 翰扬公司的某一项债权有房产抵押，可在破产受理后行使抵押权

B. 翰扬公司与利捷公司有一合同未履行完毕，甲可解除该合同

C. 翰扬公司曾租给利捷公司的一套设备被损毁，侵权人之前向利捷公司支付了赔偿金，翰扬公司不能主张取回该笔赔偿金

D. 茹洁公司对利捷公司负有债务，在破产受理后茹洁公司受让了翰扬公司的一项债权，因此茹洁公司无须再向利捷公司履行等额的债务

第三编

经济行为法律制度

经济法调整两大社会关系，一是国家对国民经济进行宏观调控过程中产生的宏观调控关系；二是国家在规范市场行为过程中产生的市场规制关系。这些经济关系的形成离不开各种各样的经济行为，经济行为是经济法律关系产生、变更和消灭的最主要的原因，因此，经济法的绝大部分内容是对经济行为调整的规定。

经济行为林林总总，经济法律、法规体系庞大、繁杂，单就一本《经济法概论》教材，不能穷尽所有调整经济行为的经济法律、法规的内容。所以，本编主要选取与我们日常生活密切相关的《民法典》《反不正当竞争法》《消费者权益保护法》《商标法》《专利法》等法律、法规加以讲解。同时，为满足读者对劳动法律知识的渴求，本编将《劳动法》内容一并加以阐述。对于在市场调控过程中发挥着极大作用的一些法律、法规，如税法、银行法、会计法等，考虑到经济类专业一般都单独开设专业法律、法规课程的特点，本编不再赘述。

第9章

合 同 法

学习目标

　　通过本章的学习，使学生了解合同的含义；合同的内容；合同订立的程序；合同订立的形式；合同的变更、转让和终止、违约及违约责任的承担等项内容。正确理解和掌握要约、承诺的生效条件；不同效力合同的含义及种类；不同合同担保方式及承担责任的规定；合同履行的各项规定；违约责任的含义及承担违约责任的方式等法律规定。最终达到能够较好地运用所掌握的法学理论，解决现实中的实际问题的目的。

引入案例

　　甲公司与乙公司签订一项货物买卖合同，合同约定：甲方向乙方购买机器设备一套，价款500万元；甲方需向乙方支付100万元定金、100万元预付款；合同的违约金为100万元。

　　请思考：

　　（1）如果甲方在未付款前，发现乙方的供货不符合合同约定，应如何处理？

　　（2）如果乙方违约未能供货，给甲方造成损失5万元，乙方要求减少违约金数额，法律是否允许？

　　（3）如果乙方违约给甲方造成8 000万元损失，乙方能否提出减少赔偿金额的要求？

9.1 合同与合同法

9.1.1 合同的概念和特征

1）合同的概念

　　合同又称契约，是指民事主体之间设立、变更、终止民事法律关系的协议。广义的合同包括所有当事人之间达成的有关民事权利义务关系的协议，既包括财产关系方面的协议，也包括身份关系方面的协议。本章阐述的合同主要指财产关系方面的协议。但是我国《民法典》第464条第二款规定："婚姻、收养、监护等有关身份关系的协议，适用有关该身份关系的法律规定；没有规定的，可以根据其性质参照适用本编规定。"据此可见因身份关系形成的协议也可以参照适用本章阐释的法学理论。

按照我国《民法典》的规定，民事主体包括自然人、法人和非法人组织。

2）合同的特征

（1）合同是一种民事法律行为。合同以当事人之间设立、变更、终止民事权利和民事义务为目的，合同依法成立后，具有法律约束力，受法律保护。

（2）合同是双方或多方的民事法律行为。合同必须是两个或两个以上的当事人参加，并经协商而达成合意的民事行为。

（3）合同的目的是设立、变更、终止一定的民事法律关系。作为民事法律行为的合同，其合同当事人的目的就是设立、变更、终止一定的民事权利义务关系。

9.1.2 合同法的概念和基本原则

1）合同法的概念

合同法是调整民事主体之间设立、变更、终止合同关系的法律规范的总称。

2）合同法的发展

自1981年12月起我国陆续颁布了《中华人民共和国经济合同法》《中华人民共和国技术合同法》《中华人民共和国涉外经济合同法》三部法律。

1999年全国人大将以上三部法律整理，统一制定了《中华人民共和国合同法》，该法于1999年3月15日颁布，同年10月1日起施行。

2020年5月28日，第十三届全国人大三次会议表决通过了《中华人民共和国民法典》，将合同法作为第三编统一编撰到民法典中，《中华人民共和国合同法》同时废止。

《民法典》第三编合同编又分为三部分内容，第一分编通则；第二分编典型合同；第三分编准合同。本章内容主要讲解第一分编通则和第二分编中的保证合同的规定。为了完整地阐述与合同有关的担保规定，本章内容还将《民法典》第二编物权编的第四分编担保物权的内容一并阐述。

为了阐述理论方便，本章仍然采用"合同法"这一称谓。

3）合同法的基本原则

合同是当事人双方协商一致的结果，在协商合同、履行合同以及合同终止后，当事人要贯彻平等、自愿、公平、诚实守信、不得违反法律、不得违背公序良俗、有利于节约资源、保护生态环境等原则。

知识链接9-1

《民法典》第468条规定，非因合同产生的债权债务关系，适用有关该债权债务关系的法律规定；没有规定的，适用本编通则的有关规定，但是根据其性质不能适用的除外。

本条是对非因合同产生的债的关系法律适用的规定。依照《民法典》总则编的规定，非因合同产生的债权债务关系包括无因管理之债、不当得利之债、侵权责任之债以及法律规定的其他债，如单方允诺之债。

非合同之债的法律适用规则是：

（1）首先适用有关该债权债务关系的法律规定，如对无因管理之债、不当得利之债适用合同编第三分编关于无因管理和不当得利规则的规定。

（2）没有相关债权债务关系的法律规定的，适用合同编第一分编通则的有关规定。

（3）根据债的性质不能适用的除外，例如，无论是无因管理之债、不当得利之债还是侵权之债，根据其性质都不能适用有关要约、承诺的规定，因此适用除外条款的规定。

9.2 合同的订立

9.2.1 合同订立的形式

合同可以采用书面形式、口头形式或其他形式订立，法律、行政法规规定或者当事人约定采用特定形式的，应当采用特定形式。

书面形式是指合同书、信件、电报、电传、传真等可以有形地表现所载内容的形式。以电子数据交换、电子邮件等方式能够有形地表现所载内容，并可以随时调取查用的数据电文，视为书面形式

口头形式是合同当事人直接用语言（包括当面谈判和通过电话）而订立的合同。

其他形式是指书面形式、口头形式以外的合同形式。

9.2.2 合同的内容

合同的内容即合同的条款，是合同中关于当事人权利义务的具体规定。为体现"缔约自由"和"意思自治"的现代法治理念，我国法律对合同的内容没有采取强制性的规定，只是采用了"一般条款"的提法，供当事人参考，具体内容由当事人协商确定。《民法典》提到的一般条款包括：①当事人的名称或者姓名和住所；②标的；③数量；④质量；⑤价款或者报酬；⑥履行期限、地点和方式；⑦违约责任；⑧解决争议的方法。

我国有关机关针对不同类型的合同制定了相应的合同示范文本，当事人可以参照示范文本制定合同。

9.2.3 合同订立的程序

订立合同指合同当事人相互作出意思表示并达成合意的过程。订立合同可以采用要约、承诺的方式，也可以采用其他方式。本部分内容只对要约、承诺两个阶段进行阐述。

1）要约

要约是希望和他人订立合同的意思表示。发出要约的人称为要约人，收到要约的人称为受要约人。

（1）要约的有效条件

一项意思表示若想构成要约必须同时符合以下条件：

①要约的内容必须具体明确。要约的内容不但要全面而且语言要确定，受要约人通过要约不但能明白地了解要约人的真实意思，而且要知道未来订立的合同的主要条款，即知晓自己的权利和义务。

②要约必须表明要约人订立合同的意图。要约人发出要约的目的是和受要约人订立合同，这种意思表示一经受要约人承诺，要约人即受该意思表示的约束。

（2）要约生效的时间

要约到达受要约人时生效。

我国《民法典》第137条对民事行为生效时间作出不同的规定：以对话方式作出的意思表示，相对人知道其内容时生效。以非对话方式作出的意思表示，到达相对人时生效。以非对话方式作出的采用数据电文形式的意思表示，相对人指定特定系统接收数据电文的，该数据电文进入该特定系统时生效；未指定特定系统的，相对人知道或者应当知道该数据电文进入该系统时生效。当事人对采用数据电文形式的意思表示的生效时间另有约定的，按照其约定。

要约是一种民事法律行为，其生效的时间应该符合《民法典》的规定。

（3）要约的撤回和撤销

要约生效之前，要约人可以撤回要约，但撤回要约的通知应当在要约到达受要约人之前或者与要约同时到达受要约人，才能产生撤回的法律效力。

要约生效后，受要约人发出承诺前，要约人可以申请撤销要约，但有下列三种情形之一的，要约不可撤销：①要约人确定了承诺期限。②要约人以其他形式明确表明要约是不可撤销的。③受要约人有理由认为要约是不可撤销的，并已经为履行合同作了合理的准备工作。

（4）要约的失效

要约的失效即要约效力的消灭，是指要约丧失了对要约人和受要约人的法律约束力。我国法律规定，要约在下列情形下失效：①要约被拒绝；②要约被依法撤销；③承诺期限届满，受要约人未作出承诺；④受要约人对要约的内容作出实质性变更。

要约和要约邀请不同。要约邀请又称要约引诱，是希望他人向自己发出要约的意思表示。《民法典》规定，拍卖公告、招标公告、招股说明书、债券募集办法、基金招募说明书、商业广告和宣传、寄送的价目表等为要约邀请。

小思考 9-1

想一想，我们到快递公司发快递时填写的快递单是要约还是要约邀请？

2）承诺

承诺是受要约人同意要约的意思表示。一般情况下承诺一经生效，合同即告成立，但是法律另有规定或者当事人另有约定的除外。

（1）承诺的有效条件

一项意思表示若想构成承诺必须同时具备以下条件：

①承诺必须由受要约人作出。由于通常要约是向特定人发出的，因此只有受要约人才具有承诺的资格。任何第三人，即使知道要约的内容，也无权作出承诺。

②承诺的方式应符合法律的要求。承诺应当以通知的方式作出的，但根据交易习惯或者要约表明可以通过行为作出承诺的除外。

③承诺的内容应当与要约的内容一致。受要约人对要约的内容作出实质性变更的不构成承诺。有关合同标的、数量、质量、价款或者报酬、履行期限、履行地点和方式、违约责任和解决争议方法等内容的更改，是对要约的内容作出的实质性变更。受要约人对要约除以上内容之外的内容作出的更改是非实质性变更，这种变更除要约人及时表示反对或者要约表明承诺不得对要约的内容作出任何变更的以外，该意思表示构成承诺，合同的内容以变更后的内容为准。

④承诺必须在要约确定的期限内到达要约人。要约规定了承诺期的，受要约人应在规定的期限内将承诺传达到要约人。要约没有规定承诺期的，要约以对话方式作出的，应当即时作出承诺，但当事人另有约定的除外；要约以非对话方式作出的，承诺应当在合理期限内到达。

要约以信件或者电报作出的，承诺期限自信件载明的日期或者电报交发之日开始计算。信件未载明日期的，自投寄该信件的邮戳日期开始计算。要约以电话、传真、电子邮件等快速通信方式作出的，承诺期限自要约到达受要约人时开始计算。

知识链接9-2

受要约人对要约作出的意思表示如果不符合上述②、③、④项条件，或者是由第三人作出的回复都不构成承诺，但可以将其视为一个新要约，合同是否成立，取决于原要约人（新的受要约人）是否承诺。实践中，一项合同往往经过要约—新要约—再要约—承诺这样的反复协商过程才能达成。

（2）承诺的生效

承诺通知自到达要约人时生效。以通知方式作出的承诺，生效的时间适用《民法典》第137条的规定；承诺不需要通知的，根据交易习惯或者按要约的要求作出承诺的行为时生效（见"要约生效的时间"部分的相关内容）。

承诺一经生效，合同即告成立。

（3）承诺的撤回

承诺到达要约人之前，可以撤回，但撤回承诺的通知应当先于承诺通知或者与承诺通知同时到达要约人，才具有撤回效力。

小思考9-2

承诺能不能撤销？

小案例9-1

中国A公司欲向美国B公司购买一批苹果，于是向B公司发出一份传真（"8月1日传真"），传真中对货物的品质、数量、质量、价格等交易条件都作了规定，并且标明因合同引起的所有争议提交中国国际经济贸易仲裁委员会在北京仲裁。B公司收到传真后，于8月10日回电并附上B公司一方签字的B公司标准合同格式文本（"8月10日回电"/"8月10日苹果合同文本"），该文本特别提到，所有与本合同有关的争议均提交国际法院解决。合同文本的其他条款与A公司8月1日传真内容相同。A公司收到8月10日回电后，没有答复。

10月，B公司将苹果运到中国，并通知A公司提货。由于A公司经营不佳，再加上当时中国市场大量进口美国苹果，导致美国苹果在中国市场价格低迷。因此A公司决定不接受货物。

请分析：

（1）"8月1日传真"是要约还是要约邀请？为什么？

（2）"8月10日回电"/"8月10日苹果合同文本"是不是承诺？为什么？

（3）查阅"违约责任"的规定，分析A公司拒绝收货是否应承担责任，请说明理由。

9.2.4 合同订立中几种特殊情形的规定

1）合同成立的时间

不同情形下的合同，其成立时间各不相同。

（1）以要约、承诺方式订立的合同，承诺生效时合同成立，但是法律另有规定或者当事人另有约定的除外。

（2）以口头形式订立的合同，自受要约人即时作出承诺时成立。

（3）以推定形式订立的合同，自受要约人根据要约的要求作出承诺的行为时成立。

（4）当事人采用合同书形式订立合同的，自当事人均签字、盖章或者按指印时合同成立。在签字、盖章或者按指印之前，当事人一方已经履行主要义务，对方接受时，该合同成立。

（5）法律、行政法规规定或者当事人约定合同应当采用书面形式订立，当事人未采用书面形式但一方已经履行主要义务，对方接受时，该合同成立。

（6）当事人采用信件、数据电文等形式订立合同要求签订确认书的，签订确认书时合同成立。

（7）当事人一方通过互联网等信息网络发布的商品或者服务信息符合要约条件的，

对方选择该商品或者服务并提交订单成功时合同成立，当事人另有约定的除外。

2）合同成立的地点

合同成立的地点也因合同的不同情形而有所不同。

（1）承诺生效的地点为合同成立的地点。

（2）当事人采用数据电文形式订立合同的，收件人的主营业地为合同成立的地点；没有主营业地的，其住所地为合同成立的地点。当事人另有约定的，按照其约定。

（3）当事人采用合同书形式订立合同的，最后签字、盖章或者按指印的地点为合同成立的地点，但是当事人另有约定的除外。

3）格式条款

格式条款是当事人为了重复使用而预先拟定，并在订立合同时未与对方协商的条款。格式条款简化了当事人订立合同的过程，提高了交易的效率，但由于合同当事人之间没有通过协商共同参与条款的拟定，因而容易造成双方权利义务设置的不公平。

由于格式条款具有单方拟定的性质，为保护对方的权利，《民法典》规定，提供格式条款的一方应当遵循公平原则确定当事人间的权利和义务，并采取合理的方式提请对方注意免除或减轻其责任等与对方有重大利害关系的条款，按照对方的要求，对该条款予以说明。提供格式条款的一方未履行提示或者说明义务，致使对方没有注意或者理解与其有重大利害关系的条款的，对方可以主张该条款不成为合同的内容。

有下列情形之一的，该格式条款无效：①具有《民法典》规定的无效情形。②提供格式条款一方不合理地免除或者减轻其责任、加重对方责任、限制对方主要权利。③提供格式条款一方排除对方主要权利。

对格式条款的理解发生争议的，应按照通常理解予以解决；对格式条款有两种以上解释的，应当作出不利于提供格式条款的一方的解释。格式条款和非格式条款不一致的，应当采用非格式条款。

4）缔约过失责任

（1）缔约过失责任的概念和特征

缔约过失责任，也称缔约过错责任，是指合同虽然没有成立，但在订立合同过程中当事人一方因过错侵害了对方当事人的权益，并给对方造成损失时，应当承担的赔偿责任。

缔约过失责任具有如下特征：①缔约过失责任为合同订立过程中所产生的责任；②承担缔约过失责任的基础是诚实信用义务；③缔约过失责任为法定责任；④缔约过失责任为赔偿责任。

（2）缔约过失责任的适用范围

承担缔约过失责任的主要情形：①假借订立合同，恶意进行磋商。②故意隐瞒与订立合同有关的重要事实或者提供虚假情况。③有其他违背诚实信用原则的行为。

当事人在订立合同过程中知悉的商业秘密或者其他应当保密的信息，无论合同是否成立，不得泄露或者不正当使用；泄露、不正当地使用该商业秘密或者信息，造成对方损失的，应当承担赔偿责任。

（3）缔约过失责任的赔偿范围

缔约过失责任的赔偿范围应当包括因当事人的过错给对方造成的直接损失，如：①缔约费用。②准备履行所支付的费用。③为支付上述费用失去的利息等。也应当包括对方当事人丧失与第三人另订合同的机会所产生的损失。

知识链接9-3

我国《民法典》还对指令性合同、预约合同、悬赏合同作出规定。（1）指令性合同。国家根据抢险救灾、疫情防控或者其他需要下达国家订货任务、指令性任务的，有关民事主体之间应当依照有关法律、行政法规规定的权利和义务订立合同。依照法律、行政法规的规定负有发出要约义务的当事人，应当及时发出合理的要约。依照法律、行政法规的规定负有作出承诺义务的当事人，不得拒绝对方合理的订立合同要求。（2）预约合同。当事人约定在将来一定期限内订立合同的认购书、订购书、预订书等，构成预约合同。当事人一方不履行预约合同约定的订立合同义务的，对方可以请求其承担预约合同的违约责任。（3）悬赏合同。悬赏人以公开方式声明对完成特定行为的人支付报酬的，完成该行为的人可以请求其支付。

9.3 合同的效力

合同的效力是指合同对当事人的约束力。合同本身不是法律，而只是当事人之间的合意，但由于依法成立的合同符合国家的意志，所以法律以其强制力迫使合同当事人必须按照约定履行自己的义务，此即合同的效力。合同成立后并不一定都产生约束力，可能出现有效合同、无效合同、可撤销合同以及效力待定合同等几种情形。有效合同对当事人具有约束力，受法律保护；无效合同自始无效；而可撤销合同以及效力待定合同的效力则取决于当事人的意思表示。

9.3.1 有效合同

有效合同是指具备合同有效要件即民事法律行为有效要件，对当事人具有法律约束力的合同。

1）合同生效的条件

我国《民法典》规定的民事法律行为的有效条件包括：（1）行为人具有相应的民事行为能力；（2）意思表示真实；（3）不违反法律、行政法规的强制性规定，不违背公序良俗。这也是合同的有效要件。

2）合同生效的时间

不同的合同，其生效时间不同。

（1）依法成立的合同，自成立时生效，但是法律另有规定或者当事人另有约定的除外。

（2）依照法律、行政法规的规定，合同应当办理批准等手续的，依法办理完批准手续时合同生效。未办理批准等手续的合同不生效，但合同中履行报批义务的条款以及相关条款仍然有效。应当办理申请批准等手续的当事人未履行义务的，对方可以请求其承担违反该义务的责任。

3）附条件的合同

通常情况下，合同依法成立之时，就是合同生效之时。但当事人对合同的效力可以约定生效或失效条件，但是按照合同性质不得附条件的除外。

附生效条件的合同，自条件成就时生效。例如，甲与乙约定，如果甲买到住房，就由乙装修，甲乙之间的装修合同只有在甲买到房屋后才能生效。附解除条件的合同，自条件成就时失效。例如，甲与乙约定，甲的儿子如果从外地调回，就解除双方之间的房屋租赁关系。

4）附期限的合同

当事人对合同的效力可以约定生效或终止期限，但是按照其性质不得附期限的除外。附生效期限的合同，自期限届至时生效。附终止期限的合同，自期限届满时失效。

知识链接 9-4

按照 2021 年 1 月 1 日起施行的《最高人民法院关于适用〈中华人民共和国民法典〉时间效力的若干规定》的司法解释的规定，《民法典》施行前成立的合同，适用当时的法律、司法解释的规定合同无效而适用《民法典》的规定合同有效的，适用《民法典》的相关规定。这样的规定更加符合当事人的意思自治，也有利于促进和鼓励交易。

9.3.2　无效合同

无效合同是指不符合合同的有效条件，不受法律保护的合同。无效合同包括全部无效的合同和部分条款无效的合同。

1）全部无效的合同

我国《民法典》规定，下列合同无效：

（1）无民事行为能力人签订的合同。无民事行为能力人包括未满八周岁的未成年人、不能辨认自己行为的成年人和虽已满八周岁但不能辨认自己行为的未成年人。无民事行为能力人实施的民事法律行为一律无效，当然包括他们签订的合同无效。

（2）以虚假的意思表示签订的合同。《民法典》规定，行为人与相对人以虚假的意思表示实施的民事法律行为无效。以虚假的意思表示隐藏的民事法律行为的效力，依照有关法律规定处理。这项规定表明，如果缔约一方当事人在签订合同时表露的并非自己真实的想法，则这种行为不被法律所保护，该合同无效。至于被隐藏的民事法律行为的效力则取决于隐藏的真实意思的性质，可能有效，也可能无效。比如，当事人为达到隐匿财产、逃避债务的目的，通过赠与方式将自己的房产转给他人，这种行为就其外表来看是赠与行为，但其掩盖的是隐匿财产、逃避债务的目的，这是被法律所不容许的，因此这种合同是无效的。

（3）违反法律、行政法规的强制性规定的合同。法律、行政法规的规定包括强制性规定和任意性规定，如果合同仅仅是违反了法律、行政法规的任意性规范，则该合同不一定无效。如果合同违反了法律、行政法规的强制性规定，包括当事人订约目的、合同内容和形式违反了法律、行政法规的强制性规定，则合同无效。

（4）违背公序良俗的合同。公序良俗，即公共秩序与善良风俗的简称。我国《民法典》除了将民事主体从事民事活动不得违背公序良俗作为民法原则之外，还将违背公序良俗的民事法律行为认定为无效行为，这是对民事主体民事权利的正当限制，防止因权利的滥用，给国家、他人造成损害。我们在尊重合同当事人意思自治的同时，也要对当事人所签订的合同进行鉴定，如果合同的签订或履行违背了公序良俗，则法院或仲裁机构都可以宣告合同无效。

（5）行为人与相对人恶意串通，损害他人合法权益的合同。此类合同，表面上看是行为人意思表示一致的结果，按照意思自治的原则，应当得到确认。但这种意思表示包含着行为人与相对人主观上具有加害他人的不良动机，即明知其所订立的合同将产生损害第三人合法权益的结果，或者其实施该合同行为就是追求损害他人合法权益的结果，这种不良动机应当受到法律的限制，因而这类合同应认定为无效。

2）部分条款无效的合同

《民法典》规定，合同中的下列免责条款无效：①造成对方人身伤害的条款；②因故意或重大过失造成对方财产损失的条款。

我国法律承认当事人经过充分协商达成的免责条款的效力，但对严重违反诚实信用原则和社会公共利益的免责条款则认定其无效。

知识链接 9-5

法律、行政法规的强制性规定又分为"效力性强制性规定"和"管理性强制性规定"。违反"效力性强制性规定"的民事法律行为无效；违反"管理性强制性规定"的民事法律行为不一定无效，要根据该行为的具体情形和相对应的法律属性而定。

最高人民法院 2019 年 11 月 8 日发布的《全国法院民商事审判工作会议纪要》指出，下列强制性规定，应当认定为"效力性强制性规定"：强制性规定涉及金融安全、市场秩序、国家宏观政策等公序良俗的；交易标的禁止买卖的，如禁止人体器官、毒品、枪支等买卖；违反特许经营规定的，如场外配资合同；交易方式严重违法的，如违反招投标等竞争性缔约方式订立的合同；交易场所违法的，如在批准的交易场所之外进行期货交易。关于经营范围、交易时间、交易数量等行政管理性质的强制性规定，一般应当认定为"管理性强制性规定"。

小案例 9-2

甲乙双方口头约定购销合同，甲方向乙方购买 100 箱劣质香烟，货价 6 万元，交款提货，并约定乙方必须假冒名牌商标，以便甲方出售。合同履行时，甲方借口手头一时

经济法概论

拮据，只付了 4 万元即提走全部货物。乙方一再催讨无着，诉至法院。

请问：该合同是否有效？请阐述理由。

9.3.3　可撤销合同

可撤销合同又叫相对无效合同，指已经成立的合同如果具有法定情形，当事人有权请求人民法院或者仲裁机构予以撤销。

合同是当事人合议的结果，一经成立，当事人双方就要全面履行，不得随意变更或撤销。但如果已经成立的合同，具有某些情形，我国法律允许当事人一方向人民法院或者仲裁机构提出撤销合同的请求，由人民法院或者仲裁机构查清事实，作出决定。

1）可撤销合同的种类

按照《民法典》的规定，可撤销合同包括以下几类：

（1）因重大误解订立的合同。误解即认识错误。如果合同的当事人因自身的原因对所签合同的重要内容发生错误认识，而且这种错误认识将直接影响当事人的权利和义务，则该当事人可以请求撤销该合同。

（2）因当事人欺诈而订立的合同。如果一方当事人在订立合同时采用了欺诈的手段，使对方在违背真实意思的情况下订立了合同，受欺诈方有权请求撤销该合同。

（3）因第三人欺诈、并且对方知道或者应当知道该欺诈行为而订立的合同。例如甲花重金购买了乙收藏的一件艺术作品，促使其签订购买合同的原因是甲看到了鉴定师丙出具的该艺术作品为真迹的鉴定书，而事实上，该鉴定书是乙花钱请丙做的伪证，该作品实为赝品。当甲知道真相后，有权请求人民法院或者仲裁机构撤销该购买合同。

（4）因一方或者第三人以胁迫的手段签订的合同。无论是合同的一方当事人还是第三人以胁迫的手段，使对方在违背真实意思的情况下订立的合同，受胁迫方有权请求撤销该合同。

（5）显失公平的合同。一方利用对方处于危困状态、缺乏判断能力等情形，致使对方与自己签订了不公平的合同，则受损害方有权请求人民法院或者仲裁机构予以撤销。

2）撤销权的消灭

请求人民法院或者仲裁机构对具有可撤销情形的合同予以撤销的权利称为撤销权。撤销权应当及时行使，超过法律规定的时间，当事人享有的撤销权消灭。我国《民法典》针对不同的情形规定了不同的撤销权消灭的时间。

（1）当事人自知道或者应当知道撤销事由之日起 1 年内没有行使撤销权的，撤销权消灭。

（2）重大误解的当事人自知道或者应当知道撤销事由之日起 3 个月内没有行使撤销权的，撤销权消灭。

（3）当事人受胁迫，自胁迫行为终止之日起 1 年内没有行使撤销权的，撤销权消灭。

（4）当事人知道撤销事由后明确表示或者以自己的行为表明放弃撤销权的，撤销权消灭。

（5）当事人自民事法律行为发生之日起5年内没有行使撤销权的，撤销权消灭。

3）无效、被撤销合同的法律后果

无效的或被撤销的合同从订立时起就不具有法律约束力。合同被确认无效后，尚未履行的不得履行；正在履行的应当立即停止履行。

合同被确认部分条款无效，如果不影响其他部分效力的，其他部分仍然有效。

合同无效不影响合同中独立存在的有关解决争议方法的条款的效力。

对于无效、被撤销或者确定不发生效力的合同涉及的财产，应当根据具体情况以及当事人的过错有无和大小，分别作出不同处理。处理方式包括：①返还财产。行为人因该行为取得的财产，应当予以返还。②折价补偿。不能返还或者没有必要返还的，应当折价补偿。③赔偿损失。有过错的一方应当赔偿对方由此所受到的损失；各方都有过错的，应当各自承担相应的责任。法律另有规定的，依照其规定。

小案例9-3

甲误认为乙收藏的一幅名画复制品为原作，与乙协商购买该画。乙同意以5 000元将该画转让，并当即将其交付甲。甲在偿付价款前发现该画为复制品，随即要求退还该画，并拒付价款。乙认为：该画虽系复制，但仍有艺术价值。而甲则主张，乙的行为具有欺诈性，双方所约定的协议无效。由此乙诉至法院。

请分析：本案所涉协议的性质和效力如何？应如何处理？

9.3.4 效力待定合同

效力待定合同是指已经成立的合同，因欠缺合同的生效要件，其效力暂时无法确定，需要经有权人追认才能生效，否则无效的合同。

1）效力待定合同的种类

效力待定合同有以下两类：

（1）限制民事行为能力人订立的合同。

（2）无权代理人订立的合同。指行为人没有代理权、超越代理权或者代理权终止后，仍然以被代理人名义订立的合同。

2）该类合同效力的认定

（1）限制民事行为能力人订立的合同经法定代理人同意或追认的，为有效合同，否则，该合同无效。但纯获利益的合同或者与其年龄、智力、精神健康状况相适应而订立的合同有效，不必经法定代理人追认。

（2）无权代理人订立的合同需经被代理人追认才对被代理人产生法律效力。未经被代理人追认，善意相对人有权请求行为人履行债务或者就其受到的损害请求行为人赔偿，但是赔偿的范围不得超过被代理人追认时相对人所能获得的利益。相对人知道或者应当知道行为人无权代理的，相对人和行为人按照各自的过错承担责任。

无权代理人以被代理人的名义订立合同，被代理人已经开始履行合同义务或者接受相对人履行的，视为对合同的追认。

相对人有理由相信行为人有代理权的，该代理行为有效，据此签订的合同有效。

在以上两种情况下，相对人可以催告法定代理人或被代理人自收到通知之日起30日内予以追认。法定代理人或被代理人未作表示的，视为拒绝追认。合同被追认之前，善意相对人有撤销的权利。撤销应当以通知的方式作出。

知识链接9-6

法人的法定代表人或者非法人组织的负责人超越权限订立的合同，除相对人知道或者应当知道其超越权限外，该代表行为有效，订立的合同对法人或者非法人组织发生效力。

当事人超越经营范围订立的合同的效力，应当依照以上有关合同效力的规定加以分析认定，不得仅以超越经营范围确认合同无效。

小案例9-4

15岁的中学生陈某擅自将家中的电脑出售给乙，3天后才告知其父母，其父母对出售行为表示同意。

请分析：

（1）陈某出售电脑的行为属于什么性质的行为？请阐明理由。

（2）其出售电脑的行为的法律后果是什么？请阐明理由。

9.4 合同的担保

9.4.1 担保和担保合同

1）担保

担保是指为促使债务人履行债务，确保债权人债权的实现，由当事人双方依照法律规定，经过协商一致而设定的法律措施。设定担保的根本目的，是保证债务的切实履行，既保障债权人实现其债权，也促使债务人履行其债务。由此可见对合同设定担保是为合同的履行保驾护航。

担保活动是一种民事法律行为，应当遵循平等、自愿、诚实信用等民事法律原则。

2）担保方式

典型的担保方式包括：保证、抵押、质押、留置、定金五种。

《民法典》中关于所有权保留、融资租赁、保理等规定也具有一定的担保效力，可以将其视为非典型担保方式。本章只阐述典型担保方式的内容。

合同的当事人可以选择适用一种或同时适用几种担保方式。

3）担保责任

（1）担保责任的范围。担保责任的范围是指担保当事人按照担保合同约定或者法律规定所承担的责任范围。

担保责任的范围包括：①主债权及其利息；②违约金；③损害赔偿金；④保管担保财产的费用；⑤实现债权的费用。

（2）特殊情形下担保责任承担的规则

①担保财产毁损、灭失或者被征收时担保责任的承担。担保期间，担保财产毁损、灭失或者被征收等，担保物权人可以就获得的保险金、赔偿金或者补偿金等优先受偿。被担保债权的履行期限未届满的，也可以提存该保险金、赔偿金或者补偿金等。

②债务人转移债务时担保责任的承担。第三人提供担保，未经其书面同意，债权人允许债务人转移全部或者部分债务的，担保人不再承担相应的担保责任。

③物保和人保同时存在时担保责任的承担。被担保的债权既有物的担保又有人的担保的，债务人不履行到期债务或者发生当事人约定的实现担保物权的情形时，根据担保的具体方式确定担保责任：第一，有约定的，债权人应当按照约定实现债权。第二，没有约定或者约定不明确，债务人自己提供物的担保的，债权人应当先就该物的担保实现债权；清偿不足部分，第三人作为担保人的，第三人承担补充的担保责任。第三，第三人提供物的担保的，债权人享有选择权，可以就物的担保实现债权，也可以请求保证人承担保证责任。

提供担保的第三人承担担保责任后，有权向债务人追偿。

4）担保合同

担保合同是指债权人与担保人约定的，以法律规定的担保方式担保债权实现的合同。担保合同是从合同，依附主合同而存在，随着主合同效力的变化而变化。主合同无效，担保合同通常也自然无效。但法律另有规定的除外。

担保合同也可能在主合同有效的情况下因自身缺乏有效要件而无效。在主合同有效，担保合同无效的情况下，不影响主合同的照常履行，只是使主合同的实现失去了保障。因为担保合同无效，担保人不再承担担保责任，仅对其在订立担保合同时的过错承担相应的责任。

担保合同被确认无效后，债务人、担保人、债权人有过错的，应当根据其过错各自承担相应的民事责任。在实践中，应视担保合同无效的具体情况，实事求是地认定各方过错的有无及大小，公平合理地确定其所应承担的责任。

知识链接9-7

1995年6月30日，第八届全国人民代表大会常务委员会第十四次会议通过了《中华人民共和国担保法》。2000年12月8日，最高人民法院公布了《关于适用〈中华人民共和国担保法〉若干问题的解释》，这两部规范性文件是我国担保制度的集中体现。2007年10月1日起施行的《中华人民共和国物权法》对抵押、质押、留置等物的担保方式又作出了更明确的规定。2021年1月1日起《民法典》实施，《中华人民共和国担保法》《中华人民共和国物权法》同时废止。《民法典》将抵押、质押、留置三种担保方式放到"物权编"当中，作为"物权编"的第四分编"担保物权"统一规定。保证、定金两种担保方式的规定归纳到"合同编"当中，定金的规定编撰在合同通则当中的"违约责任"部分；保证方式则以一种典型合同——保证合同的方式编撰在"合同编"分编"典型合同"中。

为了系统了解、掌握对合同可以采取的担保方式及法律对各种担保方式的规定，本教材将五种担保方式——阐述。

9.4.2　保证

1）保证和保证合同

（1）保证。保证是第三人为债务人的债务履行作担保，由保证人和债权人约定，当债务人不履行到期债务或者发生当事人约定的情形时，保证人按照约定履行债务或者承担责任的行为。

同一债务有两个以上保证人的，保证人应当按照保证合同约定的保证份额承担保证责任；没有约定保证份额的，债权人可以请求任何一个保证人在其保证范围内承担保证责任。

（2）保证合同。保证合同是为保障债权的实现，保证人和债权人约定，当债务人不履行到期债务或者发生当事人约定的情形时，保证人履行债务或者承担责任的合同。

保证合同的内容一般包括被保证的主债权的种类、数额，债务人履行债务的期限，保证的方式、范围和期间等条款。

保证合同可以单独订立，也可以以主债权债务合同中的保证条款的方式订立。第三人单方以书面形式向债权人作出保证，债权人接收且未提出异议的，保证合同也成立。

2）保证人的资格

保证人的资格即具备什么样条件的组织或者个人可以担任保证人，为他人提供担保。一般情况下，作为保证人的一定是具有代为清偿债务能力的自然人或者组织。我国《民法典》在保证合同部分对保证人资格的规定是采用列举否定的方式表述的。《民法典》规定，机关法人不得作为保证人，但经国务院批准为使用外国政府或者国际经济组织贷款进行转贷的除外。以公益为目的的非营利性法人、非法人组织不得作为保证人。除此之外的民事主体都具有保证人的资格。

知识链接9-8

我国《民法典》规定，有独立经费的机关和承担行政职能的法定机构从成立之日起，具有机关法人资格，可以从事为履行职能所需要的民事活动。

为公益目的或者其他非营利目的成立，不向出资人、设立人或者会员分配所取得利润的法人，为非营利法人。非营利法人包括事业单位、社会团体、基金会、社会服务机构等。

非法人组织是不具有法人资格，但是能够依法以自己的名义从事民事活动的组织。

非法人组织包括个人独资企业、合伙企业、不具有法人资格的专业服务机构等。

3）保证的方式

保证方式有两种：一般保证和连带责任保证。当事人在保证合同中对保证方式没有约定或者约定不明确的，按照一般保证承担保证责任。

（1）一般保证。一般保证指当事人在保证合同中约定，债务人不能履行债务时，由保证人承担保证责任，代为履行债务的保证方式。一般保证是附条件的保证，即以债务人不能履行债务为条件。一般保证的保证人享有先诉抗辩权，在主合同未经审判或者仲裁，并就债务人财产依法强制执行仍不能清偿债务前，有权拒绝向债权人承担保证责任。先诉抗辩权的产生是基于保证相对于主合同的从属性和对主债务的补充性，保证人享有先诉抗辩权就可以在债权人要求其履行债务时提出抗辩，要求债权人先就主债务人的财产进行诉讼或者仲裁并强制执行。

知识链接9-9

有下列情形之一的，保证人不得行使先诉抗辩权：①债务人下落不明，且无财产可供执行；②人民法院已经受理债务人破产案件；③债权人有证据证明债务人的财产不足以履行全部债务或者丧失履行债务能力；④保证人书面表示放弃本款规定的权利。

（2）连带责任保证。连带责任保证指当事人在保证合同中约定，保证人与债务人对债务承担连带责任的保证方式。连带责任保证的债务人不履行到期债务或者发生当事人约定的情形时，债权人可以请求债务人履行债务，也可以请求保证人在其保证范围内承担保证责任。保证人选择连带责任保证实际上放弃了保证人可以享有的先诉抗辩权。对于保证人来说，连带责任保证的责任重于一般保证的责任，但是有利于保护债权人的权益。

4）保证期间

保证期间是保证责任的存续期间，即债权人向保证人主张权利的期间。债权人没有在保证期间主张权利的，保证人免除保证责任。保证期间是确定保证人承担保证责任的期间，不发生中止、中断和延长。债权人与保证人可以约定保证期间，但是约定的保证期间早于主债务履行期限或者与主债务履行期限同时届满的，视为没有约定；没有约定或者约定不明确的，保证期间为主债务履行期限届满之日起6个月。

债权人与债务人对主债务履行期限没有约定或者约定不明确的，保证期间自债权人请求债务人履行债务的宽限期届满之日起计算。

知识链接9-10

按照2021年1月1日起施行的《最高人民法院关于适用〈中华人民共和国民法典〉时间效力的若干规定》的司法解释的规定，《民法典》施行前成立的保证合同，当事人对保证期间约定不明确，主债务履行期限届满至《民法典》施行之日不满2年，当事人主张保证期间为主债务履行期限届满之日起2年的，人民法院依法予以支持；当事人对保证期间没有约定，主债务履行期限届满至《民法典》施行之日不满6个月，当事人主张保证期间为主债务履行期限届满之日起6个月的，人民法院依法予以支持。

5）保证责任的免除

出现下列情形时，保证人可不承担保证责任：①一般保证的债权人未在保证期间对债务人提起诉讼或者申请仲裁的，保证人不再承担保证责任。②连带责任保证的债权人未在保证期间请求保证人承担保证责任的，保证人不再承担保证责任。③债权人和债务人未经保证人书面同意，协商变更主债权债务合同内容，加重债务的，保证人对加重的部分不承担保证责任（减轻债务的，保证人仍对变更后的债务承担保证责任）。④债权人转让全部或者部分债权，未通知保证人的，该转让对保证人不发生效力。保证人与债权人约定禁止债权转让，债权人未经保证人书面同意转让债权的，保证人对受让人不再承担保证责任。⑤债权人未经保证人书面同意，允许债务人转移全部或者部分债务，保证人对未经其同意转移的债务不再承担保证责任，但是债权人和保证人另有约定的除外。⑥一般保证的保证人在主债权履行期间届满后，向债权人提供了债务人可供执行财产的真实情况，债权人放弃或者怠于行使权利致使该财产不能被执行，保证人在其提供可执行财产的价值范围内免除保证责任。⑦债务人对债权人享有抵销权或者撤销权的，保证人可以在相应范围内拒绝承担保证责任。

保证人承担保证责任后，除当事人另有约定外，有权在其承担保证责任的范围内向债务人追偿，享有债权人对债务人的权利，但是不得损害债权人的利益。

小案例9-5

甲方向乙方购买汽车，总价款为70万元，乙方将汽车送至甲方所在地，了解到甲方没有支付能力，便要求甲方提供担保，否则不交货。甲方找到某职业技术学院副院长张某，张某以职业技术学院的名义提供保证，并提交了书面保证书，上面加盖了该职业技术学院的公章。后来，甲方没有支付货款。乙方遂以某职业技术学院为被告提起诉讼，要求其承担连带责任。被告某职业技术学院辩称：事先一无所知，知道此事后，立即向乙方书面声明该保证无效，并提供了有效书面证据。

请分析：该保证合同是否有效？为什么？

9.4.3 抵押

抵押是指债务人或者第三人不转移对特定财产的占有，将该财产作为债权的担保，当债务人不履行到期债务或者发生当事人约定的实现抵押权的情形时，债权人有权就该财产优先受偿的担保方式。该债务人或者第三人为抵押人；债权人为抵押权人，享有的权利为抵押权；提供抵押担保的财产为抵押财产。

1）抵押财产

抵押财产指提供抵押担保的财产。《民法典》对抵押财产作了细分。

（1）可以抵押的财产。债务人或者第三人有权处分的下列财产可以抵押：①建筑物和其他土地附着物；②建设用地使用权；③海域使用权；④生产设备、原材料、半成品、产品；⑤正在建造的建筑物、船舶、航空器；⑥交通运输工具；⑦法律、行政法规未禁止抵押的其他财产。

以可以抵押的财产中的①、②、③项规定的财产或者正在建造的建筑物作抵押的需要办理抵押财产登记。当事人以法律规定的需要办理抵押财产登记的财产作抵押的，抵押权自登记时设立。以动产作抵押的，可以自愿办理抵押财产登记，抵押权自抵押合同生效时设立；未经登记的，不得对抗善意第三人。

（2）动产浮动抵押。企业、个体工商户、农业生产经营者可以将现有的以及将有的生产设备、原材料、半成品、产品抵押，债务人不履行到期债务或者发生当事人约定的实现抵押权的情形，债权人有权就抵押财产确定时的动产优先受偿。

浮动抵押的，抵押财产自下列情形之一发生时确定：①债务履行期限届满，债权未实现；②抵押人被宣告破产或者解散；③当事人约定的实现抵押权的情形；④严重影响债权实现的其他情形。

（3）建筑物、建设用地使用权抵押。以建筑物抵押的，该建筑物占用范围内的建设用地使用权一并抵押。以建设用地使用权抵押的，该土地上的建筑物一并抵押。

乡镇、村企业的建设用地使用权不得单独抵押。以乡镇、村企业的厂房等建筑物抵押的，其占用范围内的建设用地使用权一并抵押。

（4）不得抵押的财产。下列财产不得抵押：①土地所有权；②宅基地、自留地、自留山等集体所有的土地使用权，但法律规定可以抵押的除外；③学校、幼儿园、医疗机构等为公益目的成立的非营利法人的教育设施、医疗卫生设施和其他公益设施；④所有权、使用权不明或者有争议的财产；⑤依法被查封、扣押、监管的财产；⑥法律法规规定不得抵押的其他财产。

小思考9-3

什么是不得对抗第三人？

不得对抗第三人，就是在抵押权存续期间，如果抵押人出卖、转让抵押财产使其为第三人占有时，抵押权人只能要求抵押人重新提供担保，或者要求债务人及时清偿债权，不得直接向第三人主张实现抵押权。

2）抵押合同

抵押合同指债权人与抵押人订立的、确定他们之间担保权利与义务关系的书面协议。

设立抵押权当事人应当采用书面形式订立抵押合同，合同的条款一般包括以下内容：①被担保的债权的种类、数额；②债务人履行债务的期限；③抵押财产的名称、数量等情况；④担保的范围。

抵押权人在债务履行期限届满前，与抵押人约定债务人不履行到期债务时抵押财产归债权人所有的，当发生实现抵押权情形时，债权人只能依法就抵押财产优先受偿，而不能直接取得抵押财产的所有权。

3）抵押的效力

（1）抵押担保的范围。除非合同另有约定，抵押担保的范围包括主债权及利息、违约金、损害赔偿金和实现抵押权的费用。

（2）抵押权对租赁的影响。抵押权设立前，抵押人已将抵押财产出租并转移占有的，原租赁关系不受该抵押权的影响，即原租赁关系继续有效。

（3）对抵押期间转让抵押财产的规定。在抵押期间，抵押人对抵押财产仍享有依法处分的权利，为了防止因抵押财产的转让而损害债权人的利益，《民法典》对转让行为作出详细规定：

①抵押期间，抵押人可以转让抵押财产。当事人另有约定的，按照其约定。抵押财产转让的，不影响抵押权的效力。也就是说，已经抵押的财产可以转让，转让后债权人就抵押财产享有的抵押权依然存在，只不过抵押人有了更改。

②抵押人转让抵押财产的，应当及时通知抵押权人。转让抵押财产的，抵押人应当及时通知抵押权人，以便抵押权人知道该转让事实和新的抵押人。

③转让价款多少的规定。抵押权人能够证明抵押财产转让可能损害抵押权的，可以请求抵押人将转让所得的价款向抵押权人提前清偿债务或者提存。转让的价款超过债权数额的部分归抵押人所有，不足部分由债务人清偿。

抵押权不得与债权分离而单独转让或者作为其他债权的担保。债权转让的，担保该债权的抵押权一并转让，但是法律另有规定或者当事人另有约定的除外。

（4）抵押财产价值减少时的补救。抵押担保设立后，抵押权人并不占有抵押财产，该财产仍由抵押人占有、使用。这样，在抵押期间很有可能出现抵押财产价值减少，危及抵押权实现的情况。为了防止由于抵押财产价值的减少给抵押权人造成的损害，保护抵押权人的合法权益，《民法典》规定：由于抵押人的行为（如擅自拆除抵押的房屋或者对抵押的房屋不进行必要的修缮），足以使抵押财产价值减少的，抵押权人有权请求抵押人停止其行为；抵押财产价值减少的，抵押权人有权请求抵押人恢复抵押财产的价值，或者提供与减少的价值相应的担保。抵押人不恢复抵押财产的价值也不提供担保的，抵押权人有权请求债务人提前清偿债务。

（5）抵押权对抵押财产孳息的效力。抵押财产孳息是指由抵押财产产生的收益，可分为天然孳息和法定孳息两类。一般情况下，抵押权的效力不及于孳息。但当债务人不履行到期债务或者发生当事人约定的实现抵押权的情形，致使抵押财产被人民法院依法扣押的，自扣押之日起抵押权人有权收取由抵押财产产生的天然孳息或者法定孳息。抵押权人未将扣押抵押财产的事实通知应当清偿法定孳息的义务人的，抵押权的效力不及于该孳息。

抵押权人收取的孳息应当先充抵收取孳息的费用。

4）抵押权的实现

（1）抵押权实现的方式

债务人于债务履行期届满后未履行债务或者发生当事人约定的实现抵押权的情形

时，抵押权人可依法处分抵押财产以实现自己的债权。就如何处理抵押财产，抵押权人可以与抵押人达成协议，按协议的方式实现抵押权。若协议不成，抵押权人可以请求人民法院拍卖、变卖抵押财产。

抵押权人处分抵押财产的方式为折价、拍卖、变卖三种。折价是指在债务履行期届满，债务人不能履行债务以后，抵押权人与抵押人协议，把抵押财产的所有权由抵押人转移给抵押权人，从而使债权得以实现。拍卖是指以公开竞价的方法把抵押财产卖给出价最高的买者。变卖则是以拍卖以外的、生活中一般的买卖形式将抵押财产出售。

抵押财产折价或者变卖的，应当参照市场价格。

抵押财产折价或者拍卖、变卖后所得价款，抵押权人可优先受偿。其价款超过债权数额的部分归抵押人所有，不足部分由债务人清偿。

建设用地使用权抵押后，该土地上新增的建筑物不属于抵押财产。以该建设用地使用权实现抵押权时，应当将该土地上新增的建筑物与建设用地使用权一并处分。但是，新增建筑物所得的价款，抵押权人无权优先受偿。

（2）抵押财产清偿顺序

同一财产向两个以上债权人抵押的，拍卖、变卖抵押财产所得价款按照下列规定清偿：①抵押权已登记的，按照登记的时间先后确定清偿顺序；②抵押财产已登记的先于未登记的受偿；③抵押权未登记的，按照债权比例清偿。

同一财产既设立抵押权又设立质权的，拍卖、变卖该财产所得的价款按照登记、交付的时间先后确定清偿顺序。

知识链接9-11

抵押权人可以放弃抵押权或者抵押权的顺位。抵押权人与抵押人可以协议变更抵押权顺位以及被担保的债权数额等内容。但是，抵押权的变更未经其他抵押权人书面同意的，不得对其他抵押权人产生不利影响。

债务人以自己的财产设定抵押，抵押权人放弃该抵押权、抵押权顺位或者变更抵押权的，其他担保人在抵押权人丧失优先受偿权益的范围内免除担保责任，但是其他担保人承诺仍然提供担保的除外。

9.4.4　质押

质押指债务人或第三人将其财产或者权利凭证移交债权人占有或者办理出质登记，以此作为债权的担保，债务人不履行到期债务或者发生当事人约定的实现质权的情形时，债权人有权以处分该财产或者权利的价款优先受偿的担保方式。这里的债务人或者第三人是出质人；债权人是质权人，为此而享有的权利为质权；移交的动产或权利凭证为质押财产或质押权利。

质权人实现质权后，作为出质人的第三人有权向债务人追偿。

按照质押财产的不同，质押可分为动产质押、不动产质押和权利质押。我国《民法典》只规定了动产质押和权利质押。

权利质权适用权利质押的有关规定，没有规定的适用动产质押的有关规定。

1）动产质押

（1）动产质押的概念

动产质押是指债务人或第三人将其动产移交债权人占有，作为债权的担保，债务人不履行到期债务或者发生当事人约定的实现质权的情形时，债权人可依法以该动产折价或者以拍卖、变卖该动产的价款优先受偿的担保方式。

法律、行政法规禁止转让的动产不得出质。

（2）动产质押合同

动产质押应以书面形式订立质押合同，质押合同一般包括下列条款：①被担保债权的种类、数额；②债务人履行债务的期限；③质押财产的名称、数量等情况；④担保的范围；⑤质押财产移交的时间、方式。

质权自出质人交付质押财产时设立。

质权人在债务履行期届满前，与出质人约定债务人不履行到期债务时质押财产归债权人所有的，只能就质押财产优先受偿。

（3）动产质押的效力

①动产质押担保的范围。其包括主债权及利息、违约金、损害赔偿金、质押财产保管费用和实现质权的费用。合同另有约定的，从其约定。

②对质押财产孳息的效力。质押财产孳息是指由质押财产产生的收益，可分为天然孳息和法定孳息两类。质权人有权收取质押财产的孳息，但是合同另有约定的除外。如果当事人双方对质权人是否可以收取孳息未作约定或者约定不明确，质权人亦有权收取质押财产的孳息。质权人收取的孳息应当首先充抵收取孳息的费用，其剩余部分再用来充抵主债权利息和主债权。

③质押财产的保管。在占有质押财产期间，质权人负有妥善保管质押财产的义务；因保管不善致使质押财产毁损或者灭失的，质权人应当承担民事责任。质权人的行为可能使质押财产毁损或者灭失的，出质人可以请求质权人将质押财产提存，或者请求提前清偿债权并返还质押财产。

质权人在质权存续期间，未经出质人同意，擅自使用、处分质押财产，造成出质人损害的，应当承担赔偿责任。质权人在质权存续期间，未经出质人同意转质，造成质押财产毁损、灭失的，应当承担赔偿责任。

④质权人的物上代位权。质押财产有毁损或价值明显减少的可能，足以危害质权人的权利，而这种情形不是由质权人的原因造成的，则质权人有权请求出质人提供相应的担保；出质人不提供的，质权人可以拍卖或者变卖质押财产，并与出质人协议将拍卖或变卖所得的价款用于提前清偿所担保的债权或者向与出质人约定的第三人提存。

（4）质权的实现

债务人不履行到期债务或者发生当事人约定的实现质权的情形，质权人可以与出质人协议以质押财产折价，也可以就拍卖、变卖质押财产所得的价款优先受偿。受偿后有余额的，余额归出质人。所卖价款不足抵偿的，不足部分仍由债务人清偿。

质权人可以放弃质权。债务人以自己的财产出质，质权人放弃该质权的，其他担保人在质权人丧失优先受偿权益的范围内免除担保责任，但是其他担保人承诺仍然提供担保的除外。

债务人履行债务或者出质人提前清偿所担保的债权的，质权人应当返还质押财产。

出质人可以请求质权人在债务履行期限届满后及时行使质权；质权人不行使的，出质人可以请求人民法院拍卖、变卖质押财产。

出质人请求质权人及时行使质权，因质权人怠于行使权利造成出质人损害的，由质权人承担赔偿责任。

2）权利质押

权利质押是债务人或者第三人以其有权处分的财产权作为质权标的的担保方式。与动产质押不同，权利质押的标的是权利，其对质押财产的占有权，主要表现在质权人对出质人行使已出质的权利的控制上。

（1）可质押的权利范围

可质押的权利包括：①汇票、支票、本票；②债券、存款单；③仓单、提单；④可以转让的基金份额、股权；⑤可以转让的注册商标专用权、专利权、著作权等知识产权中的财产权；⑥现有的以及将有的应收账款；⑦法律、行政法规规定可以出质的其他财产权利。

（2）质押权的设立

不同情形的权利质押，质权成立的时间和方式不同。

①以汇票、支票、本票、债券、存款单、仓单、提单出质的，出质人应在约定的期限内将权利凭证交付质权人，质权自交付凭证时设立；没有权利凭证的，质权自有关部门办理出质登记时设立。法律另有规定的，依照其规定。

②以基金份额、股权出质的，质权自办理出质登记时设立。

③以注册商标专用权、专利权、著作权等知识产权中的财产权出质的，质权自办理出质登记时设立。

④以应收账款出质的，质权自办理出质登记时设立。应收账款是指权利人因提供一定的货物、服务或设施而获得的要求义务人付款的权利以及依法享有的其他付款请求权，包括现有的和未来的金钱债权，但不包括因票据或其他有价证券而产生的付款请求权，以及法律、行政法规禁止转让的付款请求权。

知识链接9-12

按照2019年9月18日中国人民银行2019年第1次行务会议审议通过，自2020年1月1日起施行的《应收账款质押登记办法》第4条的规定，中国人民银行征信中心是应收账款质押的登记机构。

2020年12月14日国务院总理李克强主持召开国务院常务会议，会议决定从2021年

1月1日起，对动产和权利担保在全国实行统一登记。原由市场监督管理总局承担的生产设备、原材料、半成品、产品抵押登记和人民银行承担的应收账款质押登记，以及存款单质押、融资租赁、保理等登记，改由人民银行统一承担，提供基于互联网的7×24小时全天候服务。

（3）对被质押权利的限制

①以汇票、本票、支票、债券、存款单、仓单、提单出质的，单据的兑现日期或者提货日期先于主债权到期的，质权人可以兑现或者提货，并与出质人协议将兑现的价款或者提取的货物提前清偿债务或者提存。

②以基金份额、股权出质的，出质后不得转让，但是出质人与质权人协商同意的除外。出质人转让基金份额、股权所得的价款，应当向质权人提前清偿债务或者提存。

③以知识产权中的财产权出质的，出质后出质人不得转让或者许可他人使用，但是出质人与质权人协商同意的除外。出质人转让或者许可他人使用出质的知识产权中的财产权所得的价款，应当向质权人提前清偿债务或者提存。

④以应收账款出质的，出质后不得转让，但是出质人与质权人协商同意的除外。出质人转让应收账款所得的价款，应当向质权人提前清偿债务或者提存。

小案例9-6

甲乙订立借款合同，约定如下：甲借给乙5万元，乙交付甲一个金手镯作担保，1年后乙归还本金，甲归还该饰品；如乙无力还款，则该饰品归甲所有。

请思考，以下说法是否正确：

（1）甲乙之间关于"如乙无力还款，则该饰品归甲所有"的约定无效。

（2）因甲乙之间关于"如乙无力还款，则该饰品归甲所有"的约定无效，故担保合同无效。

（3）因甲乙之间的担保合同无效，故其借款合同无效。

（4）担保合同的全部条款有效。

9.4.5 留置

留置权指债务人不履行到期债务时，债权人可以留置已经合法占有的债务人的动产，并以该财产折价或者以拍卖、变卖该财产的价款优先受偿的担保方式。这里的债权人为留置权人，占有的动产为留置财产。

1）留置权的成立条件

留置权成立必须具备如下条件：（1）债权人已经合法占有债务人的动产。（2）债权人留置的动产，应当与债权属于同一法律关系，但企业之间留置的除外。（3）债务人不履行到期债务。

法律规定或者当事人约定不得留置的动产，不得留置。

留置财产为可分物的，留置的价值应相当于债务的金额。

2）留置的效力

（1）留置担保的范围。留置担保的范围包括主债权及利息、违约金、损害赔偿金、留置财产保管费用和实现留置权的费用。

（2）留置权人对留置财产的保管。在留置期间，留置权人对留置财产负有妥善保管的义务；因保管不善致使留置财产毁损、灭失的，留置权人应当承担赔偿责任。留置权人未经债务人同意，不得使用留置财产，为了保管上的必要使用的除外。

（3）留置财产孳息的收取。留置权人有权收取留置财产的孳息，所收孳息应当先充抵收取孳息的费用。

3）留置权的实现

与抵押权和质权的实现不同，当债务人不履行到期债务时，留置权人不得立即实现留置权，而应当给债务人一定的宽限期。过了宽限期债务人仍不履行债务时，留置权人方可实现留置权。《民法典》规定，留置权人与债务人应当约定留置财产后的债务履行期限；没有约定或者约定不明确的，留置权人应当给债务人60日以上履行债务的期限，但是鲜活易腐等不易保管的动产除外。债务人逾期未履行的，留置权人可以与债务人协议以留置财产折价，也可以就拍卖、变卖留置财产所得的价款优先受偿。

留置财产折价或者变卖的，应当参照市场价格。留置财产折价或者拍卖、变卖后，其价款超过债权数额的部分归债务人所有，不足部分由债务人清偿。

4）留置权的消灭

留置权人对留置财产丧失占有或者留置权人接受债务人另行提供担保的，留置权消灭。

债务人可以请求留置权人在债务履行期限届满后行使留置权；留置权人不行使的，债务人可以请求人民法院拍卖、变卖留置财产。

同一动产上已经设立抵押权或者质权，该动产又被留置的，留置权人优先受偿。

9.4.6　定金

定金担保是指为了确保合同的履行，当事人一方按照合同金额的一定比例预先给付对方当事人一定数额的货币的担保形式。定金担保一般针对支付金钱的债务合同设定。

定金是一种预先给付，在合同履行后该给付的金额可以抵作价款或者收回。出现违约时，也可以按照定金罚则要求违约方承担违约责任。

1）定金的设立

定金是当事人之间的约定，据此形成的定金合同是主合同的从合同，因而它以主合同的成立、有效为前提。其可以单独订立，也可作为主合同中的担保条款。一般来说，定金往往以主合同中的担保条款的形式出现。

定金合同自实际交付定金时成立。

2）定金的数额

定金的数额由当事人自行约定，但不得超过主合同标的额的20%，超过部分不产生定金的效力。实际交付的定金数额多于或者少于约定数额的，视为变更约定的定金

経済法概论

数额。

3）定金的效力

定金的效力主要表现在对不履行合同债务的当事人一方所进行的制裁，即适用定金罚则。我国法律规定，给付定金的一方不履行债务或者履行债务不符合约定，致使不能实现合同目的的，无权请求返还定金；收受定金的一方不履行债务或者履行债务不符合约定，致使不能实现合同目的的，应当双倍返还定金。

定金不足以弥补一方违约造成的损失的，对方可以请求赔偿超过定金数额的损失。

小思考9-4

定金是否等同于预付款？

定金同单纯的预付款在性质和作用上是不同的。单纯的预付款一般是属于协作支援性质的，不具有担保的作用，当合同没有履行时，不会产生像定金担保那样的法律后果。交付和接受预付款的一方不履行合同的，不发生丧失或者双倍返还已付款项的后果。

9.5 合同的履行

9.5.1 合同履行的概念

合同履行是指合同当事人全面完成其合同义务，使债权人实现合同权利的行为。

合同履行是合同法的核心内容，合同的订立是为了履行；合同成立是合同履行的前提；合同的效力是合同履行的依据所在；合同的变更和转让是对合同内容、主体的变更，不是对合同履行的否定；合同的终止与合同的履行在保护当事人的合法权益上是一致的；违约责任制度也能促使债务人履行合同。

9.5.2 合同履行的原则

合同生效后，当事人双方要按照合同的约定履行自己的义务，并且不得因姓名、名称的变更或者法定代表人、负责人、承办人的变动而不履行合同义务。在履行过程中要贯彻一定的履行原则。

1）全面履行原则

全面履行原则是指当事人应当按照合同约定的条款，全面履行各自的义务。只有当合同的全部条款都得到履行，才能达到双方订立合同的目的。合同中任何一项基本条款没有按规定履行，都有可能构成违约。所以，全面履行原则是衡量合同是否履行和是否构成违约的标准。

2）诚实信用原则

诚实信用原则是指当事人在履行合同时要诚实、要守信用。当事人要秉持诚实，恪守承诺，要像对待自己的事务一样对待对方的事务，不仅要严格履行自己的合同义务，而且要配合对方履行义务。对相关事务要根据合同的性质、目的和交易习惯履行通知、协助、保密等义务。

3）效益履行原则

效益履行原则是指当事人在履行合同时努力减少消耗，降低成本，提高经济效益。当事人订立合同都是为了取得一定的经济效益，贯彻合同的效益履行原则，有利于取得最佳的合同效益。在合同履行中，当事人可以通过多种方法贯彻效益履行原则，如选择适当的交货方式、交货日期、交货地点，采取合理的运输方式、包装方式，以及在当事人一方违约的情况下采取必要的补救措施等。实践表明，贯彻这一原则，不仅有益于合同当事人，也有益于国家和社会。

4）绿色原则

绿色原则是指当事人履行合同时要保护生态环境。履行合同时既要避免浪费资源，又要防止造成环境污染，更不能破坏生态。

9.5.3 合同履行中的特殊规定

1）合同履行中内容不明确的处理

合同生效后，当事人就质量、价款或者报酬、履行地点等内容没有约定或者约定不明确的，可以协议补充；不能达成补充协议的，按照合同有关条款或者交易习惯确定；仍然不能确定的，按下列补充性法律规定履行：

（1）质量要求不明确的，按照强制性国家标准履行；没有强制性国家标准的，按照推荐性国家标准履行；没有推荐性国家标准的，按照行业标准履行；没有国家标准、行业标准的，按照通常标准或者符合合同目的的特定标准履行。

（2）价款或者报酬不明确的，按照订立合同时履行地的市场价格履行。

（3）履行地点不明确，给付货币的，在接受货币一方所在地履行；交付不动产的，在不动产所在地履行；交付其他标的的，在履行义务一方所在地履行。

（4）履行期限不明确的，债务人可以随时履行，债权人也可以随时要求履行，但应当给对方必要的准备时间。

（5）履行方式不明确的，按照有利于实现合同目的的方式履行。

（6）履行费用的负担不明确的，由履行义务一方负担；因债权人原因增加的履行费用，由债权人负担。所谓履行费用，实践中主要包括货物包装费、运费、仓储费、技术鉴定费及通信费用、登记费用等。

2）电子合同标的交付时间的规则

通过互联网等信息网络订立的电子合同的标的为交付商品并采用快递物流方式交付的，收货人的签收时间为交付时间。电子合同的标的为提供服务的，生成的电子凭证或者实物凭证中载明的时间为提供服务时间；前述凭证没有载明时间或者载明时间与实际提供服务时间不一致的，以实际提供服务的时间为准。

电子合同的标的物为采用在线传输方式交付的，合同标的物进入对方当事人指定的特定系统且能够检索识别的时间为交付时间。

电子合同当事人对交付商品或者提供服务的方式、时间另有约定的，按照其约定。

3）价格变动时的规则

执行政府定价或者政府指导价的，在合同约定的交付期限内政府价格调整时，按照交付时的价格计价。逾期交付标的物的，遇价格上涨时，按照原价格执行；价格下降时，按照新价格执行。逾期提取标的物或者逾期付款的，遇价格上涨时，按照新价格执行；价格下降时，按照原价格执行。

4）有第三人辅助时的履行规则

第三人辅助履行包括由第三人接受债务人的履行和由第三人向债权人履行两种情形。第三人辅助履行必须以合同当事人有约定为前提。

（1）由第三人接受债务人的履行

当事人约定由债务人向第三人履行债务，债务人未向第三人履行债务或者履行债务不符合约定的，应当向债权人承担违约责任。

法律规定或者当事人约定第三人可以直接请求债务人向其履行债务，第三人未在合理期限内明确拒绝，债务人未向第三人履行债务或者履行债务不符合约定的，第三人可以请求债务人承担违约责任；债务人对债权人的抗辩，可以向第三人主张。

（2）由第三人向债权人履行

当事人约定由第三人向债权人履行债务，第三人不履行债务或者履行债务不符合约定的，债务人应当向债权人承担违约责任。

债务人不履行债务有可能损害第三人的利益，即第三人对履行该债务具有合法利益的，第三人有权代替债务人向债权人履行债务；但是，根据债务性质、按照当事人约定或者依照法律规定只能由债务人履行的除外。

债权人接受第三人履行后，其对债务人的债权转让给第三人，但是债务人和第三人另有约定的除外。

5）提前履行或部分履行的规则

合同签订后，当事人应当按照合同规定的时间和地点全面履行自己的义务。债务人提前履行债务的，债权人可以拒绝，但是提前履行不损害债权人利益的除外。债务人提前履行债务给债权人增加的费用，由债务人负担。

债务人部分履行债务的，债权人可以拒绝，但是部分履行不损害债权人利益的除外。债务人部分履行债务给债权人增加的费用，由债务人负担。

知识链接9-13

我国《民法典》还对合同履行过程中可能出现的一些问题作出明确规定，如：以支付金钱为内容的债，除法律另有规定或者当事人另有约定外，债权人可以请求债务人以实际履行地的法定货币履行。标的有多项而债务人只需履行其中一项的，债务人享有选择权；但是，法律另有规定、当事人另有约定或者另有交易习惯的除外。债权人为二人以上，标的可分，按照份额各自享有债权的，为按份债权；债务人为二人以上，标的可分，按照份额各自负担债务的，为按份债务。债权人为二人以上，部分或者全部债权人均可以请求债务人履行债务的，为连带债权；债务人为二人以上，债权人可以请求部分或者全部债务人履行全部债务的，为连带债务。连带债务人之间的份额难以确定的，视为份额相同等。

9.5.4 合同履行中的抗辩权

合同履行中的抗辩权是指在双务合同中，当事人一方在对方未履行或者不能保证履行合同义务时可以相应地不履行合同义务的权利。抗辩权包括同时履行抗辩权、后履行抗辩权和不安抗辩权。

1）同时履行抗辩权

同时履行抗辩权是指当事人互负债务，没有先后履行顺序的，一方在对方履行之前有权拒绝其履行请求。一方在对方履行债务不符合约定时，有权拒绝其相应的履行请求。同时履行抗辩权是法律赋予双方当事人的权利，充分考虑了双方当事人所承担债务的对价性和交换性，体现了合同履行中的公平原则。例如，某学校与家具厂签订制作1 000套课桌椅的合同。双方约定在学校开学前5日钱货两清。家具厂如期完成制作任务后，学校却以资金困难为由，请求家具厂先提供课桌椅，待开学申请经费后再结清价款。家具厂根据同时履行抗辩权制度，可以拒绝学校的请求。

2）后履行抗辩权

后履行抗辩权是指在双务合同中，当事人互负债务，有先后履行顺序的，先履行债务一方未履行的，后履行一方有权拒绝其履行请求。先履行一方履行债务不符合约定的，后履行一方有权拒绝其相应的履行请求。例如，甲乙两公司签订一份买卖合同，合同约定买方甲公司应在合同生效后30日内向卖方乙公司支付50%的预付款，乙公司收到预付款后10日内发货到甲公司，甲公司收到货物验收后即结清余款。合同履行过程中，乙公司收到了预付款，并将货发至甲公司，甲公司验收时发现货物质量不符合合同约定。根据后履行抗辩权制度，甲公司有权拒付余款。

也有人称后履行抗辩权为先履行抗辩权。

3）不安抗辩权

不安抗辩权是指双务合同中，应当先履行债务的当事人，有确切证据证明对方有下列情形之一的，可以中止履行：（1）经营状况严重恶化；（2）转移财产、抽逃资金以逃避债务；（3）丧失商业信誉；（4）有丧失或者可能丧失履行债务能力的其他情形。

中止履行的，应当及时通知对方。对方提供适当担保时，应当恢复履行。中止履行后，对方在合理期限内未恢复履行能力并且未提供适当担保的，视为以自己的行为表明不履行主要债务，中止履行的一方可以解除合同并可以请求对方承担违约责任。当事人没有确切证据中止履行的，应当承担违约责任。

小案例9-7

某画家甲与顾客乙约定，由甲为乙画像，乙应先预付酬金1万元。合同生效后，甲患重病卧床不起，极有可能无法再为乙画像。鉴于此种情形，乙行使不安抗辩权，通知对方其中止履行先行给付酬金的义务。甲接到通知后，向乙提出，如果自己在15日内病情好转能够作画，乙仍应先行支付酬金。15日后，甲的病情无好转迹象，乙提出解除合同。

请分析：本案中乙的行为是否合法？为什么？

9.5.5 合同履行中的保全措施

合同履行中的保全措施是为防止因债务人的财产不当减少给债权人的债权带来危害，允许债权人依法采取的保护措施。

《民法典》赋予债权人两种特殊的权利——代位权和撤销权，以保证其债权得以实现。

1）代位权

（1）代位权的含义。代位权是指债权人为保全自己的债权，而以自己的名义代债务人行使其到期债权的权利。

（2）行使代位权的条件。我国法律规定：因债务人怠于行使其到期债权或者与该债权有关的从权利，影响债权人的到期债权实现的，债权人可以向人民法院请求以自己的名义代位行使债务人对相对人的权利，但该债权专属于债务人自身的除外。由此可见，行使代位权要符合以下条件：①债权人与债务人之间存在有效的债权债务关系；②债务人必须有对第三人的债权或者与第一项债权有关的从权利存在；③债务人怠于行使其到期债权，或者与该债权有关的从权利，影响债权人的到期债权的实现。④债务人的债权不是专属于债务人自身的债权。

（3）代位权的行使。债权人行使代位权时以自己为原告、以第三人为被告、以债务人为第三人向人民法院提起诉讼。代位权成立的，人民法院认定由债务人的相对人向债权人履行义务，债权人接受履行后，债权人与债务人、债务人与相对人之间相应的权利义务终止。相对人可以向债权人主张其对债务人的抗辩权。

代位权的行使范围以债权人的到期债权为限。债权人行使代位权的必要费用，由债务人负担。例如，甲公司欠乙公司200万元，丙公司欠甲公司100万元，甲公司无力偿还乙公司的欠款，而又不积极向丙公司追讨欠款，此时乙公司可请求人民法院准许其以自己的名义向丙公司行使债权。

债权人的债权到期前，债务人的债权或者与该债权有关的从权利存在诉讼时效期间即将届满或者未及时申报破产债权等情形，影响债权人的债权实现的，债权人可以代位向债务人的相对人请求其向债务人履行、向破产管理人申报或者作出其他必要的行为。

小思考9-5

代位权制度对解决现实生活中存在的"三角债"问题有无价值？

2）撤销权

（1）撤销权的含义。撤销权是指债权人对于债务人有害于债权的财产处分行为，有请求法院予以撤销的权利。

（2）行使撤销权的情形。按照我国《民法典》的规定，债务人有下列两种行为之一的，债权人可以请求人民法院予以撤销：①债务人以放弃其债权、放弃债权担保、无偿转让财产等方式无偿处分财产权益，或者恶意延长其到期债权的履行期限，影响债权人的债权实现的；②债务人以明显不合理的低价转让财产、以明显不合理的高价受让他人财产或者为他人的债务提供担保，影响债权人的债权实现，债务人的相对人知道或者应当知道该情形的。

（3）撤销权的行使。债权人行使撤销权时以自己为原告、以债务人为被告、以财产的受益人或者受让人为第三人向人民法院提起诉讼。针对不同的情形，债权人行使撤销权的条件不同：①债务人处分财产的行为是无偿的，则债权人可以直接行使撤销权；②债务人的行为是有偿的，则只有在债务人的相对人知道或者应当知道该情形时，债权人才能行使撤销权；如受让人为善意的第三人，则债权人对该行为不享有撤销权。

例如，甲欠乙的钱，其用以还债的主要财产是一幢住房，但甲却将该住房无偿赠与其亲属，致使自己无法偿还债务，那么债权人乙就可请求人民法院撤销债务人甲的无偿赠与住房的行为。

撤销权的行使范围以债权人的债权为限。债权人行使撤销权的必要费用，由债务人负担。债务人影响债权人的债权实现的行为被撤销的，自始没有法律约束力。

撤销权自债权人知道或者应当知道撤销事由之日起1年内行使。自债务人的行为发生之日起5年内没有行使撤销权的，该撤销权消灭。

知识链接9-14

按照2021年1月1日起施行的《最高人民法院关于适用〈中华人民共和国民法典〉物权编的解释（一）》的规定：受让人受让不动产或者动产时，不知道转让人无处分权，且无重大过失的，应当认定受让人为善意。真实权利人主张受让人不构成善意的，应当承担举证证明责任。

9.6 合同的变更、转让和终止

9.6.1 合同的变更

合同的变更是指在合同成立后至未履行或者未完全履行之前，当事人经过协商对合同的内容进行修改或补充。合同的变更是对合同内容的调整，不是合同当事人的更换，也不是合同整体效力的解除。

合同的变更要坚持协商一致的原则。协商一致是合同变更的必备条件，既包括变更合同的意向，也包括合同新内容的确定。只有当事人双方都同意变更合同，并且对合同的新条款达成一致意见时，合同才能得以变更。当事人对合同变更的内容约定不明确的，推定为未变更合同。

合同的变更形式由当事人协商确定，一般要与原合同的形式相一致，法律、行政法规规定变更合同应当办理批准、登记等手续的，应依照其规定办理。

9.6.2 合同的转让

合同的转让是指合同的一方当事人将合同的全部或者部分权利或义务转让给第三人的行为。合同的转让不是合同内容的变更，而是合同主体发生的变化。经转让，第三人成为合同的当事人之一，享有合同当事人相应的权利，或履行合同当事人相应的义务。

合同的转让包括合同权利的转让、合同义务的转移、合同权利和义务一并转让三种类型。不同类型的合同转让对合同当事人有不同的法律要求。

1）合同权利的转让

合同权利的转让又称债权转让或债权让与，指合同债权人通过协议将其债权全部或者部分转让给第三人的行为。原债权人称为让与人，新债权人称为受让人。

债权人可以将债权的全部或部分转让给第三人，但有下列情形之一的除外：（1）根据债权性质不得转让的。这类不得转让的债权包括：①基于特定身份关系而发生的债权，如抚养费、赡养费的请求权；②基于信赖关系而发生的债权，如委托人对于受托人之债权；（2）按照当事人约定不得转让的；（3）依照法律规定不得转让的。如企业被宣告破产后，破产企业不得将其债权转让给第三人，以免损害其债权人的利益。

债权人转让权利，不需要经债务人同意，但应当通知债务人。未经通知，该转让对债务人不发生效力。债务人接到债权转让通知后，债权让与行为就生效。债务人对让与人的抗辩，可以向受让人主张。债权人转让权利的通知不得撤销，但经受让人同意的除外。

债权转让时，债权人的从权利随之转移，但从权利专属于债权人自身的除外。

当事人约定非金钱债权不得转让的，应当遵守约定。债权人一旦转让非金钱债权，原则上是无效的，但这种约定不得对抗善意第三人，如果受让债权的第三人是善意的，即对合同当事人约定的非金钱债权不得转让不知情，且无过错，第三人主张转让有效的，发生债权转让的效果。

当事人约定金钱债权不得转让的，不得对抗第三人。

因债权转让增加的履行费用，由让与人负担。

2）合同义务的转移

合同义务的转移，指债务人将债务的全部或部分转移给第三人的行为。合同义务的转移应当经债权人同意，否则，转让无效。这是因为合同的签订基于合同双方当事人之间的信任，债务人将义务转移给第三人，使得第三人成为合同当事人，新的义务人必须取得合同债权人的信任，才能使合同关系得以继续维系。

债务人或者第三人可以催告债权人在合理期限内予以同意，债权人未作表示的，视为不同意。

债务人转移义务的，新债务人可以主张原债务人对债权人的抗辩；原债务人对债权人享有债权的，新债务人不得向债权人主张抵销。债务人转移义务的，新债务人应当承担与债务相关的从债务，但该从债务专属于原债务人自身的除外。

第三人与债务人约定加入债务并通知债权人，或者第三人向债权人表示愿意加入债务，债权人未在合理期限内明确拒绝的，债权人可以请求第三人在其愿意承担的债务范围内和债务人承担连带债务。

3）合同权利和义务一并转让

合同权利和义务一并转让又称作合同承受，是指当事人一方将自己在合同中的权利和义务一并转让给第三人，由第三人取代自己在合同中的地位，承受合同中的权利和义务。《民法典》规定：当事人一方经对方同意，可以将自己在合同中的权利义务一并转让给第三人。

合同的权利和义务一并转让的，适用债权转让、债务转移的双重规定。

9.6.3 合同的终止

合同的终止是指合同权利义务的终止，合同法律关系消灭。《民法典》规定，有下列情形之一的，合同的权利义务终止：①债务已经按照约定履行；②债务互相抵销；③债务人依法将标的物提存；④债权人免除债务；⑤债权债务同归于一人；⑥法律规定或者当事人约定终止的其他情形。

合同解除的，该合同的权利义务关系终止。

合同的权利义务终止后，当事人应当遵循诚信等原则，根据交易习惯履行通知、协助、保密、旧物回收等义务。

债权债务终止时，债权的从权利同时消灭，但是法律另有规定或者当事人另有约定的除外。

合同的权利义务终止，不影响合同中结算和清理条款的效力。

9.6.4 合同的解除

合同的解除是指在合同有效成立之后，尚未履行或者尚未完全履行完毕之前，当事人双方协商一致或一方当事人行使解除权而使合同关系提前消灭的行为。

合同解除后，尚未履行的，终止履行；已经履行的，根据履行情况和合同性质，当事人可以请求恢复原状或采取其他补救措施，并有权请求赔偿损失。

合同解除有三种情况：一是协议解除；二是约定解除；三是法定解除。

1）协议解除

协议解除也叫合意解除，是当事人双方通过协商达成合意，消灭合同效力的行为。

2）约定解除

约定解除是指当出现约定事由时，当事人行使解除权，使合同效力归于消灭的行为。解除合同的法定事由由当事人通过合同条款或另外签订的协议约定，当约定的事项发生时，合同当事人就享有解除权，可以解除合同。

协议解除、约定解除都体现了当事人双方解除合同的意愿，可以视为双方解除合同。

知识链接9-15

法律规定或者当事人约定了解除权行使期限的，期限届满当事人不行使的，该权利消灭。

法律没有规定或者当事人没有约定解除权行使期限，自解除权人知道或者应当知道解除事由之日起1年内不行使，或者经对方催告后在合理期限内不行使的，该权利消灭。

按照2021年1月1日开始施行的《最高人民法院关于适用〈中华人民共和国民法典〉时间效力的若干规定》的司法解释的精神，《民法典》施行前成立的合同，当时的法律、司法解释没有规定且当事人没有约定解除权行使期限，对方当事人也未催告的，解除权人在《民法典》施行前知道或者应当知道解除事由，自《民法典》施行之日起1年内不行使解除权的，该解除权消灭；解除权人在《民法典》施行后知道或者应当知道解除事由的，适用以上关于解除权行使期限的规定。

3）法定解除

法定解除是指合同在有效成立后尚未履行或未完全履行完毕前，当事人一方依据出现的法定事由提出解除合同，使合同效力消灭的行为。

（1）法定解除合同的情形

有下列情形之一的，当事人可以解除合同：①因不可抗力致使不能实现合同的目的；②在履行期限届满之前，当事人一方明确表示或者以自己的行为表明不履行主要债务；③当事人迟延履行主要债务，经催告后在合理期限内仍未履行；④当事人一方迟延履行债务或者有其他违约行为致使不能实现合同的目的；⑤法律规定的其他情形。

以持续履行的债务为内容的不定期合同，当事人可以随时解除合同，但是应当在合理期限之前通知对方。

（2）法定解除合同的方式

①当事人一方依法主张解除合同的，应当通知对方。合同自通知到达对方时解除；通知载明债务人在一定期限内不履行债务则合同自动解除，债务人在该期限内未履行债务的，合同自通知载明的期限届满时解除。

对方对解除合同有异议的，任何一方当事人均可以请求人民法院或者仲裁机构确认解除行为的效力。

②当事人一方未通知对方，直接以提起诉讼或者申请仲裁的方式依法主张解除合同，人民法院或者仲裁机构确认该主张的，合同自起诉状副本或者仲裁申请书副本送达对方时解除。

合同的权利义务关系终止，不影响合同中结算和清理条款的效力，当事人仍然依照合同中的规定进行结算或清理。

合同变更、转让、解除等情形依照法律、行政法规规定应当办理批准等手续的，依照其规定。

9.7　违约责任

9.7.1　违约责任和违约行为

1）违约责任

违约责任是指合同当事人因不履行合同义务或履行合同义务不符合约定依法应承担的民事责任。我国《民法典》在对待违约责任的问题上采取严格责任原则，只要当事人不履行合同义务或者履行合同义务不符合约定，除存在不可抗力等法定免责事由或当事人另有约定外，不管违约方主观上是否有过错，都需要承担违约责任。

但我国《民法典》分则在对某些有名合同承担违约责任时采用了过错责任原则，即当一方当事人违反合同义务时，应以其过错作为确定责任的要件，并依据过错程度来确定其责任范围。如果当事人主观上没有过错，即使出现了违约情况，当事人也不承担违约责任。由此可见，我国《民法典》在确定违约责任时采用了"以严格责任原则为主、过错责任原则为辅"的归责原则。

2）违约行为

违约行为包括以下几种情形：①预期违约。预期违约又称预期毁约或先期违约，是指在合同履行期限届满之前，一方当事人向对方明确表示将不履行合同义务，或者以自己的行为表明将不履行合同义务的行为。②不履行合同。不履行合同也称拒绝履行合同，是指在合同履行期限届满时，当事人一方完全不履行自己的合同义务。③迟延履行。迟延履行指合同当事人违反合同规定的履行期限，造成履行在时间上迟延的行为。④不适当履行。不适当履行指债务人虽然履行了义务，但没有按合同规定的数量、质量、地点、方式等要求履行。

9.7.2　承担违约责任的方式

1）继续履行

违约的当事人不论是否已经承担赔偿金或者违约金责任，都必须按照对方的要求，在自己能够履行的情况下，对原合同未履行的部分进行履行。继续履行合同，既是为了实现合同的目的，又是一种承担违约责任的方式。

2）采取补救措施

采取补救措施的责任形式，主要发生在标的物质量不符合约定的情况下，根据《民法典》的规定，质量不符合约定的，应当按照当事人的约定承担违约责任。对违约责任没有约定或者约定不明确的，当事人可以协议补充或者按照合同有关条款或者交易习惯确定，仍不能确定的，受损害方根据标的的性质以及损失的大小，可以合理选择要求对方承担修理、更换、重作、退货、减少价款或者报酬等违约责任。

3）赔偿损失

支付赔偿金是承担违约责任的重要形式，目的在于弥补守约方的损失，具有补偿性质。损失赔偿额应相当于违约所造成的损失，包括合同履行后可以得到的利益，但不得超过违约一方订立合同时预见到或者应当预见到的因违约可能造成的损失。

4）支付违约金

违约金是当事人约定的，在发生违约事实时，违约方向守约方支付的一定数额的金钱。当事人可以约定一方违约时根据违约情况向对方支付一定数额的违约金，也可以约定因违约产生的损失赔偿额的计算方法。约定的违约金低于造成的损失的，人民法院或者仲裁机构可以根据当事人的请求予以增加。约定的违约金过分高于造成的损失的，人民法院或者仲裁机构可以根据当事人的请求予以适当减少。

5）定金制裁

定金是当事人一方按照合同金额的一定比例预先给付对方当事人的一定数额的货币。定金是一种担保方式，也是承担违约责任的方式。当一方违约时，对方当事人可以依法对违约方实施定金制裁。我国法律对定金罚则的规定是：给付定金的一方不履行约定的债务或者履行债务不符合约定，致使不能实现合同目的的，无权请求返还定金；收受定金的一方不履行约定的债务或者履行债务不符合约定，致使不能实现合同目的的，应当双倍返还定金。

债务人履行债务的，定金应当抵作价款或者收回。

当事人既约定违约金，又约定定金的，一方违约时，守约方只能选择适用违约金或者定金条款，要求对方承担违约责任。定金不足以弥补一方违约造成的损失的，对方可以请求赔偿超过定金数额的损失。

例如，甲乙两公司签订一份价值100万元的合同，乙公司支付甲公司20万元的定金，双方又约定违约金为合同金额的30%。后甲方违约，导致乙公司损失20万元。如果合并使用定金条款与违约金条款，在本案中甲公司除双倍返还定金共40万元外，还需支付乙公司违约金30万元，即除返还乙公司20万元定金外，还需支付乙公司50万元。这显然远远高于乙公司所遭受的损失，对甲公司惩罚过重。根据我国法律的规定，本案中的乙公司只能选择适用违约金条款或者定金条款。

当事人都违反合同的，应当各自承担相应的责任。

当事人一方违约造成对方损失，对方对损失的发生有过错的，可以减少相应的损失赔偿额。

当事人一方因第三人的原因造成违约的，应当依法向对方承担违约责任。当事人一方和第三人之间的纠纷，依照法律规定或者按照约定处理。

9.7.3　违约责任的免除

违约责任的免除也称免除违约责任，是指当事人由于法律规定或者合同约定的免责事由的发生而不能履行合同的，不承担违约责任。当事人不承担违约责任主要发生在以下两种情形下：

1）不可抗力

不可抗力是指不能预见、不能避免并不能克服的客观情况。不可抗力包括两种情况：一种是自然原因引起的，如水灾、火灾、风灾、旱灾、雪灾、地震等；另一种是社会原因引起的，如战争、罢工、政府封锁禁运等。当事人应当在合同中明确规定不可抗力的范围，因该范围内的原因引起的不履行合同的行为，部分或者全部免除违约责任，但法律另有规定的除外。

当事人迟延履行后发生不可抗力的，不能免除当事人的责任。

当事人一方因不可抗力不能履行合同的，应当及时通知对方，以减轻可能给对方造成的损失，并应当在合理期限内提供证明。当事人不履行上述义务的，应承担相应的法律责任。

当事人一方违约后，对方应当采取适当措施防止损失的扩大；没有采取适当措施致使损失扩大的，不得就扩大的损失请求赔偿。

当事人因防止损失扩大而支出的合理费用，由违约方负担。

2）免责条款

免责条款是双方在合同中约定的免除或者限制其未来责任的条款。免责条款作为合同的组成部分，必须经合同当事人充分协商，并且其内容必须符合法律的规定，才具有法律效力。

因免责事由发生而不能履行合同的，当事人不承担违约责任。

知识链接9-16

《民法典》合同编的第二分编是典型合同的规定，共规定了19项典型合同，分别是：买卖合同；供用电、水、气、热力合同；赠与合同；借款合同；保证合同；租赁合同；融资租赁合同；保理合同；承揽合同；建设工程合同；运输合同；技术合同；保管合同；仓储合同；委托合同；物业服务合同；行纪合同；中介合同；合伙合同。

第三分编是准合同的规定，共规定了2项准合同，分别是无因管理和不当得利。

应知应会

1.概念：合同，合同法，要约，承诺，有效合同，无效合同，可撤销合同，担保，合同履行，抗辩权，违约责任。

2.要约生效的条件。

3.承诺生效的条件。

4.不同效力合同的种类。

5.合同履行的原则。

6.合同履行中内容约定不明确时的处理。

7.抗辩权的规定。

8.合同变更、转让、终止的效力规定。

9.违约行为的种类及承担违约责任的方式。

10.违约责任的免除。

课堂实训

1. 撰写一份合同，要求具备合同的主要条款。

2. 实战演练：

案例分析一

甲公司营业执照载明的经营范围是"电脑销售"。甲公司向乙公司出售一批电视机。因质量问题，乙公司未向甲公司支付货款。甲公司提起诉讼，乙公司以甲公司超越经营范围为由，主张合同无效。

请分析：乙公司的抗辩理由是否成立？请阐述理由。

案例分析二

甲公司向乙公司购买价值50万元的彩电，合同约定甲公司先预付20万元货款，其余30万元货款在提货后3个月内付清，并由丙公司提供连带保证担保，但未约定保证范围。提货1个月后，甲公司在征得乙公司同意后，将30万元债务转移给尚欠其30万元货款的丁公司。对此，丙公司完全不知情。至债务清偿期届满时，乙公司要求丁公司偿还30万元货款及利息，而丁公司因违法经营被依法查处，法定代表人不知去向，公司的账户被冻结。于是，乙公司找到丙公司，要求其承担保证责任，丙公司至此才知道甲公司已将其债务转让给丁公司，遂以此为由拒绝承担责任。双方为此发生争议，乙公司诉至法院。

请分析：

（1）丙公司成为保证人需具备什么条件？其保证担保的范围应如何确定？

（2）甲公司转让债务的行为是否有效？为什么？

（3）丙公司是否应继续承担保证责任？为什么？

案例分析三

美国一家公司与我国一家玩具公司签订了一份买卖合同，合同约定，玩具公司供给美国公司5 000只"娃娃跳"玩具，交货期限为当年12月20日前到达美国公司指定港口。玩具公司积极组织生产。11月10日，公司发生了一起火灾事故，烧毁了大部分已经包装好的产品，玩具公司致函美国公司，说明了情况，请求延期交货。美国公司回函称，"娃娃跳"是为了供应圣诞节市场，延期交货将错过圣诞节的销售，因此要求解除合同。玩具公司认为火灾是自己无法预料的，不同意解除合同，继续组织生产，并于12月11日装船发货。但货船未能按时抵达指定港口，美国公司拒绝收货。第二年1月，美国公司按合同约定的仲裁条款，向中国国际贸易仲裁委员会申请仲裁，请求解除合同并要求玩具公司承担违约责任。

请分析：美国公司的请求能够得到支持吗？为什么？

第 10 章

劳动法

学习目标

通过本章的学习，学生了解劳动法的适用范围、劳动合同的内容；理解劳动者的基本权利、劳动者的基本义务、无效劳动合同的法律后果、劳动合同解除的方式及解除劳动合同的经济补偿和经济赔偿、工作时间、休息休假、工资、劳动安全卫生和特殊劳动保护等方面的法律规定；掌握订立劳动合同的原则、解除劳动合同的限制以及解决劳动争议的原则和方式等内容；最终能够较好地运用所掌握的法学理论，解决现实中存在的劳动关系问题。

引入案例

大学毕业的王某应聘到某贸易公司做营销策划工作。公司在招聘时与王某约定每月工资1 500元，试用期6个月，试用期满后若合格正式签订劳动合同，月工资2 300元。王某在公司工作了3个月，每天工作都超过8小时。因工作太辛苦，工资又低，并且公司没有为其缴纳社会保险等问题，王某向公司提出辞职。辞职前，王某查阅了《中华人民共和国劳动合同法》的相关规定。辞职时，王某提出公司与其形成的劳动关系存在问题，并要求公司支付相应的劳动报酬。

请问：王某可能提出了哪些问题？

10.1 劳动法的概念及调整对象

10.1.1 劳动法的概念

劳动法是调整劳动关系以及与劳动关系密切联系的其他社会关系的法律规范的总称。狭义的劳动法仅指1994年7月5日第八届全国人大常委会第八次会议通过，自1995年1月1日起施行的《中华人民共和国劳动法》（以下简称《劳动法》），该法于2018年12月29日第二次修正。广义的劳动法还包括《中华人民共和国劳动争议调解仲裁法》（以下简称《劳动仲裁法》）、《中华人民共和国劳动合同法》（以下简称《劳动合同法》）、《中华人民共和国劳动合同法实施条例》（以下简称《实施条例》）以及2021年1月1日起施行的《最高人民法院关于审理劳动争议案件适用法律问题的解释（一）》等一系列法律、法规。

劳动法的适用范围主要是指对人的适用范围。我国劳动法适用的范围包括：中华人民共和国境内的企业、个体经济组织（以下统称为用人单位）和与之形成劳动关系的劳动者；国家机关、事业组织、社会团体和与之建立劳动关系的劳动者（主要指国家机关、事业组织、社会团体实行劳动合同制度的以及按规定应实行劳动合同制度的工勤人员；其他通过劳动合同与国家机关、事业组织、社会团体之间建立劳动合同关系的劳动者；实行企业化管理的事业组织的工作人员）。我国劳动法不适用的对象包括：国家公务员；实行公务员制度的国家机关以及比照实行公务员制度的事业组织和社会团体的工作人员；农村劳动者（乡镇企业职工和进城务工的农民除外）；现役军人和家庭保姆等。由此可见，我国劳动法适用于特定的劳动者和用人单位。

知识链接10-1

劳动者是指具有劳动能力，以从事劳动获得合法劳动报酬的自然人。
用人单位是指依法使用和管理劳动者并支付劳动报酬的单位。

10.1.2 劳动法的调整对象

1）劳动关系

所谓劳动关系，即人们在从事劳动过程中发生的社会关系。在我国，劳动关系具体表现为劳动者与用人单位——企业、事业组织、国家机关、社会团体、个体经济组织之间发生的关系。劳动法的调整对象主要是劳动关系。但是必须明确，在社会关系中许多关系都与劳动有关，而劳动法并不调整一切与劳动有关的社会关系，而只是调整其中一部分关系，即在实现集体劳动过程中劳动者与用人单位之间发生的关系。

2）与劳动关系密切联系的其他社会关系

劳动法除了调整劳动关系以外，还调整与劳动关系密切联系的其他社会关系。这些关系有的是发生劳动关系的必要前提，有的是劳动关系的直接后果，有的是随着劳动关系而附带产生的关系，具体包括：①处理劳动争议发生的关系；②执行社会保险方面的关系；③监督劳动法律、法规的执行方面的关系；④工会组织与企业、事业组织、国家机关之间的关系；⑤劳动管理方面发生的关系。

10.2 劳动者的基本权利和义务

10.2.1 劳动者的基本权利

1）平等就业和选择职业的权利

平等就业权是指劳动者在就业方面一律平等，不因民族、种族、性别、宗教信仰不同而受到歧视。选择职业权是指劳动者在就业时，有权根据自己的意愿和兴趣选择用人单位，不受外在力量的强迫。在劳动制度改革以前，劳动者只有就业权而没有择业权。实行劳动合同制后，用人单位享有用人自主权，劳动者拥有择业自主权，用人单位和劳动者之间双向选择，在双方自愿的基础上订立劳动合同，建立劳动关系。

2）取得劳动报酬的权利

劳动者的劳动报酬是劳动者基于付出劳动而由用人单位支付的合法收入，包括工资、奖金、津贴等。对于劳动者的劳动报酬权，国家不仅通过劳动立法对用人单位支付劳动报酬进行规范，还采取了一系列的经济和社会措施给予保护。例如，通过提高工资和补贴、稳定物价、扩大劳动就业领域、举办各种集体福利事业等方式，保障劳动者实际收入不断增加，生活水平有所提高。

3）享有休息休假的权利

休息休假权是指劳动者在参加一定时间的劳动（工作）之后所获得的休息休假的权利。为了明确劳动者的休息休假时间，国家通过一系列劳动法律、法规作了直接规定。为了保证用人单位认真执行劳动者的休息休假制度，防止用人单位侵犯劳动者的休息休假权利，劳动立法还对用人单位延长工作时间（加班加点）作出了相应的限制规定。

4）获得劳动安全卫生保护的权利

劳动安全卫生保护权是劳动者在劳动过程中依法要求用人单位提供安全卫生的劳动条件，保护其生命安全和身体健康的一项基本劳动权利。确立劳动安全卫生保护权，是劳动生存权利的基本要求，也是提高劳动生产率的重要手段。

5）接受职业技能培训的权利

职业技能培训是为了培养和提高劳动者从事各种职业所需要的技术业务知识和实际操作技能而进行的专门教育和训练活动。劳动法赋予劳动者享有这一权利，既有利于提高劳动者的文化素质和职业技能水平，提高劳动生产率，也有利于失业人员重新就业，缓解就业矛盾。

6）享有社会保险和社会福利的权利

社会保险是国家为保障劳动者在丧失劳动能力和劳动机会后的基本生活而依法强制实行的一项物质帮助制度。社会福利是国家和社会为方便劳动者的工作和生活，适应其物质文化需求而举办的各项事业。劳动者享有社会保险和社会福利的权利是实现宪法赋予其物质帮助权的一项重要保证。

7）享有提请劳动争议处理的权利

劳动法规定劳动者享有提请劳动争议处理的权利，从而明确了劳动者在劳动争议处理中的主动地位和与用人单位之间的平等地位，有利于劳动争议的尽快解决，有利于保护劳动者的合法权益，有利于培养和提高劳动者的法律意识。

8）享有法律规定的其他劳动权利

劳动者除了享有上述基本劳动权利外，还享有法律规定的其他劳动权利，主要包括：①民主管理企业的权利；②与用人单位进行平等协商的权利；③与企业签订集体合同的权利；④依法参加工会和组建工会的权利等。

10.2.2 劳动者的基本义务

1）积极完成劳动任务

每个劳动者都必须积极地、勤勤恳恳地劳动，认真完成或超额完成劳动任务，从而促进生产不断发展，不断创造社会财富，不断提高劳动者的生活水平。

2）不断提高劳动技能

劳动者必须自觉地接受职业技能培训，加快知识更新，提高职业技能，以适应现代化生产的要求。

3）认真执行劳动安全卫生规程

劳动者既有抵制违反劳动安全卫生规程要求的违章指挥和冒险作业的权利，也有认真履行劳动安全卫生规程的义务。

4）严格遵守劳动纪律和职业道德

对企业职工来说，遵守劳动纪律就是要遵守企业内部关于劳动的各项规定。职业道德是某一职业对从事该职业的劳动者特有的道德要求，劳动者只有遵守职业道德，才能不断地为社会创造物质财富和精神财富。

小案例10-1

小张原就职于某大酒店，从事制冷设备的管理调试工作。酒店引进一套先进的制冷设备，要求小张到外地的设备生产厂家参加为期两个月的设备使用培训活动。处于热恋期的小张不愿意离开那么长时间，便向酒店提出了辞职。离开酒店后，小张很快应聘到另一家公司，恰巧这家公司的办公地点就在小张原就职的大酒店内。当小张欲前往公司上班时，却遭到该大酒店的拒绝，因为该酒店在其员工手册中规定："辞职、辞退员工，六个月内不得以任何理由进入本酒店。"小张新应聘的公司要求他在规定的期限内上班，否则应聘将失效。

请分析：

（1）我国劳动法规定劳动者享有哪些基本权利？该酒店员工手册中的规定侵犯了小张的哪项劳动权利？

（2）我国劳动法规定劳动者应当履行哪些义务？小张是否违反了劳动义务？

10.3 劳动合同

10.3.1 劳动合同的概念

劳动合同是劳动者和用人单位之间关于订立、履行、变更、解除或者终止劳动权利义务关系的协议。《劳动合同法》《劳动合同法实施条例》《最高人民法院关于审理劳动争议案件适用法律问题的解释（一）》为我国劳动合同的确立和履行提供了法律依据。

劳动合同分为固定期限劳动合同、无固定期限劳动合同和以完成一定工作任务为期限的劳动合同。

劳动合同由用人单位与劳动者协商一致，并经用人单位与劳动者在劳动合同文本上签字或者盖章后生效。

劳动合同文本由用人单位和劳动者各执一份。

10.3.2　劳动合同的订立

1）订立劳动合同的原则

（1）合法原则。订立劳动合同不得违反法律、行政法规的规定。

（2）平等自愿、协商一致的原则。订立劳动合同的双方当事人应当在平等的基础上，经过协商，自愿签订劳动合同。

（3）公平原则。劳动合同的内容要体现出对双方当事人的公平，任何一方不得利用自己的优势，约定对对方显失公允的条款。

（4）诚实信用原则。劳动合同的双方当事人在签订合同时要履行如实告知的义务，在履行合同时也要诚实守信。

2）订立劳动合同的时间和形式

用人单位自用工之日起即与劳动者建立劳动关系，用工单位应当自用工之日起1个月内与劳动者订立书面劳动合同。用人单位与劳动者在用工前订立劳动合同的，劳动关系自用工之日起确立。

自用工之日起1个月内，经用人单位书面通知后，劳动者不与用人单位订立书面劳动合同的，用人单位应当书面通知劳动者终止劳动关系，无需向劳动者支付经济补偿，但是应当依法向劳动者支付其实际工作时间的劳动报酬。

用人单位自用工之日起满1年未与劳动者订立书面劳动合同的，自用工之日起满1个月的次日至满1年的前一日应当依照劳动合同法的规定向劳动者每月支付2倍的工资，并视为自用工之日起满1年的当日已经与劳动者订立无固定期限劳动合同，应当立即与劳动者补订书面劳动合同。

自用工之日起超过1个月不满1年劳动者不与用人单位订立书面劳动合同的，用人单位应当书面通知劳动者终止劳动关系，并向劳动者支付相应的经济补偿。

用人单位依法应当与劳动者签订无固定期限劳动合同而未签订的，人民法院可以视为双方之间存在无固定期限劳动合同关系，并以原劳动合同确定双方的权利义务关系。

劳动合同期满后，劳动者仍在原用人单位工作，原用人单位未表示异议的，视为双方同意以原条件继续履行劳动合同。

10.3.3 劳动合同的内容

劳动合同的内容具体表现为劳动合同的条款，一般分为必备条款和协商条款。

1) 必备条款

必备条款又称法定条款，包括：①用人单位的名称、住所和法定代表人或者主要负责人；②劳动者的姓名、住址和居民身份证或者其他有效身份证件号码；③劳动合同期限；④工作内容和工作地点；⑤工作时间和休息休假；⑥劳动报酬；⑦社会保险；⑧劳动保护、劳动条件和职业危害防护；⑨法律、法规规定应当纳入劳动合同的其他事项。

2) 协商约定条款

协商约定条款是用人单位与劳动者关于试用期、培训、保守秘密、补充保险和福利待遇等其他事项的约定。

（1）试用期。试用期是用人单位和劳动者双方了解、确定对方是否符合自己的招聘条件或求职条件而约定的考察期。《劳动合同法》规定，劳动合同期限3个月以上不满1年的，试用期不得超过1个月；劳动合同期限1年以上不满3年的，试用期不得超过2个月；3年以上固定期限和无固定期限的劳动合同，试用期不得超过6个月。

同一用人单位与同一劳动者只能约定1次试用期。以完成一定工作任务为期限的劳动合同或者劳动合同期限不满3个月的，不得约定试用期。

试用期包含在劳动合同期限内。劳动合同仅约定试用期的，试用期不成立，该期限为劳动合同期限。

劳动者在试用期的工资不得低于本单位相同岗位最低档工资的80%或者不得低于劳动合同约定工资的80%，并不得低于用人单位所在地的最低工资标准。

用人单位招用劳动者，不得扣押劳动者的居民身份证和其他证件，不得要求劳动者提供担保或者以其他名义向劳动者收取财物。

（2）服务期。服务期是指劳动者因享有用人单位给予的特殊待遇而作出的劳动履行期限承诺。用人单位为劳动者提供专项培训费用，对其进行专业技术培训的，可以与该劳动者订立协议，约定服务期。劳动者违反服务期约定的，应当按照约定向用人单位支付违约金。违约金的数额不得超过用人单位提供的培训费用。用人单位要求劳动者支付的违约金不得超过服务期尚未履行部分所应分摊的培训费用。

培训费用包括用人单位为了对劳动者进行专业技术培训而支付的有凭证的培训费用、培训期间的差旅费用以及因培训产生的用于该劳动者的其他直接费用。

（3）保守商业秘密和竞业限制。用人单位与劳动者可以在劳动合同中约定保守用人单位的商业秘密和与知识产权相关的保密事项。对负有保密义务的劳动者，用人单位可以在劳动合同或者保密协议中与劳动者约定竞业限制条款，并约定在解除或者终止劳动合同后，在竞业限制期限内按月给予劳动者经济补偿。

当事人在劳动合同或者保密协议中约定了竞业限制，但未约定解除或者终止劳动合同后给予劳动者经济补偿，劳动者履行了竞业限制义务的，可以要求用人单位按劳动者在劳动合同解除或者终止前 12 个月平均工资的 30% 按月支付经济补偿；该数额低于劳动合同履行地最低工资标准的，可以要求按劳动合同履行地最低工资标准支付。

当事人在劳动合同或者保密协议中约定了竞业限制，劳动者违反了竞业限制约定的，应当按照约定向用人单位支付违约金。向用人单位支付违约金后，用人单位要求劳动者按照约定继续履行竞业限制义务的，劳动者应当继续履行。

竞业限制的人员限于用人单位的高级管理人员、高级技术人员和其他负有保密义务人员。从事同类业务的竞业限制期限不得超过 2 年。

小案例 10-2

小万应聘到一家汽车美容中心从事车辆清洗工作。双方约定试用期为 1 个月，试用期间的工资是每个月 1 500 元，但双方一直没有签订书面劳动合同。工作 5 个月后，汽车美容中心经理通知小万，因单位需要精简人员，想在多支付 1 个月工资并支付经济补偿金的情况下与他解除劳动关系。小万同意了公司的决定。在继续寻找工作的过程中，小万得知汽车美容中心不与其签订书面劳动合同的行为是违反《劳动合同法》的，于是小万到劳动争议仲裁委员会申请劳动仲裁，以汽车美容中心不签订书面劳动合同违法为由，要求该汽车美容中心给自己双倍工资的赔偿。该请求得到了劳动争议仲裁委员会的支持。

收到仲裁裁决后，汽车美容中心和小万协商，汽车美容中心不支付工资赔偿金，但聘用小万到该汽车美容中心做汽车保养维护工作，合同期限 2 年，每月工资 3 000 元，试用期半年，试用期期间的工资为每月 2 000 元。小万接受了汽车美容中心的提议，与其签订了劳动合同。接受小万事件的教训，汽车美容中心开始与所有员工签订劳动合同。员工小李对小万事件的来龙去脉很了解，在汽车美容中心要求与其签订劳动合同时，以各种理由推脱，小李也想拿到双倍工资的赔偿。

请分析：

（1）小万要求汽车美容中心给自己双倍工资赔偿的法律依据是什么？

（2）汽车美容中心与小万签订的劳动合同的内容是否合法？为什么？

（3）小李能获得双倍工资的赔偿吗？请阐述理由。

10.3.4　无效劳动合同

无效劳动合同是指劳动者与用人单位订立的，因违反法律、法规的规定而不产生法律效力的合同。

依据《劳动合同法》的规定，下列合同属于无效或者部分无效合同：

（1）以欺诈、胁迫的手段或者乘人之危，使对方在违背真实意思的情况下订立或者变更的劳动合同。

（2）用人单位免除自己的法定责任、排除劳动者权利的劳动合同。

（3）违反法律、行政法规强制性规定的劳动合同。

　　无效劳动合同从订立的时候起就没有法律约束力。确认劳动合同部分无效，如果不影响其余部分的效力，其余部分仍然有效。劳动合同被确认无效，劳动者已付出劳动的，用人单位应当向劳动者支付劳动报酬。劳动报酬的数额，参照本单位相同或者相近岗位劳动者的劳动报酬确定。

　　对劳动合同的无效或者部分无效有争议的，由劳动争议仲裁机构或者人民法院确认。

10.3.5　劳动合同的履行和变更

　　用人单位与劳动者应当按照劳动合同的约定，全面履行各自的义务。用人单位应当按照劳动合同约定和国家规定，向劳动者及时足额支付劳动报酬。用人单位拖欠或者未足额支付劳动报酬的，劳动者可以依法向当地人民法院申请支付令，人民法院应当依法发出支付令。

　　劳动合同不因用人单位名称、法定代表人、主要负责人或者投资人等事项的变更，或用人单位发生合并或者分立等情况而产生效力方面的变化。

　　用人单位与劳动者经协商一致，可以变更劳动合同约定的内容。变更劳动合同，应当采用书面形式。未采用书面形式，但已经实际履行了口头变更的劳动合同超过1个月，变更后的劳动合同内容不违反法律、行政法规且不违背公序良俗的，劳动合同变更有效。

10.3.6　劳动合同的解除

　　劳动合同的解除是指在劳动合同订立后，尚未履行完毕之前由某种因素导致双方当事人提前终止劳动合同效力的法律行为。

　　解除劳动合同有两种情形，一是协商解除，二是法定解除。劳动合同是劳动者和用人单位双方协商订立的，双方当事人当然可以通过协商依法解除劳动合同。而当发生了法律、法规或劳动合同规定的情形时，劳动者或用人单位可以单方提前终止劳动合同的法律效力，此为法定解除。本部分只阐述劳动者或用人单位单方解除劳动合同的几种情形。

　　1）劳动者单方解除劳动合同

　　（1）劳动者提前通知解除劳动合同的情形。劳动者解除劳动合同应当提前30日以书面形式通知用人单位。劳动者在试用期内提前3日通知用人单位，可以解除劳动合同。

　　（2）劳动者随时通知解除劳动合同的情形。用人单位有下列情形之一的，劳动者可以随时通知解除劳动合同：①未按照劳动合同约定提供劳动保护或者劳动条件的；②未及时足额支付劳动报酬的；③未依法为劳动者缴纳社会保险费的；④用人单位的规章制度违反法律、法规的规定，损害劳动者权益的；⑤用人单位以欺诈、胁迫的手段或者乘人之危，使对方在违背真实意思的情况下订立或者变更劳动合同致使劳动合同无效的；⑥用人单位免除自己的法定责任、排除劳动者权利致使劳动合同无效的；⑦用人单位违反法律、行政法规强制性规定致使劳动合同无效的；⑧法律、行政法规规定劳动者可以解除劳动合同的其他情形。

（3）劳动者不需事先告知即可解除劳动合同的情形。用人单位有以下情形之一的，劳动者可以立即解除劳动合同，不需事先告知用人单位：①用人单位以暴力、威胁或者非法限制人身自由的手段强迫劳动者劳动的；②用人单位违章指挥、强令冒险作业危及劳动者人身安全的。

2）用人单位单方解除劳动合同

（1）用人单位可随时通知解除劳动合同的情形。劳动者有以下情形之一的，用人单位可随时通知解除劳动合同：①在试用期间被证明不符合录用条件的；②严重违反用人单位的规章制度的；③严重失职，营私舞弊，给用人单位造成重大损害的；④劳动者同时与其他用人单位建立劳动关系，对完成本单位的工作任务造成严重影响，或者经用人单位提出，拒不改正的；⑤劳动者以欺诈、胁迫手段或者乘人之危，使用人单位在违背真实意思的情况下订立或者变更合同致使合同无效的；⑥被依法追究刑事责任的。

（2）用人单位提前通知解除劳动合同的情形。《劳动合同法》第40条规定，劳动者有下列情形之一的，用人单位提前30日以书面形式通知劳动者本人或者额外支付劳动者1个月工资后，可以解除劳动合同：①劳动者患病或者非因工负伤，在规定的医疗期满后不能从事原工作，也不能从事由用人单位另行安排的工作的；②劳动者不能胜任工作，经过培训或者调整工作岗位，仍不能胜任工作的；③劳动合同订立时所依据的客观情况发生重大变化，致使劳动合同无法履行，经用人单位与劳动者协商，未能就变更劳动合同内容达成协议的。

（3）用人单位可以裁减人员的情形。《劳动合同法》第41条规定，有下列情形之一，需要裁减人员20人以上或者裁减不足20人但占企业职工总数10%以上的，用人单位提前30日向工会或者全体职工说明情况，听取工会或者职工的意见后，裁减人员方案经向劳动行政部门报告，可以裁减人员：①依照《企业破产法》规定进行重整的；②生产经营发生严重困难的；③企业转产、重大技术革新或者经营方式调整，经变更劳动合同后，仍需裁减人员的；④其他因劳动合同订立时所依据的客观经济情况发生重大变化，致使劳动合同无法履行的。

裁减人员时，应当优先留用下列人员：第一，与本单位订立较长期限的固定期限劳动合同的；第二，与本单位订立无固定期限劳动合同的；第三，家庭无其他就业人员，有需要赡养的老人或者抚养的未成年人的。

用人单位裁减人员，在6个月内重新招用人员的，应当通知被裁减的人员，并在同等条件下优先招用被裁减的人员。

（4）用人单位解除劳动合同的限制。劳动者有下列情形之一的，用人单位不得依照《劳动合同法》第40条、第41条的规定解除劳动合同：①从事接触职业病危害作业的劳动者未进行离岗前职业健康检查，或者疑似职业病病人在诊断或者医学观察期间的；②在本单位患职业病或者因工负伤并被确认丧失或者部分丧失劳动能力的；③患病或者非因工负伤，在规定的医疗期内的；④女职工在孕期、产期、哺乳期的；⑤在本单位连续工作满15年，且距法定退休年龄不足5年的；⑥法律、行政法规规定的其他情形。

劳动合同期满，有以上情形之一的，劳动合同应当续延至相应的情形消失时终止。但是，在本单位患职业病或者因工负伤并被确认丧失或者部分丧失劳动能力而终止劳动合同的，按照国家有关工伤保险的规定执行。

10.3.7　劳动合同的终止

有下列情形之一的，劳动合同终止：

（1）劳动合同期满的；

（2）劳动者开始依法享受基本养老保险待遇的；

（3）劳动者达到法定退休年龄的；

（4）劳动者死亡，或者被人民法院宣告死亡或者宣告失踪的；

（5）用人单位被依法宣告破产的；

（6）用人单位被吊销营业执照、责令关闭、撤销或者用人单位决定提前解散的；

（7）法律、行政法规规定的其他情形。

10.3.8　解除、终止劳动合同的经济补偿和经济赔偿

经济补偿是指在劳动者无过错的情况下，用人单位与劳动者解除或终止劳动合同时依法应当给予劳动者的经济上的补助。

经济赔偿是指用人单位和劳动者由于自己的过错给对方造成损害时所应承担的不利的法律后果。

1）用人单位解除、终止劳动合同的经济补偿和经济赔偿

（1）用人单位应当向劳动者支付经济补偿的情形：①用人单位提出解除劳动合同并与劳动者协商一致而解除劳动合同的；②劳动者因用人单位符合随时通知解除和不需事先告知即可解除劳动合同规定情形而解除劳动合同的；③用人单位符合提前30日以书面形式通知劳动者本人或者额外支付劳动者1个月工资后，可以解除劳动合同规定情形而解除劳动合同的；④用人单位符合可裁减人员而解除劳动合同的；⑤用人单位维持或者提高劳动合同约定条件续订劳动合同，劳动者不同意续订的情形外，劳动合同期满终止劳动合同的；⑥以完成一定工作任务为期限的劳动合同因任务完成而终止的；⑦用人单位被依法宣告破产终止劳动合同的；⑧用人单位被依法吊销营业执照、责令关闭、撤销或者用人单位决定提前解散而终止劳动合同的；⑨法律、行政法规规定解除或终止劳动合同应当向劳动者支付经济补偿的其他情形。

（2）用人单位应当向劳动者支付赔偿的情形。用人单位违法解除劳动合同或者终止劳动合同，劳动者要求继续履行劳动合同的，用人单位应当继续履行；劳动者不要求继续履行劳动合同或者劳动合同已经不能继续履行的，用人单位应支付劳动者经济赔偿金。

（3）补偿金、赔偿金的支付标准。用人单位支付的经济补偿金，按劳动者在本单位工作的年限，每满1年支付1个月工资的标准向劳动者支付。6个月以上不满1年的，按1年计算；不满6个月的，向劳动者支付半个月工资的经济补偿。这里的月工资是指劳

动者在劳动合同解除或者终止前12个月的平均工资。该平均工资低于当地最低工资标准的，按照当地最低工资标准计算。

劳动者月工资高于用人单位所在直辖市、设区的市级人民政府公布的本地区上年度职工月平均工资3倍的，向其支付经济补偿的标准按职工月平均工资3倍的数额支付，向其支付经济补偿的年限最高不超过12年。

用人单位违反法律规定解除或者终止劳动合同的，应当以经济补偿金标准的2倍向劳动者支付赔偿金。

小思考10-1

无论是劳动者还是用人单位，只要单方提出解除劳动合同，就要向对方支付违约金。这种说法对吗？

知识链接10-4

用人单位有下列情形之一，迫使劳动者提出解除劳动合同的，用人单位应当支付劳动者劳动报酬和经济补偿，并可支付赔偿金：（1）以暴力、威胁或者非法限制人身自由的手段强迫劳动的；（2）未按照劳动合同约定支付劳动报酬或者提供劳动条件的；（3）克扣或者无故拖欠劳动者工资的；（4）拒不支付劳动者延长工作时间工资报酬的；（5）低于当地最低工资标准支付劳动者工资的。

2）劳动者违法解除劳动合同的经济赔偿

（1）劳动者支付经济赔偿的情形。劳动者因违反法律规定解除劳动合同的，或者违反劳动合同中约定的保密义务或者竞业限制，给用人单位造成损失的，应当承担赔偿责任。

（2）赔偿金的计算。赔偿金包括以下几项内容：①用人单位招收录用其所支付的费用；②用人单位为其支付的培训费用，双方另有约定的按约定办理；③对生产、经营和工作造成的直接经济损失；④劳动合同约定的其他赔偿费用。

劳动者违反劳动合同中约定的保密事项，给用人单位造成经济损失的，按《反不正当竞争法》的规定向用人单位支付赔偿费用。

3）用人单位的连带责任

用人单位招用尚未解除劳动合同的劳动者，给原用人单位造成经济损失的，该用人单位应当与劳动者承担连带赔偿责任。

小案例10-3

小刘接受某公司的聘请，与其妻小王一起进入A公司工作，双方签订了为期5年的劳动合同。工作1年后，小刘觉得在该公司没有发展前途，个人能力不能充分发挥。此时，另一家同行业B公司表示能为小刘提供比较理想的工作条件和环境。小刘在没有同任何人打招呼的情况下离开了A公司。A公司领导通过各种方式多次劝说他回来，但始终未果。A公司领导迁怒到小王身上，只发给她基本生活费，并限她3个月内离开A公司。

请分析：

（1）小刘擅自离开A公司的做法是否合法？为什么？

（2）A公司领导对小王的做法是否合法？为什么？

（3）A公司可以通过什么方式解决小刘的离职问题？

（4）B公司是否应当承担法律责任？为什么？

10.4　工作时间和休息休假

10.4.1　工作时间

工作时间是指劳动者根据国家法律的规定，在一昼夜内或一周内从事生产或工作的时间，即劳动者每天应工作的时数（工作日）或每周应工作的天数（工作周）。我国《劳动法》规定，国家实行劳动者每日工作不超过8小时，平均每周工作不超过44小时的工时制度。《国务院关于职工工作时间的规定》对标准工时制度作出进一步规定，职工每日工作8小时，每周工作40小时。对实行计件工作的劳动者，用人单位应当根据《劳动法》规定的工时制度合理确定其劳动定额和计件报酬标准。

10.4.2　对延长工作时间的限制

对于延长工作时间，国家历来严格限制。《劳动法》规定，用人单位延长工作时间的法定条件是：①延长工作时间必须是由于生产经营需要。②延长工作时间必须与工会协商。③延长工作时间必须与劳动者协商。④延长工作时间不得超过法定时数，即一般每日不得超过1小时；因特殊原因需要延长工作时间的，在保障劳动者身体健康的条件下延长工作时间每日不得超过3小时，每月不得超过36小时。

如果发生法律、行政法规规定的特殊情况，延长工作时间不受这一规定的限制。

《劳动法》规定，有下列情况之一的，可以延长工作时间，不受限制：发生自然灾害、事故或者因其他原因人民的安全健康和国家财产遭到严重威胁，需要紧急处理的；生产设备、交通运输线路、公共设施发生故障，影响生产和公众利益，必须及时抢修的；在法定节日和公休假日工作不能间断的；必须利用法定节日或公休假日的停产期间进行设备检修、保养的；为了完成国防紧急生产任务，或者完成上级在国家计划外安排的其他紧急生产任务以及商业、供销企业在旺季完成收购、运输、加工农副产品紧急任务的；法律、行政法规规定的其他情形。

用人单位安排劳动者延长工作时间的，应当支付高于正常工作时间的工资报酬：①在标准工作日内安排劳动者延长工作时间的，支付不低于工资的150%的工资报酬；②在休息日安排劳动者工作又不能安排补休的，支付不低于工资的200%的工资报酬；③在法定休假日安排劳动者工作的，支付不低于工资的300%的工资报酬。

10.4.3　休息休假

休息休假是指劳动者在任职期间根据国家规定不从事劳动和工作而自行支配的休息时间和法定节假日。休息休假制度是劳动者实现宪法赋予的劳动休息权的一项重要保证，其目的是保障劳动者的身体健康，使劳动者有更多的闲暇时间学习科学技术知识，不断提高劳动者素质。

我国法律、法规规定，劳动者休息时间主要包括以下几种：

（1）工作日内的间歇时间。它是指在一个工作日内给予劳动者作为休息和用膳的时间。间歇时间一般为1~2小时，最少不得少于半小时。

（2）两个工作日之间的休息时间。它是指劳动者在一个工作日结束后至下一个工作日开始前的休息时间。由于我国实行8小时工作制，因此，这种休息时间一般为15~16小时。

（3）公休假日。它是指劳动者工作满一个工作周以后的休息时间，又称周休息日。目前我国劳动者的公休假日为每周两天，一般安排在星期六和星期日。企业也可以根据所在地的供电、供水和交通等实际情况，经与工会和职工协商后，灵活安排周休息日。

（4）法定节日。它是指由国家法律统一规定的用于开展庆祝和纪念活动的休息时间。我国的法定休假日有元旦（休息1日）、春节（休息3日）、清明节（休息1日）、国际劳动节（休息1日）、端午节（休息1日）、中秋节（休息1日）、国庆节（休息3日），以及法律、法规规定的其他休假节日。用人单位在此期间应当依法安排劳动者休假。

（5）年休假。它是指法律规定的职工工作满一定年限后，每年享有的保留工作带薪连续休假时间。国务院通过的《职工带薪年休假条例》规定，职工累计工作已满1年不满10年的，年休假5天；已满10年不满20年的，年休假10天；已满20年的，年休假15天。

享有年休假的职工必须是在机关、团体、企业、事业单位、民办非企业单位、有雇工的个体工商户等单位连续工作1年以上的职工。职工有下列情形之一的，不享受当年的年休假：①职工依法享受寒暑假，其休假天数多于年休假天数的；②职工请事假累计20天以上且单位按照规定不扣工资的；③累计工作满1年不满10年的职工，请病假累计2个月以上的；④累计工作满10年不满20年的职工，请病假累计3个月以上的；⑤累计工作满20年以上的职工，请病假累计4个月以上的。

年休假在1个年度内可以集中安排，也可以分段安排，一般不跨年度安排。单位因生产、工作特点确有必要跨年度安排职工年休假的，可以跨1个年度安排。

职工在年休假期间享受与正常工作期间相同的工资收入。单位确因工作需要不能安排职工休年休假的，经职工本人同意，可以不安排职工的年休假。对职工应休未休的年休假天数，单位应当按照该职工日工资收入的300%支付年休假工资报酬。

（6）探亲假。它是指与父母或配偶分居两地的职工，每年享有的与父母或配偶团聚的假期。根据《国务院关于职工探亲待遇的规定》，凡在国家机关、人民团体和全民所有制企业、事业单位工作满一年的固定职工，与配偶不住在一起，又不能在公休假日团聚的，可以享受探望配偶的待遇；与父亲、母亲都不住在一起，又不能在公休假日团聚的，可以享受探望父母的待遇。这里的"公休假日团聚"指利用公休假在家居住一夜或休息半个白天；这里的"父母"不包括岳父母、公婆。

探亲假天数从20天到45天不等，具体规定是：①职工探望配偶的，每年给予一方探亲假1次，假期为30天。②未婚职工探望父母的，原则上每年给假1次，假期为20天。如果因为工作需要，本单位当年不能给予假期，或者职工自愿2年探亲1次的，可以2年给假1次，假期为45天。③已婚职工探望父母的，每4年给假1次，假期为20天。探亲假期包括公休假日和法定节日在内。

职工在规定的探亲假期和路程假期内，按照本人的标准工资发放工资。职工探望配偶和未婚职工探望父母的往返路费，由所在单位负担。已婚职工探望父母的往返路费，在本人月标准工资30%以内的，由本人自理，超过部分由所在单位负担。

10.5　工资

10.5.1　工资的概念

工资是指用人单位依据国家有关规定或劳动合同的约定，以货币形式直接支付给本单位劳动者的劳动报酬。工资形式一般包括计时工资、计件工资、奖金、津贴和补贴、延长工作时间的工资报酬以及特殊情况下支付的工资等。

10.5.2　工资支付制度

工资应当在用人单位与劳动者约定的日期，以法定货币的形式支付。工资一般按月支付，每月支付一次。实行周、日、小时工资制的，可以按周、日、小时支付工资。如遇节假日或休息日，应提前在最近的工作日支付。

劳动者在法定休假日和婚丧假期以及依法参加社会活动期间，用人单位应当依法支付工资。

10.5.3　最低工资制度

《劳动法》规定，国家实行最低工资保障制度。最低工资是指劳动者在法定的工作时间内履行了正常劳动义务的前提下，由其所在单位支付的最低劳动报酬。最低工资不包括延长工作时间的工作报酬、奖金、津贴和补贴等。各地最低工资的具体标准由省、自治区、直辖市人民政府规定，报国务院备案。用人单位必须依法执行最低工资保障制度，保证劳动者的工资不低于当地最低工资标准。

劳动合同履行地与用人单位注册地不一致的，最低工资标准按照劳动合同履行地的有关规定执行。

10.5.4　延长工作时间的工资制度

用人单位依法安排劳动者在标准工作时间之外延长工作时间的，应当支付高于正常工作时间的工资报酬：①在标准工作日内安排劳动者延长工作时间的，支付不低于工资的150%的工资报酬；②在休息日安排劳动者工作又不能安排补休的，支付不低于工资的200%的工资报酬；③在法定休假日安排劳动者工作的，支付不低于工资的300%的工资报酬。

10.5.5　工资保障制度

用人单位不得非法克扣或者无故拖欠劳动者的工资。由于劳动者本人原因给用人单位造成经济损失的，用人单位可按照劳动合同的约定要求其赔偿经济损失。经济损失的赔偿，可从劳动者本人的工资中扣除，但为了保证劳动者的最低生活水平，依法从劳动者工资中扣除的部分不得超过劳动者当月工资的20%。如果扣除后的剩余工资低于当地最低工资标准，则应按照最低工资标准支付。用人单位对劳动者违纪的罚款，一般不得超过本人月工资标准的20%。

小思考10-2

只要安排劳动者延长工作时间，就应当支付高于正常工作时间的工资报酬。这种说法对吗？

10.6　劳动安全卫生和特殊劳动保护

10.6.1　劳动安全卫生

劳动安全卫生是国家为了改善劳动条件，保护劳动者在劳动过程中的安全和健康而制定的各种法律规范的总称，包括劳动安全、劳动卫生两大类法律规范。

劳动安全规范是为了防止和消除劳动过程中的伤亡事故而制定的各种法律规范；劳动卫生规范是为了保护劳动者在劳动过程中的健康，预防和消除职业病、职业中毒和其他职业危害而制定的各种法律规范。

劳动安全卫生工作的工作方针是：安全第一，预防为主。劳动安全卫生制度主要包括：①安全生产责任制度；②安全技术措施计划管理制度；③劳动安全卫生教育制度；④劳动安全卫生检查制度；⑤劳动安全卫生监督制度；⑥伤亡事故和职业病统计报告处理制度。

10.6.2　特殊劳动保护

1）女职工的特殊保护

女职工在劳动方面的特殊保护是指根据女职工身体结构、生理机能的特点以及抚育子女的特殊需要，在劳动过程中对女职工采取的特殊权益保障措施。

按照我国《劳动法》的规定，女职工的特殊保护包括：①禁止安排女职工从事矿山井下、国家规定的第四级体力劳动强度的劳动和其他女职工禁忌从事的劳动。②不得安排女职工在经期从事高处、低温、冷水作业和国家规定的第三级体力劳动强度的劳动。③不得安排女职工在怀孕期间从事国家规定的第三级体力劳动强度的劳动和孕期禁忌从事的劳动。对怀孕七个月以上的女职工，不得安排其延长工作时间和夜班工作。④女职工生育享受不少于90天的产假。难产的增加产假15天。多胞胎生育的，每多生育一个婴儿，增加产假15天。⑤不得安排女职工在哺乳未满1周岁的婴儿期间从事国家规定的第三级体力劳动强度的劳动和哺乳期禁忌从事的其他劳动，不得安排其延长工作时间和夜班工作。

知识链接10-5

2012年4月18日国务院颁布的《女职工劳动保护特别规定》中明确：女职工生育享受98天产假，其中产前可以休假15天；难产的，增加产假15天；生育多胞胎的，每多生育1个婴儿，增加产假15天。

女职工怀孕未满4个月流产的，享受15天产假；怀孕满4个月流产的，享受42天产假。

《女职工劳动保护特别规定》是为了减少和解决女职工在劳动中因生理特点造成的特殊困难，保护女职工健康而制定的特别法律规定。有关女职工的劳动保护除了要遵守《劳动法》的规定，还要遵循《女职工劳动保护特别规定》的具体规定，在两部法律规定不一致时，按照特别法优于普通法的原则，执行《女职工劳动保护特别规定》的具体规定。

2）未成年工的特殊保护

未成年工的特殊保护是指根据未成年工的身体发育尚未定型的特点，在劳动过程中对未成年工采取的特殊权益的保护措施。

按照我国《劳动法》的规定，未成年工的特殊保护包括：①上岗前的培训。未成年工上岗前，用人单位应对其进行有关的职业安全卫生教育、培训。②禁止安排未成年工从事有害健康的工作。用人单位不得安排未成年工从事矿山井下、有毒有害、国家规定的第四级体力劳动强度的劳动和其他禁忌从事的劳动。③提供适合未成年工身体发育的生产工具等。④用人单位应当对未成年工定期进行健康检查。

知识链接10-6

未成年工是指年满16周岁至18周岁的少年。我国法律规定，任何组织或者个人不得招用未满16周岁的未成年人，国家另有规定的除外；文艺、体育和特种工艺单位依法经有关部门审批后，可以招用16周岁以下的未成年人。任何组织或者个人按照国家有关规定招用已满16周岁未满18周岁的未成年人的，应当执行国家在工种、劳动时间、劳动强度和保护措施等方面的规定，不得安排其从事过重、有毒、有害等危害未成年人身心健康的劳动或者危险作业。

对未成年工的特殊保护除了要遵循《劳动法》的规定，还要遵守《中华人民共和国未成年人保护法》和我国《未成年工特殊保护规定》的特别规定。

10.7　劳动争议及其处理

10.7.1　劳动争议的概念

劳动争议即劳动纠纷，是指劳动关系双方当事人因劳动权利、义务关系产生的纠纷。

劳动者与用人单位之间发生的下列纠纷，属于劳动争议：（1）劳动者与用人单位在履行劳动合同过程中发生的纠纷；（2）劳动者与用人单位之间没有订立书面劳动合同，但已形成劳动关系后发生的纠纷；（3）劳动者与用人单位因劳动关系是否已经解除或者终止，以及应否支付解除或者终止劳动关系经济补偿金发生的纠纷；（4）劳动者与用人单位解除或者终止劳动关系后，请求用人单位返还其收取的劳动合同定金、保证金、抵押金、抵押物发生的纠纷，或者办理劳动者的人事档案、社会保险关系等移转手续发生的纠纷；（5）劳动者以用人单位未为其办理社会保险手续，且社会保险经办机构不能补办导致其无法享受社会保险待遇为由，要求用人单位赔偿损失发生的纠纷；（6）劳动者退休后，与尚未参加社会保险统筹的原用人单位因追索养老金、医疗费、工伤保险待遇和其他社会保险待遇发生的纠纷；（7）劳动者因为工伤、职业病，请求用人单位依法给予工伤保险待遇发生的纠纷；（8）劳动者依据《劳动合同法》的规定，要求用人单位支付加付赔偿金发生的纠纷；（9）因企业自主进行改制发生的纠纷。

知识链接 10-7

2021 年 1 月 1 日起施行的《最高人民法院关于审理劳动争议案件适用法律问题的解释（一）》规定，下列纠纷不属于劳动争议：（1）劳动者请求社会保险经办机构发放社会保险金的纠纷；（2）劳动者与用人单位因住房制度改革产生的公有住房转让纠纷；（3）劳动者对劳动能力鉴定委员会的伤残等级鉴定结论或者对职业病诊断鉴定委员会的职业病诊断鉴定结论的异议纠纷；（4）家庭或者个人与家政服务人员之间的纠纷；（5）个体工匠与帮工、学徒之间的纠纷；（6）农村承包经营户与受雇人之间的纠纷。

10.7.2　解决劳动争议的原则

解决劳动争议应当根据事实，遵循合法、公正、及时处理的原则，依法维护劳动争议双方当事人的合法权益。对劳动争议的处理要注重调解，但不能"久调不决"，要在查清事实的基础上及时地依照劳动法律、法规的有关规定及劳动合同、企业规章制度进行处理。

发生劳动争议后，当事人对自己提出的主张，有责任提供证据。与争议事项有关的证据属于用人单位掌握管理的，用人单位应当提供；用人单位不提供的，应当承担不利后果。

10.7.3　解决劳动争议的方式

发生劳动争议后，劳动者可以与用人单位协商，也可以请工会或者第三方共同与用人单位协商，达成和解协议。如果经过协商没能达成和解协议，可以通过以下方式解决当事人之间的劳动争议。

1）调解

劳动争议的调解主要通过企业劳动争议调解委员会来完成，也可以通过其他组织完成。

劳动争议经调解达成协议的，应当制作调解协议书，调解协议书经双方当事人签名或盖章，经调解员签名并加盖调解组织印章后生效。调解协议书对双方当事人具有约束力，当事人应当履行。

自劳动争议调解组织收到调解申请之日起15日内未达成调解协议的，当事人可以依法申请仲裁。因支付拖欠劳动报酬、工伤医疗费、经济补偿或者赔偿金事项达成调解协议，用人单位在协议约定期限内不履行的，劳动者可以持调解协议书依法向人民法院申请支付令。人民法院应当依法发出支付令。

2）仲裁

劳动争议的仲裁是指由劳动争议仲裁委员会对劳动争议双方当事人争议的事项，依法做出裁决的活动。在我国，劳动争议仲裁由国家设立的劳动争议仲裁委员会进行裁决。劳动争议仲裁委员会由劳动行政部门的代表、工会代表和企业代表组成。

劳动争议仲裁是解决劳动争议的必经阶段。劳动争议由劳动合同履行地或者用人单位所在地的劳动争议仲裁委员会管辖。双方当事人分别向劳动合同履行地和用人单位所在地的劳动争议仲裁委员会申请仲裁的，由劳动合同履行地的劳动争议仲裁委员会管辖。

劳动争议申请仲裁的时效期间为1年，从当事人知道或者应当知道其权利被侵害之日起计算。仲裁时效因当事人一方向对方当事人主张权利，或者向有关部门请求权利救济，或者对方当事人同意履行义务而中断。因不可抗力或者其他正当理由，当事人不能在规定的仲裁时效期间申请仲裁的，仲裁时效中止。劳动关系存续期间因拖欠劳动报酬发生争议的，劳动者申请仲裁不受以上规定的仲裁时效期间的限制；但是，劳动关系终止的，应当自劳动关系终止之日起1年内提出。

仲裁申请应当以书面形式提出，书写仲裁申请确有困难的，可以口头申请，由劳动争议仲裁委员会记入笔录，并告知对方当事人。被申请人收到仲裁申请书副本后，应当在10日内向劳动争议仲裁委员会提交答辩书。被申请人未提交答辩书的，不影响仲裁程序的进行。

仲裁庭裁决劳动争议案件，应当自劳动争议仲裁委员会受理仲裁申请之日起45日内结束。案情复杂需要延期的，经劳动争议仲裁委员会主任批准，可以延期并书面通知当事人，但是延长期限不得超过15日。逾期未作出仲裁裁决的，当事人可以就该劳动争议事项向人民法院提起诉讼。

对仲裁裁决无异议的，当事人必须履行。对仲裁裁决不服的，依法可以提起诉讼。

一方当事人在法定期限内不履行又不起诉的，另一方当事人可以申请人民法院强制执行。

下列劳动争议，除法律另有规定的除外，仲裁裁决为终局裁决，裁决书自做出之日起发生法律效力：（1）追索劳动报酬、工伤医疗费、经济补偿或者赔偿金，不超过当地月最低工资标准 12 个月金额的争议；（2）因执行国家的劳动标准在工作时间、休息休假、社会保险等方面发生的争议。

3）诉讼

劳动争议诉讼是由人民法院依照民事诉讼程序对劳动争议进行审理的法律活动。劳动争议案件由用人单位所在地或者劳动合同履行地的基层人民法院管辖。劳动合同履行地不明确的，由用人单位所在地的基层人民法院管辖。法律另有规定的，依照其规定。

劳动争议案件实行一裁两审制，当事人之间发生劳动争议，必须首先向劳动争议仲裁委员会申请仲裁，不得直接向人民法院起诉。但在下列情形下，当事人可以申请人民法院审理。

（1）劳动争议仲裁委员会不予受理或者逾期未作出仲裁裁决的，当事人可以就该劳动争议事项向人民法院提起诉讼。

（2）劳动者对劳动争议的终局裁决不服的，可以自收到裁决书之日起 15 日内向人民法院提起诉讼。

（3）当事人对终局裁决之外的劳动争议的裁决不服的，可以在接到仲裁决定书之日起 15 日内向人民法院提起诉讼。

（4）终局裁决被人民法院裁定撤销的，当事人可以自收到裁定书之日起 15 日内就该劳动争议事项向人民法院提起诉讼。

知识链接 10-8

2021 年 1 月 1 日起施行的《最高人民法院关于审理劳动争议案件适用法律问题的解释（一）》规定：劳动争议仲裁机构逾期未作出受理决定或仲裁裁决，当事人直接提起诉讼的，人民法院应予受理，但申请仲裁的案件存在下列事由的除外：（1）移送管辖的；（2）正在送达或者送达延误的；（3）等待另案诉讼结果、评残结论的；（4）正在等待劳动争议仲裁机构开庭的；（5）启动鉴定程序或者委托其他部门调查取证的；（6）其他正当事由。

当事人以劳动争议仲裁机构逾期未做出仲裁裁决为由提起诉讼的，应当提交该仲裁机构出具的受理通知书或者其他已接受仲裁申请的凭证、证明。

10.8　违反劳动法的法律责任

10.8.1　用人单位违反劳动法的法律责任

1）用人单位规章制度违法的法律责任

用人单位直接涉及劳动者切身利益的规章制度违反法律、法规规定的，由劳动行政部门责令改正，给予警告；给劳动者造成损害的，应当承担赔偿责任。

2）用人单位订立劳动合同违法的法律责任

（1）用人单位提供的劳动合同文本未载明劳动合同必备条款或者用人单位未将劳动合同文本交付劳动者的，由劳动行政部门责令改正；给劳动者造成损害的，应当承担赔偿责任。

（2）用人单位自用工之日起超过1个月不满1年未与劳动者订立书面劳动合同的，应当向劳动者每月支付2倍的工资。

（3）用人单位违反规定不与劳动者订立无固定期限劳动合同的，自应当订立无固定期限劳动合同之日起向劳动者每月支付2倍的工资。

（4）劳动合同依法律规定被确认无效，给劳动者造成损害的，用人单位应当承担赔偿责任。

（5）用人单位违反法律规定与劳动者约定试用期的，由劳动行政部门责令改正；违反约定的试用期已经履行的，由用人单位以劳动者试用期满月工资为标准，按已经履行的超过法定试用期的期间向劳动者支付赔偿金。

（6）用人单位违反法律规定，扣押劳动者居民身份证等证件的，由劳动行政部门责令限期退还劳动者本人，并依照有关法律规定给予处罚。

（7）用人单位违反规定，以担保或者其他名义向劳动者收取财物的，由劳动行政部门责令限期退还劳动者本人，并以每人500元以上2 000元以下的标准处以罚款；给劳动者造成损害的，应当承担赔偿责任。

3）用人单位履行劳动合同违法的法律责任

（1）用人单位有下列情形之一的，由劳动行政部门责令限期支付劳动报酬、加班费或者经济补偿；劳动报酬低于当地最低工资标准的，应当支付其差额部分；逾期不支付的，责令用人单位按应付金额50%以上100%以下的标准向劳动者加付赔偿金：①未按照劳动合同的约定或者国家规定及时足额支付劳动者劳动报酬的；②低于当地最低工资标准支付劳动者工资的；③安排加班不支付加班费的；④解除或者终止劳动合同，未依照法律规定向劳动者支付经济补偿的。

（2）用人单位有下列情形之一的，依法给予行政处罚；构成犯罪的，依法追究刑事责任；给劳动者造成损害的，应当承担赔偿责任：①以暴力、威胁或者非法限制人身自由的手段强迫劳动的；②违章指挥或者强令冒险作业危及劳动者人身安全的；③侮辱、体罚、殴打、非法搜查或者拘禁劳动者的；④劳动条件恶劣、环境污染严重，给劳动者身心健康造成严重损害的。

4）用人单位违法解除和终止劳动合同的法律责任

（1）用人单位违反《劳动合同法》规定解除或者终止劳动合同的，应当依照《劳动合同法》规定的经济补偿标准的2倍向劳动者支付赔偿金。

（2）用人单位违反《劳动合同法》规定，未向劳动者出具解除或者终止劳动合同的书面证明的，由劳动行政部门责令改正；给劳动者造成损害的，应当承担赔偿责任。

（3）劳动者依法解除或者终止劳动合同，用人单位扣押劳动者档案或者其他物品的，由劳动行政部门责令限期退还给劳动者本人，并以每人500元以上2 000元以下的标准处以罚款；给劳动者造成损害的，应当承担赔偿责任。

5）用人单位其他法律责任

用人单位招用与其他用人单位尚未解除或者终止劳动合同的劳动者，给其他用人单位造成损失的，应当承担连带赔偿责任。

对不具备合法经营资格的用人单位的违法犯罪行为，依法追究法律责任；劳动者已经付出劳动的，该单位或者其出资人应当依照《劳动合同法》的有关规定向劳动者支付劳动报酬、经济补偿、赔偿金；给劳动者造成损害的，应当承担赔偿责任。

个人承包经营违反《劳动合同法》规定招用劳动者，给劳动者造成损害的，发包的组织与个人承包经营者承担连带赔偿责任。

10.8.2　劳动者违反《劳动合同法》的法律责任

劳动合同被确认无效，给用人单位造成损失的，有过错的劳动者应当承担赔偿责任。劳动者违反劳动合同中约定的保密义务或者竞业限制的，应当按照劳动合同的约定，向用人单位支付违约金；给用人单位造成损失的，应当承担赔偿责任。劳动者违反《劳动合同法》规定解除劳动合同，给用人单位造成损失的，应当承担赔偿责任。

▌ 应知应会

1.概念：劳动法、劳动关系、劳动合同、无效劳动合同、工作时间、休息休假、工资、劳动争议。

2.劳动者的基本权利和义务。

3.订立劳动合同的原则。

4.劳动合同必备的条款。

5.无效劳动合同的种类及其法律后果。

6.合同解除的方式及其法律规定。

7.《劳动法》对工作时间及休息休假制度的规定。

8.《劳动法》对工资的规定。

9.解决劳动争议的原则和方式。

▌ 课堂实训

1.撰写一份劳动合同，要求具备劳动合同必备的条款。

2.实战演练：

案例分析一

小李大学毕业后一直没有找到工作。2018年1月，一家贸易公司聘用了小李，公司言明，先试用小李做销售工作，每月工资2 000元，没有其他费用，年底视小李的工作业绩给予提成。因急于找到工作，也出于对自己销售能力的自信，小李没有对此提出异议。至2019年3月，公司一直没有与小李签订劳动合同，也没有兑现给小李提成的承诺。2019年3月，公司失掉了一笔销售单子，损失近万元。公司经理认为，这笔单子的失掉是小李工作失误造成的，应当由小李赔偿，于是按照公司制度的规定，每月扣除小李1 000元的工资作为赔偿费用，直至扣满10 000元为止。

小李对此项处罚决定不服，找到经理理论，并举证了自己没有赔偿责任。经理以不安心工作、顶撞领导为由，将其开除。小李将公司告到法院，却遭到法院的拒绝。小李找到劳动争议仲裁委员会，请求其保护自己的合法权益。小李提出的权益保护请求包括：①因公司一直没有与其签订劳动合同，应该双倍支付工资，支付的期限为15个月。②公司非法解除与自己的劳动合同，应当向自己支付赔偿金。公司则以与小李之间没有劳动合同为由，拒绝向小李支付任何费用。

请分析：

（1）小李要求公司支付15个月双倍工资的请求能得到法律的支持吗？为什么？

（2）公司认为与小李之间没有劳动合同，拒绝向小李支付任何费用的提法成立吗？请阐述理由。

（3）公司只给小李支付工资，不再支付任何费用的做法合法吗？请阐述理由。

（4）小李要求公司支付赔偿金的请求有法律依据吗？为什么？

（5）公司每月扣除小李1 000元工资作为赔偿费用的做法合法吗？请阐述理由。

（6）人民法院拒绝受理小李起诉的做法有法律依据吗？为什么？

案例分析二

王某，女，1990年出生，于2012年2月1日入职某公司，从事后勤工作。双方口头约定每月工资为人民币3 000元，试用期1个月。2012年6月30日，王某因无法胜任经常性的夜间高处作业而提出离职。经公司同意，双方办理了工资结算手续，并于同日解除了劳动关系。同年8月，王某以双方未签订书面劳动合同为由，向当地劳动争议仲裁委员会申请仲裁，要求公司再支付工资12 000元。（2016年司法考试题）

请回答以下各题：

（1）关于女工权益，根据《劳动法》规定，下列说法正确的是：（   ）。

A.公司应定期安排王某进行健康检查

B.公司不能安排王某在经期从事高处作业

C.若王某怀孕6个月以上，公司不得安排夜班工作

D.若王某在哺乳婴儿期间，公司不得安排夜班工作

（2）关于该劳动合同的订立与解除，下列说法正确的是：（   ）。

A.王某与公司之间视作已订立无固定期限劳动合同

B.该劳动合同期限自2012年3月1日起计算

C.该公司应向王某支付半个月工资的经济补偿金

D.如王某不能胜任且经培训仍不能胜任工作，公司提前30日以书面形式通知王某，可将其辞退

（3）如当地月最低工资标准为 1 500 元，关于该仲裁，下列说法正确的是：（　　）。

A.王某可直接向劳动争议仲裁委员会申请仲裁

B.如王某对该仲裁裁决不服，可向法院起诉

C.如公司对该仲裁裁决不服，可向法院起诉

D.如公司有相关证据证明仲裁裁决程序违法，可向有关法院申请撤销裁决

第11章

反不正当竞争法

学习目标

通过本章的学习，学生能够理解我国确立《中华人民共和国反不正当竞争法》的重大意义；掌握各种不正当竞争行为的含义、表现形式及对各种不正当竞争行为的制裁措施；最终能够较好地运用所掌握的法学理论，解决现实中的实际问题。

引入案例

某商场在"双十一"期间搞有奖销售活动，凡在该商场一次性购物满1 000元的顾客，均有机会参加抽奖活动。该活动设五个奖项，其中一等奖5名，奖品为华为笔记本电脑一台；二等奖10名，奖品为华为手机一部；三等奖50名，奖品为华为运动手表一块；四等奖100名，奖品为华为蓝牙耳机一副；五等奖1 000名，各奖毛巾一条。该活动的最终解释权归该商场，活动期间为11月5日至11月15日。此广告一出，人们纷纷去该商场购物，其营业额直线上升。活动结束后，人们发现在活动过程中没有开出一个一等奖，二等奖以下的奖项倒是开出不少，人们开始怀疑此次有奖销售根本没有设一等奖，这只是商场招徕顾客的诡计，于是购物者联名将该商场告上法庭。人民法院经过调查，将该次活动没有使用的卡片拆开，发现其中确实有5个一等奖，还有一些其他奖项。经查华为笔记本电脑当时的价值为人民币15 888元。

你认为该商场的有奖销售行为合法吗？

11.1 不正当竞争行为的概念与反不正当竞争法

11.1.1 不正当竞争行为的概念及特征

1）不正当竞争行为的概念

不正当竞争行为，是指经营者在生产经营活动中，违反《中华人民共和国反不正当竞争法》规定，扰乱市场竞争秩序，损害其他经营者或者消费者的合法权益的行为。这里的经营者，是指从事商品生产、经营或者提供服务（以下所称商品包括服务）的自然人、法人和非法人组织。

2）不正当竞争行为的特征

（1）主体的特定性。实施不正当竞争行为的主体是参与市场竞争的经营者。只要经营者从事的行业或产品存在竞争，就有可能产生不正当竞争。

（2）主观的故意性。实施不正当竞争行为的行为者属于明知故犯，通过各种不正当手段，获取在正当竞争条件下难以取得的利益，损害竞争对手的利益，如通过制假、贩假牟利。

（3）行为的违法性。经营者实施了一种违反法律、法规和商业道德的行为，破坏了社会良好的经济秩序，阻碍了市场经济的发展。

（4）结果的危害性。不正当竞争行为不但会对竞争对手的利益造成损害，而且可能给消费者的合法权益带来危害，在破坏生产者、经营者之间竞争秩序的同时，给消费者造成人身、财产的损害。

11.1.2　反不正当竞争法

1）反不正当竞争法的含义

反不正当竞争法是调整在维护公平竞争、制止不正当竞争行为过程中发生的社会关系的法律规范的总称。

2）反不正当竞争法的调整对象

反不正当竞争法调整在制止不正当竞争过程中发生的社会关系，具体包括以下几个方面：

（1）市场主体之间发生的竞争关系；

（2）不正当竞争行为的受害人与不正当竞争行为人之间发生的请求赔偿和赔偿关系；

（3）各级人民政府在保护公平竞争，制止不正当竞争行为过程中的权责关系；

（4）不正当竞争行为监督检查机关在行使查处不正当竞争行为职权时与不正当竞争行为人之间所发生的关系；

（5）监督检查不正当竞争行为的国家机关工作人员的权责关系。

3）反不正当竞争法的完善历程

为了促进社会主义市场经济健康发展，鼓励和保护公平竞争，制止不正当竞争行为，保护经营者和消费者的合法权益，我国于1993年9月2日通过了《中华人民共和国反不正当竞争法》（以下简称《反不正当竞争法》），并于同年12月1日起施行。2017年11月4日修订了《反不正当竞争法》，修订后的《反不正当竞争法》自2018年1月1日起施行。2019年4月23日，第十三届全国人民代表大会常务委员会第十次会议对《反不正当竞争法》进行了修正。

狭义的反不正当竞争法单指《反不正当竞争法》，广义的反不正当竞争法还包括其他法律、法规，如《公司法》《消费者权益保护法》《民法典》中有关反不正当竞争行为的规定。在我们参与国际竞争时，还要遵守国际惯例、国际公约的相关规定，如《关税与贸易总协定》《保护工业产权巴黎公约》等，以适应处理国际贸易关系的需要。

反不正当竞争法与反垄断法是我国市场规制法律制度的重要组成部分，两者的侧重点不同。反不正当竞争法的侧重点是应对不正当行为对公平竞争的破坏，它实质上保护的是大企业或生产、销售名牌产品的企业；反垄断法的侧重点是破除垄断行为对自由竞争的限制，它保护的主要是中小企业的利益。

11.2 不正当竞争行为的表现形式

不正当竞争行为的表现形式多种多样，《反不正当竞争法》采用列举的方式对不正当竞争行为的具体表现形式做出规定。

11.2.1 欺骗性交易行为

欺骗性交易行为是指经营者采用假冒、仿冒或者其他虚假手段从事市场交易、牟取非法利益的行为。它表现为以下几种情形：

（1）擅自使用与他人有一定影响的商品名称、包装、装潢等相同或者近似的标识；

（2）擅自使用他人有一定影响的企业名称（包括简称、字号等）、社会组织名称（包括简称等）、姓名（包括笔名、艺名、译名等）；

（3）擅自使用他人有一定影响的域名主体部分、网站名称、网页等；

（4）其他足以引人误认为是他人商品或者与他人存在特定联系的混淆行为。

利用广告或者其他方法对商品进行虚假宣传的行为也是一种欺骗性行为，《反不正当竞争法》将其单独列为一种不正当竞争行为。

11.2.2 商业贿赂行为

商业贿赂行为是指经营者在经营活动中采取秘密的手段向某单位或个人提供财物或其他有益项目，引诱他们在交易过程中做出有利于行贿者的决定，达到促成交易或者取得经营便利的目标，以占有经营优势或挤掉同业竞争对手的行为。

提供商业贿赂方为"行贿人"，接受商业贿赂方为"受贿人"。受贿人多是对交易具有决定权的人，一般包括：（1）交易相对方的工作人员；（2）受交易相对方委托办理相关事务的单位或者个人；（3）利用职权或者影响力影响交易的单位或者个人。

常见的商业贿赂行为有金钱回扣、免费旅游、赠送昂贵物品以及解决私人生活中的困难等。

我国立法没有完全禁止回扣、折扣和佣金的支付与接受，也没有限制给付的数量或比例。《反不正当竞争法》规定，经营者在交易活动中，可以以明示方式向交易相对方支付折扣，或者向中间人支付佣金。经营者向交易相对方支付折扣、向中间人支付佣金的，应当如实入账。接受折扣、佣金的经营者也应当如实入账。

经营者的工作人员进行贿赂的，应当认定为经营者的行为；但是，经营者有证据证明该工作人员的行为与为经营者谋取交易机会或者竞争优势无关的除外。

小案例 11-1

某商厦业务经理许某与甲制衣有限公司洽谈订购一批西装，双方签订了一个意向合同，其中约定，双方于该年9月签订正式合同。许某返回单位的途中，与乙制衣厂业务经理张某相遇，张某得知许某的意向后，许诺给许某个人5%的回扣，给商厦8%的回扣，并保证其成衣在面料、款式、交货时间上都优于甲公司。张某带许某参观了其所在的制衣厂，许某觉得比较满意。之后，许某验收了该厂按要求制作的一件西装样品，觉得质量很好，便于8月与该厂正式签订了合同。

许某回商厦后，向负责人汇报了事情的经过，但隐瞒了张某答应给自己5%回扣的情节。

甲公司得知商厦改变进货渠道后，感到很突然，后经调查得知乙厂抢走了其生意，且知道乙厂通过给付回扣的方法来达到商业目的。甲公司以乙厂进行不正当竞争为由将乙厂告上法庭，要求赔偿经济损失。

法院受理案件后查明，被告给予商厦的回扣，在双方的账册中都有记载；而给予许某的回扣，在双方的账册中都无记载。

请分析：法院应如何认定此案？

11.2.3　侵犯商业秘密行为

商业秘密是指不为公众所知悉、具有商业价值并经权利人采取相应保密措施的技术信息、经营信息等商业信息。

侵犯商业秘密行为是指经营者为了竞争或个人目的，通过不正当的方法获取、泄漏或使用他人商业秘密的行为。

侵犯商业秘密的行为有以下四种：

（1）以盗窃、贿赂、欺诈、胁迫、电子侵入或者其他不正当手段获取权利人的商业秘密；

（2）披露、使用或者允许他人使用以前项手段获取的权利人的商业秘密；

（3）违反保密义务或者违反权利人有关保守商业秘密的要求，披露、使用或者允许他人使用其所掌握的商业秘密；

（4）教唆、引诱、帮助他人违反保密义务或者违反权利人有关保守商业秘密的要求，获取、披露、使用或者允许他人使用权利人的商业秘密。

经营者以外的其他自然人、法人和非法人组织实施以上所列违法行为的，视为侵犯商业秘密。

在侵犯商业秘密的民事审判程序中，商业秘密权利人提供初步证据，证明其已经对所主张的商业秘密采取保密措施，且合理表明商业秘密被侵犯，涉嫌侵权人应当证明权利人所主张的商业秘密不属于本法规定的商业秘密。

商业秘密权利人提供初步证据合理表明商业秘密被侵犯，且提供以下证据之一的，涉嫌侵权人应当证明其不存在侵犯商业秘密的行为：（1）有证据表明涉嫌侵权人有渠道或者机会获取商业秘密，且其使用的信息与该商业秘密实质上相同；（2）有证据表明商业秘密已经被涉嫌侵权人披露、使用或者有被披露、使用的风险；（3）有其他证据表明商业秘密被涉嫌侵权人侵犯。

11.2.4　虚假宣传行为

虚假宣传是指在商业活动中经营者宣传与实际内容不相符的虚假信息，导致客户或消费者误解的行为。这种行为违反诚实信用原则，违反公认的商业准则，是一种不正当竞争行为。

虚假宣传的表现形式主要有两类：

（1）经营者利用广告或者其他方法，对其商品的性能、功能、质量、销售状况、用户评价、曾获荣誉等作虚假或者引人误解的商业宣传，欺骗、误导消费者。

（2）经营者通过组织虚假交易等方式，帮助其他经营者进行虚假或者引人误解的商业宣传。例如，电子商务中的网络刷单行为就是一种不正当竞争行为。

11.2.5　不当有奖销售行为

有奖销售是经营者在销售商品或提供服务时允诺购满一定金额的商品可以兑换相应的奖品或者进行抽奖的行为。有奖销售是很多经营者进行促销的手段，我国法律对正常的促销行为没有限制，但如果经营者的有奖销售行为违反了相关法律规定，就会被制止，因为这类有奖销售有可能传递错误的市场信息，诱发错误的购物导向，不能如实地反映供求关系，还可能造成国家宏观经济决策的失误。而实力较强的企业搞巨奖销售，必然会损害中小企业的利益，造成竞争结构的不平衡，以致破坏整个市场竞争秩序。

不当有奖销售包括下列情形：

（1）所设奖的种类、兑奖条件、奖金金额或者奖品等有奖销售信息不明确，影响兑奖。

（2）采用谎称有奖或者故意让内定人员中奖的欺骗方式进行有奖销售。

（3）抽奖式的有奖销售，最高奖的金额超过五万元。

你购买过有奖销售的商品吗？中奖了吗？奖金多少？你认为你参加的有奖销售活动

是不是不正当竞争行为？

11.2.6 诋毁、贬低竞争对手的行为

诋毁、贬低竞争对手是指经营者为了竞争，针对特定的同业竞争对手，故意捏造、散布虚假事实，损害竞争对手的商业信誉、商品信誉，以削弱其市场竞争能力的行为。

经营者以编造、传播虚假信息或者误导性信息，损害竞争对手的商业信誉、商品声誉的行为构成不正当竞争。

11.2.7 妨碍、破坏网络交易的行为

妨碍、破坏网络交易的行为是指经营者利用技术手段，通过影响用户选择或者其他方式，实施妨碍、破坏其他经营者合法提供的网络产品或者服务正常运行的行为。妨碍、破坏网络交易的行为违背了市场经济中的公平竞争原则，应当被禁止。

妨碍、破坏网络交易行为一般表现为以下几种情形：

（1）未经其他经营者同意，在其合法提供的网络产品或者服务中插入链接，强制进行目标跳转。

（2）误导、欺骗、强迫用户修改、关闭、卸载其他经营者合法提供的网络产品或者服务。

（3）恶意对其他经营者合法提供的网络产品或者服务实施不兼容。

（4）其他妨碍、破坏其他经营者合法提供的网络产品或者服务正常运行的行为。

小案例11-2

甲油漆厂于20世纪80年代初注册了"海鸥"商标，其后近40年间"海鸥"商标一直续展有效，并被评为辽宁省著名商标。"海鸥油漆"曾获国家质量金奖，在行业内具有很高的知名度。近年来海鸥油漆销量逐年下降，并经常被投诉。甲油漆厂经市场调查发现，被投诉的油漆并非本厂生产的油漆，而是企业名称中有"海鸥"字样的乙海鸥油漆厂的产品。甲油漆厂遂以乙海鸥油漆厂的名称带有欺骗性，容易使公众对其产品产生误解为由将乙海鸥油漆厂起诉到人民法院。法院于2019年12月做出一审判决，判令乙海鸥油漆厂立即停止使用并变更"海鸥"企业名称，变更后的企业名称中不得含有"海鸥"字样，并对甲油漆厂予以赔偿。

请分析：人民法院做出如此判决的法律依据是什么？

11.3 对涉嫌不正当竞争行为的调查

市场经济允许竞争，有竞争才有发展，因此要维护正常的竞争关系，但是不正当竞争行为破坏了市场的公平竞争环境，对涉嫌不正当竞争的行为要进行调查，对确属不正当竞争的行为坚决予以禁止。

11.3.1　对市场竞争的管理和监督

（1）各级人民政府。各级人民政府应当采取措施，制止不正当竞争行为，为公平竞争创造良好的环境和条件。

（2）人民政府职能部门。县级以上人民政府履行工商行政管理职责的部门对不正当竞争行为进行查处；法律、行政法规规定由其他部门查处的，依照其规定。

（3）行业组织。行业组织应当加强行业自律，引导、规范会员依法竞争，维护市场竞争秩序。

（4）社会监督。任何单位或个人都有权对不正当竞争行为进行监督，对涉嫌不正当竞争行为的，有权向监督检查部门举报。国家鼓励、支持和保护一切组织和个人对不正当竞争行为进行的社会监督。

国务院建立反不正当竞争工作协调机制，研究决定反不正当竞争重大政策，协调处理维护市场竞争秩序的重大问题。

国家机关及其工作人员不得支持、包庇不正当竞争行为。

11.3.2　对涉嫌不正当竞争行为的调查

1）调查措施

监督检查部门调查涉嫌不正当竞争行为，可以采取下列措施：

（1）进入涉嫌不正当竞争行为的经营场所进行检查。

（2）询问被调查的经营者、利害关系人及其他有关单位、个人，要求其说明有关情况或者提供与被调查行为有关的其他资料。

（3）查询、复制与涉嫌不正当竞争行为有关的协议、账簿、单据、文件、记录、业务函电和其他资料。

（4）查封、扣押与涉嫌不正当竞争行为有关的财物。

（5）查询涉嫌不正当竞争行为的经营者的银行账户。

采取前款规定的措施，应当向监督检查部门主要负责人书面报告，并经批准。采取前款第四项、第五项规定的措施，应当向设区的市级以上人民政府监督检查部门主要负责人书面报告，并经批准。

监督检查部门调查涉嫌不正当竞争行为，应当遵守《中华人民共和国行政强制法》和其他有关法律、行政法规的规定，并应当将查处结果及时向社会公开。

2）监督检查部门及其工作人员的职责

（1）监督检查部门及其工作人员对调查过程中知悉的商业秘密负有保密义务。

（2）监督检查部门接到任何单位和个人对涉嫌不正当竞争行为的举报后，应当依法及时处理。

（3）监督检查部门应当向社会公开受理举报的电话、信箱或者电子邮件地址，并为举报人保密。对实名举报并提供相关事实和证据的，监督检查部门应当将处理结果告知举报人。

监督检查部门调查涉嫌不正当竞争行为，被调查的经营者、利害关系人及其他有关单位、个人应当如实提供有关资料或者情况。

11.4　对不正当竞争行为的制裁

不正当竞争行为是一种侵犯其他经营者和消费者合法权益、危害国家利益、扰乱社会经济秩序的行为。我国《反不正当竞争法》针对不同的行为并视其情节轻重分别规定了不同的严厉制裁措施。

11.4.1　经营者违法的法律责任

经营者违反《反不正当竞争法》给他人造成损害的，应当依法承担民事责任。合法权益受到不正当竞争行为损害的经营者，可以向人民法院提起诉讼，要求违法者予以赔偿。受到损害的经营者的赔偿数额，按照其因被侵权所受到的实际损失确定；实际损失难以计算的，按照侵权人因侵权所获得的利益确定。经营者恶意实施侵犯商业秘密行为，情节严重的，可以按照上述方法确定数额的1倍以上5倍以下确定赔偿数额。赔偿数额还应当包括经营者为制止侵权行为所支付的合理开支。

经营者有第一项、第三项不正当竞争行为的，权利人因被侵权所受到的实际损失、侵权人因侵权所获得的利益难以确定的，由人民法院根据侵权行为的情节判决给予权利人500万元以下的赔偿。

11.4.2　以假冒、仿冒等手段从事市场交易的法律责任

经营者有第一项不正当竞争行为，实施混淆的，由监督检查部门责令停止违法行为，没收违法商品。违法经营额5万元以上的，可以并处违法经营额5倍以下的罚款；没有违法经营额或者违法经营额不足5万元的，可以并处25万元以下的罚款。情节严重的，吊销营业执照。

经营者登记的企业名称违法的，应当及时办理名称变更登记；名称变更前，由原企业登记机关以统一社会信用代码代替其名称。

11.4.3　商业贿赂的法律责任

经营者有第二项贿赂他人的不正当竞争行为的，由监督检查部门没收违法所得，处10万元以上300万元以下的罚款。情节严重的，吊销营业执照。

11.4.4　侵犯商业秘密的法律责任

经营者以及其他自然人、法人或非法人组织有第三项侵犯商业秘密的不正当竞争行为的，由监督检查部门责令停止违法行为，没收违法所得，处10万元以上100万元以下的罚款；情节严重的，处50万元以上500万元以下的罚款。

11.4.5　作虚假的宣传、广告的法律责任

经营者有第四项不正当竞争行为，对其商品作虚假或者引人误解的商业宣传，或者通过组织虚假交易等方式帮助其他经营者进行虚假或者引人误解的商业宣传的，由监督检查部门责令停止违法行为，处20万元以上100万元以下的罚款；情节严重的，处100万元以上200万元以下的罚款，可以吊销营业执照。

经营者行为属于发布虚假广告的，依照《中华人民共和国广告法》的规定处罚。

11.4.6　不当有奖销售的法律责任

经营者有第五项不正当竞争行为，进行有奖销售的，由监督检查部门责令停止违法行为，处5万元以上50万元以下的罚款。

11.4.7　诋毁、贬低竞争对手的法律责任

经营者有第六项不正当竞争行为，损害竞争对手商业信誉、商品声誉的，由监督检查部门责令停止违法行为、消除影响，处10万元以上50万元以下的罚款；情节严重的，处50万元以上300万元以下的罚款。

11.4.8　妨碍、破坏网络交易行为的法律责任

经营者有第七项不正当竞争行为，妨碍、破坏其他经营者合法提供的网络产品或者服务正常运行的，由监督检查部门责令停止违法行为，处10万元以上50万元以下的罚款；情节严重的，处50万元以上300万元以下的罚款。

11.4.9　抗拒检查的法律责任

妨害监督检查部门依照《反不正当竞争法》履行职责，拒绝、阻碍调查的，由监督检查部门责令改正，对个人可以处5 000元以下的罚款，对单位可以处5万元以下的罚款，并可以由公安机关依法给予治安管理处罚。

当事人对监督检查部门做出的决定不服的，可以依法申请行政复议或者提起行政诉讼。

11.4.10　监督检查部门工作人员违法的法律责任

监督检查部门的工作人员滥用职权、玩忽职守、徇私舞弊或者泄露调查过程中知悉的商业秘密的，依法给予处分。

经营者违反《反不正当竞争法》规定从事不正当竞争，有主动消除或者减轻违法行为危害后果等法定情形的，依法从轻或者减轻行政处罚；违法行为轻微并及时纠正，没有造成危害后果的，不予行政处罚。

经营者违反《反不正当竞争法》规定从事不正当竞争，受到行政处罚的，由监督检查部门记入信用记录，并依照有关法律、行政法规的规定予以公示。

经营者违反《反不正当竞争法》规定，应当承担民事责任、行政责任和刑事责任，其财产不足以支付的，优先用于承担民事责任。

违反《反不正当竞争法》规定，构成犯罪的，依法追究刑事责任。

应知应会

1.概念：不正当竞争行为、反不正当竞争法、欺骗性交易行为、商业贿赂、商业秘密。

2.不正当竞争行为的特征。

3.各种不正当竞争行为的含义及表现形式。

4.对不正当竞争行为的制裁措施。

课堂实训

实战演练：

案例分析一

甲旅行社和乙旅行社都是在某地享有盛誉的旅行社，经济效益不相上下。2011年上半年，甲旅行社开出高薪条件，致使乙旅行社海外部5名员工辞职，转入甲旅行社工作。该5名原乙旅行社工作人员在转入甲旅行社时将自己的业务资料、海外业务单位名单都带入甲旅行社。随后，两家旅行社的业务均发生很大变化，甲旅行社海外游客骤然上升，效益大增，而乙旅行社业务受到了极大影响，遭受了很大损失。

请分析：

（1）甲旅行社的行为是否构成不正当竞争？如果是，应属哪种不正当竞争行为？为什么？

（2）对甲旅行社是否应进行法律制裁？如何制裁？

案例分析二

蓝裳经销公司所在地的夏季十分炎热，凉席的销路一向很好。该公司在春天购进一批凉席，准备夏天卖出。但由于气候反常，今年夏天的气温比往年夏季的气温低许多，这就造成该公司的凉席销路不好，在仓库内积压。为了销售积压的凉席，收回资金，公司经理决定用奖励的方法来促销凉席，即将购买凉席价款的10%给予购买者。恰在此时，有一企业招待所的采购员李芳来到该公司购买凉席100张。经双方协商，达成协议：李芳所买凉席货款的10%系该公司给李芳的奖励，对于这部分"奖励"双方均不入财务账，库存凉席很快一销而空。

请分析：

（1）蓝裳经销公司和李芳的行为是什么性质的行为？请说明理由。

（2）应如何处理他们的行为？

第12章

消费者权益保护法

📘 学习目标

通过本章的学习，学生能够理解消费者、消费者权益和消费者权益保护法的含义；明确违反《中华人民共和国消费者权益保护法》要承担的责任和解决消费争议的途径、原则；掌握消费者权益的具体内容和经营者义务的具体内容；最终能够较好地运用所掌握的法学理论，解决现实中的实际问题。

引入案例

刘某年初买了一台18英寸彩电。刘某将彩电拉回家后，其妻很不高兴，坚决要求刘某退掉彩电。刘某嫌退货麻烦，就与邻居丁某协商，将彩电原价转让给丁某。丁某付款后将彩电拉回家，看了一个星期左右，彩电发生了爆炸。正巧刘某在场，右手被炸掉。丁某的左臂被炸伤。刘某认为，彩电的所有权已经转移，丁某的电视机炸掉自己的右手，丁某应赔偿医疗费、残疾人补助金等费用；丁某则认为，刘某卖给自己的电视机有质量问题，自己左臂被炸伤，医疗费应由刘某赔偿。

请思考：

(1) 此案的受害人应向谁索赔？为什么？

(2) 受害者的哪些损失能得到赔偿？请阐述法律依据。

12.1　消费者、消费者权益和消费者权益保护法

消费者是指为了满足个人生活消费的需要而购买、使用商品或者接受服务的自然人。

消费者权益是指消费者依法享有的权利及该权利受到保护时给消费者带来的应得利益。消费者权益保护法是指保障消费者合法权益，规制经营者经营活动，调整生活消费关系的法律规范的总称。消费者权益保护法有狭义和广义之分，狭义的消费者权益保护法仅指1993年10月31日第八届全国人民代表大会常务委员会第四次会议通过，2013年10月25日第十二届全国人民代表大会常务委员会第五次会议第二次修正的《中华人民

共和国消费者权益保护法》（以下简称《消费者权益保护法》）。广义的消费者权益保护法是关于保护消费者权益的法律规范的总称，除了狭义的《消费者权益保护法》外，还包括《民法通则》《产品质量法》等法律、法规中的相关规定。

12.2　消费者的权利

消费者的权利是消费者在消费过程中具有的合法权益，即在法律保护下，消费者有权做出一定行为或要求他人做出一定行为的资格。这种权利是法律所赋予的，任何人不得剥夺。根据我国《消费者权益保护法》的规定，消费者享有安全保障权、知悉真情权、自主选择权、公平交易权、依法求偿权、依法结社权、受教育权、获得尊重权以及监督、批评、建议权九项权利。

12.2.1　安全保障权

消费者在购买、使用商品和接受服务时，享有人身、财产安全不受损害的权利。由于消费者取得的商品和服务是用于生活消费，因此商品和服务必须绝对可靠，必须绝对保证商品和服务的质量不会损害消费者的生命与健康。消费者依法有权要求经营者提供的商品和服务必须符合保障人身、财产安全的条件。

12.2.2　知悉真情权

消费者享有知悉其购买、使用的商品或者接受的服务的真实情况的权利。消费者有权根据商品和服务的不同情况要求经营者提供商品的价格、产地、用途、性能、规格、等级、主要成分、生产日期、有效期限、检验合格证书、使用说明书及售后服务等有关情况。只有这样，才能保障消费者在与经营者签约时做到知己知彼，并表达其真实意思。

12.2.3　自主选择权

消费者享有自主选择商品或服务的权利，包括：①自主选择商品和服务的经营者的权利；②自主选择商品品种或者服务方式的权利；③自主决定购买或不购买任何一种商品、接受或不接受任何一项服务的权利；④在自主选择商品或服务时享有进行比较、鉴别和挑选的权利。

12.2.4　公平交易权

消费者在购买商品或接受服务时，有权获得质量保障、价格合理、计量正确等公平交易条件，有权拒绝经营者的强制交易行为。

12.2.5　依法求偿权

消费者在购买、使用商品或者接受服务时受到人身、财产损害的，依法享有获得赔偿的权利。依法求偿权是弥补消费者所受到的损害的必不可少的救济性权利。

12.2.6　依法结社权

消费者享有依法成立维护自身合法权益的社会组织的权利。政府对合法的消费者团体不应加以限制，并且，在制定有关消费者方面的政策和法律时，还应当向消费者团体征求意见，以求更好地保护消费者权利。消费者的依法结社权是十分重要的，它使消费者能够从分散、弱小走向集中和强大，并通过集体的力量来改变自己的弱者地位，以与实力雄厚的经营者相抗衡。因此，对消费者的依法结社权必须予以保护。

知识链接12-1

消费者协会是依法成立的对商品和服务进行监督并保护消费者合法权益的社会团体。消费者协会不得从事商品经营和营利性服务，不得以牟利为目的向社会推荐商品和服务。

12.2.7　受教育权

受教育权也称获取知识权，是从知悉真情权中引申出来的一种消费者权利。它指消费者享有获得有关消费和消费者权益保护方面的知识的权利。消费者通过对这些知识的学习，能够更好地掌握商品性能，正确使用商品，提高自我保护意识。

12.2.8　获得尊重权

消费者在购买、使用商品和接受服务时，享有其人格尊严、民族风俗习惯得到尊重的权利，个人信息得到保护的权利。尊重消费者人格尊严、民族风俗习惯，保护消费者个人信息是社会文明进步的表现，也是尊重和保障人权的重要内容。

12.2.9　监督、批评、建议权

消费者享有对商品和服务以及保护消费者权益工作进行监督的权利。消费者有权检举、控告侵害消费者权益的行为和国家机关及其工作人员在保护消费者权益工作中的违法失职行为，有权对保护消费者权益工作提出批评、建议。

12.3　经营者的义务

经营者是与消费者相对应的一方主体，是通过市场为消费者提供消费资料和消费性服务的人。《消费者权益保护法》对经营者义务的规定是基于消费者的弱势地位而做出的，是对消费者权利保护的一种方法。

12.3.1　依法经营、诚信经营的义务

经营者向消费者提供商品或者服务，应当依照《消费者权益保护法》和其他有关法

律、法规的规定履行义务，这是其法定义务。经营者与消费者还可以约定其他义务，但这种约定不得违反法律、法规的规定。经营者向消费者提供商品或者服务，应当恪守社会公德，诚信经营，保障消费者的合法权益；不得设定不公平、不合理的交易条件，不得强制交易。

12.3.2 接受监督的义务

经营者应当听取消费者对其提供的商品或者服务提出的意见，接受消费者的监督。

12.3.3 安全保障的义务

经营者应当保证其提供的商品或者服务符合保障人身、财产安全的要求。对可能危及人身、财产安全的商品和服务，应当向消费者做出真实的说明和明确的警示，并说明和标明正确使用商品或接受服务的方法，以及防止危害发生的方法。宾馆、商场、车站等经营场所的经营者，未尽到安全保障义务，造成消费者或者其他受害人损害的，应当承担侵权责任。

知识链接12-2

2013年10月25日全国人民代表大会常务委员会修正的《消费者权益保护法》规定，经营者发现其提供的商品或者服务存在缺陷，可能对人身、财产安全造成危害的，应当立即向有关行政部门报告和告知消费者，并及时采取停止生产、停止销售、警示、召回等消除危险的措施。采取召回措施的，经营者应当承担消费者因商品被召回支出的必要费用。

12.3.4 提供真实信息的义务

经营者应当向消费者提供有关商品或服务的真实信息，不得作引人误解的虚假宣传。对于消费者针对有关商品或服务的质量和使用方法等问题提出的询问，经营者应给予真实明确的答复。经营者提供的商品或者服务应当明码标价。

12.3.5 如实标记的义务

经营者应当标明其真实名称和标记。租赁他人柜台或者场地的经营者，应当标明其真实名称和标记。

12.3.6 出具凭证或单据的义务

经营者提供商品或者服务，应当按照国家有关规定或者商业惯例向消费者出具发票等购货凭证或者服务单据。消费者向经营者索要发票等购货凭证或者服务单据时，经营者必须出具。

12.3.7　保证质量的义务

经营者应当保证在正常使用商品或者接受服务的情况下，其提供的商品或服务应当具有的质量、性能、用途和有效期限；但消费者在购买该商品或接受该服务前已经知道其存在瑕疵，且存在该瑕疵不违反法律强制性规定的除外。经营者以广告、产品说明、实物样品或者其他方式表明商品或服务质量状况的，应当保证其提供的商品或者服务的实际质量与表明的质量状况相符。

经营者提供的机动车、微型计算机、电视机、电冰箱等耐用商品或者装饰装修等服务，自消费者接受商品或者服务之日起6个月内出现瑕疵，发生纠纷的，由经营者承担相关举证责任。

12.3.8　履行退货、更换、修理的义务

经营者提供的商品或者服务不符合质量要求的，消费者可以依照国家规定和当事人约定退货，或者要求经营者履行更换、修理等义务。没有国家规定和当事人约定的，消费者可以自收到商品之日起7日内退货。7日后符合《民法典》规定的解除合同条件的，消费者可以及时退货；不符合解除合同条件的，可以要求经营者履行更换、修理等义务。

对大件商品进行退货、更换、修理的，由经营者承担运输等必要费用。

12.3.9　无条件退货的义务

经营者采用网络、电视、电话、邮购等方式销售商品，消费者有权自收到商品之日起7日内退货，且无需说明理由，但下列商品除外：①消费者定做的；②鲜活易腐的；③在线下载或者消费者拆封的音像制品、计算机软件等数字化商品；④交付的报纸、期刊。除前款所列商品外，其他根据商品性质并经消费者在购买时确认不宜退货的商品，不适用无理由退货。

消费者退货的商品应当完好。经营者应当自收到退回商品之日起7日内返还消费者支付的商品价款。退回商品的运费由消费者承担；经营者和消费者另有约定的，按照约定。

知识链接12-3

2013年10月25日全国人民代表大会常务委员会修正的《消费者权益保护法》规定，采用网络、电视、电话、邮购等方式提供商品或者服务的经营者，以及从事证券、保险、银行业务的经营者，应当向消费者提供经营地址、联系方式、商品或者服务的数量和质量、价款或者费用、履行期限和方式、风险警示、售后服务、民事责任等真实、必要的信息。

12.3.10　正确使用格式条款的义务

经营者使用格式条款，应当以明显方式提请消费者注意商品或者服务的数量和质量、价款或者费用、履行期限和方式、风险警示、售后服务、民事责任等与消费者有重大利害关系的内容，并按照消费者的要求予以说明。

经营者不得以格式条款、通知、声明、店堂告示等方式做出排除或者限制消费者权利、减轻或者免除经营者责任、加重消费者责任等对消费者不公平、不合理的规定。

格式条款、通知、声明、店堂告示等含有前款所列内容的，其内容无效。

12.3.11　尊重消费者的义务

经营者不得对消费者进行侮辱、诽谤，不得搜查消费者的身体及携带的物品，不得侵犯消费者的人身自由。

12.3.12　保护消费者隐私的义务

经营者收集、使用消费者个人信息，应当遵循合法、正当、必要的原则，明示收集、使用信息的目的、方式和范围，并经被收集者同意。经营者收集、使用消费者个人信息，应当公开其收集、使用规则，不得违反法律、法规的规定和双方的约定。

经营者及其工作人员对收集的消费者个人信息必须严格保密，不得泄露、出售或者非法向他人提供。经营者应当采取必要措施，确保信息安全，防止消费者个人信息泄露、毁损、丢失。在发生或者可能发生信息泄露、毁损、丢失的情况时，应当立即采取补救措施。

经营者未经消费者同意或者请求，或者消费者明确表示拒绝的，不得向其发送商业性电子信息。

知识链接12-4

《消费者权益保护法》对经营者义务的规定是一种一般性的规定。在某些特殊领域如药品经营、食品经营，法律对经营者有特殊义务的规定。

12.4　消费争议的解决

消费争议是指消费者与经营者之间因商品或者服务质量造成消费者人身、财产损失而引发的纠纷。

12.4.1　消费争议解决的途径

消费者和经营者发生消费争议的，可以通过以下几种方式解决：

（1）与经营者协商和解；

（2）请求消费者协会或者其他调解组织调解；

（3）向有关行政部门申诉；

（4）根据与经营者达成的仲裁协议提请仲裁机构仲裁；

（5）向人民法院提起诉讼。

12.4.2 解决消费争议的原则

《消费者权益保护法》规定的解决消费争议的原则如下：

（1）消费者在购买、使用商品时，其合法权益受到损害的，可以向销售者要求赔偿。销售者赔偿后，属于生产者的责任或属于向销售者提供商品的其他销售者责任的，销售者有权向生产者或者其他销售者追偿。

消费者或者其他受害人因商品缺陷造成人身、财产损害的，可以向销售者要求赔偿，也可以向生产者要求赔偿。

消费者在接受服务时，其合法权益受到损害的，可以向服务者要求赔偿。

知识链接 12-5

属于生产者责任的，销售者赔偿后有权向生产者追偿。属于销售者责任的，生产者赔偿后，有权向销售者追偿。

（2）消费者在购买、使用商品或接受服务时，其合法权益受到损害，原企业分立、合并的，可以向变更后的企业要求赔偿。

（3）使用他人营业执照的违法经营者提供商品或者服务，损害消费者合法权益的，消费者可以向其要求赔偿，也可以向营业执照的持有人要求赔偿。

（4）消费者在展销会、租赁柜台或者网络交易平台购买商品或者接受服务，其合法权益受到损害的，可以向销售者或者服务者要求赔偿。展销会结束、柜台租赁期满或者网络交易平台上的销售者、服务者不再利用该平台的，也可以向展销会的举办者、柜台的出租者或者网络交易平台的提供者（前提是网络交易平台提供者不能提供销售者或者服务者的真实名称、地址和有效联系方式的）要求赔偿。展销会的举办者、柜台的出租者或者网络交易平台的提供者赔偿后，有权向销售者或者服务者追偿。

（5）消费者因经营者利用虚假广告提供商品或者服务，其合法权益受到损害的，可以向经营者要求赔偿。广告经营者、发布者不能提供经营者的真实名称、地址和有效联系方式的，应当承担赔偿责任。

广告经营者和发布者设计、制作、发布食品药品等关系消费者生命健康的商品或者服务的虚假广告，造成消费者合法权益受到损害的，广告经营者、发布者与提供该商品或者服务的经营者承担连带责任。

小案例 12-1

张女士春节前在某时装店购买了一套高档时装准备过年穿，但在春节期间发现该套时装存在严重的质量问题，明显与时装店当初的广告宣传不符。春节过后，张女士去找该时装店交涉，但发现该店已经易主。新老板告诉她，老店主是借用了他的营业执照营业，现在已将店内所有物资盘给了他，他不可能承担老店主的任何责任。张女士提着那套高档时装，站在时装店前不知所措。

请你为张女士当一次法律顾问，帮她解决这个问题。

12.5　法律责任的确定

12.5.1　民事责任

1）经营者侵犯人身权利的民事责任

（1）经营者提供商品或者服务，造成消费者或者其他受害人人身伤害的，应当赔偿医疗费、护理费、交通费等作为治疗和康复的合理费用，以及因误工减少的收入；造成残疾的，还应当赔偿残疾生活辅助器具费和残疾赔偿金；造成消费者或其他受害人死亡的，还应当支付丧葬费、死亡赔偿金。

（2）经营者侵害消费者的人格尊严、侵犯消费者人身自由或者侵害消费者姓名权、肖像权、隐私权等个人信息得到保护的权利的，应当停止侵害、恢复名誉、消除影响、赔礼道歉，并赔偿损失。

（3）经营者有侮辱诽谤、搜查身体、侵犯人身自由等侵害消费者或者其他受害人人身权益的行为，造成严重精神损害的，受害人可以要求精神损害赔偿。

（4）经营者明知商品或者服务存在缺陷，仍然向消费者提供，造成消费者或者其他受害人死亡或者健康受到严重损害的，受害人除可以要求得到以上赔偿外，还有权要求经营者支付所获赔偿额2倍以下的惩罚性赔偿。

2）经营者侵犯财产权利的民事责任

（1）经营者提供商品或者服务，造成消费者财产损害的，应当依照法律规定或者当事人约定承担修理、重做、更换、退货、补足商品数量、退还货款和服务费用或者赔偿损失等民事责任。

（2）经营者以预收款方式提供商品或者服务的，应当按照约定提供。未按照约定提供的，应当按照消费者的要求履行约定或者退回预付款，并应当承担预付款的利息、消费者必须支付的合理费用。

（3）依法经有关行政部门认定为不合格的商品，消费者要求退货的，经营者应当负责退货。

（4）经营者提供商品或者服务有欺诈行为的，应按消费者的要求增加赔偿金额，增加的赔偿金额为购买商品或接受服务费用的3倍；增加赔偿的金额不足500元的，按500元赔偿。法律另有规定的，依照其规定。

12.5.2　行政责任

经营者有下列行为之一的，由工商行政管理部门责令改正，可以根据情节单处或并处警告、没收违法所得、罚款、停业整顿、吊销营业执照等。

（1）生产、销售的商品不符合保障人身、财产安全要求的；

（2）在商品中掺杂、掺假，以次充好，以假充真，或者以不合格商品冒充合格商品的；

（3）生产国家明令淘汰的商品或者销售失效、变质的商品的；

（4）伪造商品的产地、伪造或者冒用他人的厂名、厂址，篡改生产日期，伪造或者冒用认证标志、名优标志等质量标志的；

（5）销售的商品应当检验、检疫而未检验、检疫或者伪造检验、检疫结果的；

（6）对商品或者服务做虚假或者引人误解的宣传的；

（7）拒绝或者拖延有关行政部门责令对缺陷商品或者服务采取停止销售、警示、召回、无害化处理、销毁、停止生产或者提供服务等措施的；

（8）对消费者提出的修理、重做、更换、退货、补足商品数量、退还货款和服务费用或者赔偿损失的要求，故意拖延或者无理拒绝的；

（9）侵害消费者人格尊严、侵犯消费者人身自由或者侵害消费者姓名权、肖像权、隐私权等个人信息得到保护的权利的；

（10）法律、法规规定的对损害消费者权益应当给予处罚的其他情形。

经营者对行政处罚决定不服的，可以自收到处罚决定之日起15日内向上一级机关申请复议。对复议决定不服的，可以自收到复议决定书之日起15日内向人民法院提起诉讼，也可以直接向人民法院起诉。经营者对行政处罚决定不服的，可以依照《行政复议法》《行政诉讼法》的规定申请行政复议或者提起行政诉讼。

知识链接12-6

对于有前款规定情形的经营者，除依照法律、法规规定予以处罚外，处罚机关应当将其违法、违规行为记入信用档案，向社会公布。经营者若违反《消费者权益保护法》的规定，则应当承担民事赔偿责任和缴纳罚款、罚金，其财产不足以同时支付的，先承担民事赔偿责任。

拒绝、阻碍有关行政部门工作人员依法执行职务，未使用暴力、威胁方法的，由公安机关依照《治安管理处罚法》的规定处罚。

国家机关工作人员玩忽职守或者包庇经营者侵害消费者合法权益行为的，由其所在单位或者上级机关给予行政处分。

12.5.3 刑事责任

经营者或者国家机关工作人员有下列行为的，应追究刑事责任：

（1）经营者提供商品或服务，造成消费者或其他受害人人身伤害或死亡，构成犯罪的；

（2）以暴力、威胁等方法阻碍有关行政部门工作人员依法执行公务，构成犯罪的；

（3）国家机关工作人员玩忽职守或者包庇经营者侵害消费者合法权益的行为，情节严重构成犯罪的。

应知应会

1.概念：消费者、消费者权益、消费者权益保护法、消费争议。

2.消费者各项权利的含义。

3.经营者各项义务的含义。

4.解决消费争议的途径及原则。

5.侵犯消费者权益要承担的法律责任。

课堂实训

实战演练：

案例分析一：

张某与刘某至某百货商场化妆品自选柜台选购化妆品。两人在此挑选、试用化妆品约20分钟，终因未选中合适的化妆品离开商场。二人走到店门口时，化妆品自选柜台的营业员和一位保安人员追了上来，指控二人偷了化妆品柜台陈列的货物，二人坚决否认，双方僵持不下。这时，另一位商场保安人员上来对张、刘二人说："请你们到商场保卫科把事情说清楚。"到保卫科后，商场保安人员要求检查刘、张二人随身携带的皮包，遭到二人的拒绝。保安人员对张、刘二人说："如果你们确实没有偷窃商场的货物，就应该接受我们的检查来证明你们的清白。"迫于无奈，张、刘二人交出了自己的皮包。经检查，未发现商场的任何化妆品。此后，保安人员进一步提出要对二人搜身检查，并立即找来两位女营业员对张、刘二人强行进行搜身检查，仍然没有找到商场的任何东西。事后，张、刘二人愤然离开了这家百货商场。

张、刘二人以该百货商场损害了自己的人格尊严为由提出诉讼，要求该商场赔礼道歉，为其恢复名誉并赔偿精神损失费3 000元。

请分析：

该商场的行为是否侵害了张、刘二人的权利？请阐述理由。

案例分析二：（2010年国家司法考试题）

甲公司租赁乙公司的大楼举办展销会，向众商户出租展台。消费者李某在其中丙公司的展台购买了一台丁公司生产的家用电暖器，使用中出现质量问题并造成伤害，李某索赔时遇上述公司互相推诿。

请分析，上述公司的下列哪些主张是错误的？

A.丙公司认为属于产品质量问题，应找丁公司解决。

B.乙公司称自己与产品质量问题无关，不应承担责任。

C.丁公司认为产品已交丙公司包销，自己不再负责。

D.甲公司称展销会结束后，丙公司已撤离，自己无法负责。

第13章

商标法

学习目标

通过本章的学习，学生应了解商标的特征、商标权的特点、商标的注册程序；明确注册商标专用权保护的重要意义、商标侵权行为的表现形式及侵犯注册商标专用权的法律责任；理解商标权法律关系的各项规定以及我国法律对驰名商标的特殊保护规定；掌握商标构成的要求、商标注册条件及商标注册原则。

引入案例

某乡镇企业一直使用"武汉"和"冰凉"两个商标生产冰块、雪糕、冰淇淋等商品，但因企业的生产规模很小，一直没有申请注册这两个商标。为了扩大生产规模，并有利于商品销售，该企业准备在第30类冰块、雪糕、冰淇淋等商品上申请注册"武汉"商标。同时为节省费用，该企业决定"冰凉"商标暂不注册，但仍然使用。

请问：该企业的上述做法正确吗？其商标的申请能够获得批准吗？

13.1　商标、商标权、商标法

13.1.1　商标的概念和特征

1）商标的概念

商标是商品生产者或经营者用以标明自己生产、销售的商品或提供的服务，与其他生产者或经营者生产、销售的同类商品或提供的同类服务相区别的标记。这种标记通常由文字、图形、字母、数字、三维标志、颜色组合、声音及上述要素组合构成。

商标最基本的功能就是识别商品或服务的来源，区别相同商品或服务的不同生产者、销售者或服务者。

2）商标的特征

（1）商标是用于商品或服务上的标记，与商品或服务不能分离，并依附于商品或服务。

（2）商标是区别于他人商品或服务的标志，具有特别显著的区别功能，从而便于消费者识别。

（3）商标是由文字、图形、字母、数字、三维标志、颜色组合、声音，以及上述要素组合而成的标志。

（4）商标具有独占性。使用商标的目的就是区别于他人的商品或服务，便于消费者识别。注册商标所有人（即商标权人）对其商标具有专用权，受法律的保护，未经商标权人的许可，任何人不得擅自使用与该注册商标相同或相类似的商标；否则，即构成侵犯商标权人的商标专用权，将承担相应的法律责任。

（5）商标是一种无形资产，具有价值。商标代表商标所有人生产或经营的质量信誉和企业信誉、形象，商标权人通过对商标的创意、设计、申请注册、广告宣传及使用，使商标具有了价值，也增加了商品的附加值。商标的价值可以通过评估确定。商标可以有偿转让，经商标权人同意，可许可他人使用。

（6）商标是商品信息的载体，是参与市场竞争的工具。生产经营者的竞争就是商品或服务质量与信誉的竞争，其表现形式就是商标知名度的竞争，商标知名度越高，其商品或服务的竞争力就越强。

13.1.2　商标的种类

1）按商标的结构组成或形态划分

按商标的结构组成或形态划分，可分为文字商标、图形商标、三维商标、颜色组合商标、声音商标和组合商标。

（1）文字商标。它是由文字构成的商标。文字商标的构成可以是中文，也可以是外文、少数民族文字或者阿拉伯数字。例如，"蒙牛"牛奶、"SONY"电器。我国的文字商标以汉字为主，有的还加注汉语拼音字母或者辅以外国文字。

（2）图形商标。它是由平面图形构成的商标。例如，"飞马"电池，就是一匹奔腾的骏马的形象。

（3）三维商标。它也叫立体商标，是由产品外形或者产品实体包装的立体标志构成的商标。这是一种三维立体结构的商标，近年以其形象性受到消费者和商家的欢迎、重视。

（4）颜色组合商标。这种形式一般是指与文字或图形组合起来使用的色块，不仅可以给人以美感，而且具有显著性。

（5）声音商标。它是通过大量使用具有显著性的，为大众所熟知的，有特定的指向性的声音作为商标的。这种商标是我国2014年5月1日实施的修订后的商标法新确认的一种商标标识。

（6）组合商标。它是用文字、图形、字母、数字、三维标志和颜色组合六要素中任何两种或两种以上的要素组合而成的。它集中了文字商标、图形商标及颜色商标的优点于一体，是商标构成的一种理想形式，使用广泛，数量最多。

2）按照商标的使用者划分

按照商标的使用者划分，可分为商品商标和服务商标。商品商标又可分为生产者的生产商标和销售者的商业商标；服务商标即服务性行业所使用的标志。

（1）生产商标。生产商标又称制造商标，是商品的生产、加工、制造者在自己生产、加工、制造的商品上所使用的商标。

（2）商业商标。商业商标又称销售商标，是商品的经营者在自己经销的商品上所使用的一种商标。

（3）服务商标。服务商标又称服务标记，是服务项目的提供者所使用的商标。

服务商标与商品商标不同的是，它不用在商品或者商品的包装上，也不可能用在服务行为上，而只能用在服务场所、广告或其他有形载体上，以标记服务的提供者及其提供的服务。

3）按商标的作用划分

按商标的作用划分，可分为集体商标、证明商标等。

（1）集体商标。它是指由工商业团体、协会或者其他集体组织的成员所使用的商品商标或服务商标，用以表明商品的经营者或服务的提供者属于同一组织，体现其所生产的商品或者提供的服务具有某种共同的特征。

（2）证明商标。它又称保证商标，是指由对某种商品或者服务具有检测和监督能力的组织所控制，而由其以外的人使用在商品或服务上，用以证明该商品或服务的原产地、原料、制造方法、质量、精确度或其他特定品质的标志。例如，真皮标志、绿色食品标志等。

4）按商品的知名度划分

按商品的知名度划分，可分为驰名商标、著名商标和知名商标。驰名商标是经国家市场监督管理总局认定的在市场上经过较长时间使用、商品销售量大、享有较高声誉、公众熟知的商标。著名商标是指由省市场监督管理局认可的，在该行政区域内具有较高声誉和市场知名度的商标。知名商标是指由市市场监督管理局认可的，在该行政区域内具有较高声誉和市场知名度的商标。

5）按商标是否受法律保护划分

按商标是否受法律保护划分，可分为注册商标和非注册商标。经商标所有人申请，并得到国家市场监督管理总局商标局核准注册并予以公告的商标为注册商标，注册商标所有人对注册商标享有独占权，该权利受国家法律的保护。未经商标所有人申请或未被商标局核准注册的商标为非注册商标，非注册商标不受国家法律的保护，但受国家相关法律的调整。

13.1.3　商标权的含义和特点

1）商标权的含义

商标权是商标专用权的简称，是指商标注册人或权利继受人在法定期限内对注册商标依法享有的各种权利。它包括独占使用权、许可使用权、商标转让权、续展权等。商标权是商标法的核心，其实质是国家法律赋予商标所有人的一种特殊权利。

2）商标权的特点

商标权是一种知识产权，即民事主体对自己或他人的智力劳动成果享有的专有权利。这种权利具有专有性、时间性、地域性等特点。专有性是指商标权的权利主体依法享有独占使用该商标的权利，他人不得侵犯。时间性是指依法产生的商标权只在法律规定的期限内有效，超过该期限，该商标权即消灭，除非商标权人依法办理续展手续。地域性是指商标权只在产生的特定国家或地区的地域范围内有效，不具有域外效力。

13.1.4 商标法

商标法是调整在商标注册、使用、管理和保护过程中所发生的各种社会关系的法律规范的总称。其核心是确认和保护注册商标的专用权。

狭义的商标法指全国人民代表大会常务委员会颁布的《中华人民共和国商标法》（以下简称《商标法》），该法于2019年4月23日第十三届全国人民代表大会常务委员会第十次会议第四次修正。广义的商标法还包括《中华人民共和国商标法实施条例》（以下简称《商标法实施条例》，该条例于2014年4月29日修订，于2014年5月1日施行）。此外，加入WTO以后，为更好地与国际社会接轨，我国除了对已有商标法进行修订外，还制定了一系列有关商标权保护的法律、法规和规章，并加入了有关商标权保护的国际公约，如我国还实行《保护工业产权巴黎公约》以及其他法律、法规和规章中有关商标的规定。

13.2 商标权法律关系

商标权法律关系是指商标所有人围绕法律给予确认并保护的商标而形成的权利义务关系。商标专用权法律关系由商标权主体、商标权客体、商标权的内容三部分构成。

13.2.1 商标权主体

商标权的主体是享有商标专用权的人。依据我国《商标法》的规定，商标权的主体可以是自然人、法人或者其他组织。

两个以上的自然人、法人或者其他组织可以共同向商标局申请注册同一商标，共同享有和行使该商标专用权。

知识链接13-1

我国法律对商标申请人的资格作出规定：自然人、法人或者其他组织在生产经营活动中，对其商品或者服务需要取得商标专用权的，应当向商标局申请商标注册，即不论是何种商标注册申请人，都必须是商品的生产经营者或者服务项目的提供者，即必须是商标的实际使用人。

13.2.2　商标权客体

商标权客体是指经过国家商标局核准注册的商标，即注册商标。在我国允许使用未经注册的商标，未注册商标也应遵守商标法的相关规定。

我国《商标法》对商标的申请注册条件、商标的构成等都作了详细的规定。

1）申请注册的商标应具备的条件

（1）商标应当具有显著性。申请注册的商标，应当有显著特征，便于识别，并不得与他人在先取得的合法权利相冲突。商标的显著性可以因两种方式产生，一是商标本身具有显著性；二是通过长期的使用获得商标的显著性。

（2）商标应当具有区别性。《商标法》规定，任何能够将自然人、法人或者其他组织的商品与他人的商品区别开的标志，包括文字、图形、字母、数字、三维标志和颜色组合、声音，以及上述要素的组合，均可以作为商标申请注册。

2）不得作为商标使用的标志

（1）同中华人民共和国的国家名称、国旗、国徽、国歌、军旗、军徽、军歌、勋章等相同或者近似的，以及同中央国家机关的名称、标志、所在地特定地点的名称或者标志性建筑物的名称、图形相同的；

（2）同外国的国家名称、国旗、国徽、军旗等相同或者近似的，但经该国政府同意的除外；

（3）同政府间国际组织的名称、旗帜、徽记等相同或者近似的，但经该组织同意或者不易误导公众的除外；

（4）与表明实施控制、予以保证的官方标志、检验印记相同或者近似的，但经授权的除外；

（5）同"红十字""红新月"的名称、标志相同或者近似的；

（6）带有民族歧视性的；

（7）带有欺骗性，容易使公众对商品的质量等特点或者产地产生误认的；

（8）有害于社会主义道德风尚或者有其他不良影响的；

（9）县级以上行政区划的地名或者公众知晓的外国地名。但是，地名具有其他含义或者作为集体商标、证明商标组成部分的除外。已经注册的使用地名的商标继续有效。

3）不得注册的商标标志

《商标法》规定下列标志不得作为商标注册：（1）仅有本商品的通用名称、图形、型号的；（2）仅直接表示商品的质量、主要原料、功能、用途、重量、数量及其他特点的；（3）其他缺乏显著特征的标志。以上标志经过使用取得显著特征，并便于识别的，可以作为商标注册。

以三维标志申请注册商标的，仅由商品自身的性质产生的形状、为获得技术效果而需要的商品形状或者使商品具有实质性价值的形状，不得注册。

4）不得注册并禁止使用的商标标志

商标中有商品的地理名称，而该商品并非来源于该标志所标志的地区，误导公众的，不予注册并禁止使用。

申请商标注册不得违反我国法律关于驰名商标的规定。

为了防止将他人已经在先使用的商标抢先进行注册，商标法加大了对已使用但未注册商标的保护力度，以更加有效地遏制频发的商标抢注现象。《商标法》第15条规定：就同一种商品或者类似商品申请注册的商标与他人在先使用的未注册商标相同或者近似，申请人与该他人具有前款规定以外的合同、业务往来关系或者其他关系而明知该他人商标存在，该他人提出异议的，不予注册。

13.2.3　商标权的内容

商标权的内容是指商标所有人依法享有的权利和应承担的义务。

1）商标权人的权利

商标权人依法享有下列权利：

（1）独占权。独占权即注册商标的专用权。商标一经核准注册，商标权人即享有在核准注册的商标和核定使用的商品范围内完全独占使用其商标的权利。他人未经许可不得在同一种商品或类似商品上使用该注册商标或相近似的商标，否则，即构成侵权。

（2）使用许可权。商标权人有权通过签订商标使用许可合同，许可他人使用其注册商标。许可人仍然是该注册商标的所有人，享有注册商标相应的权利。许可他人使用其注册商标的，许可人应当将其商标使用许可报商标局备案，由商标局公告。商标使用许可未经备案不得对抗善意第三人。

（3）转让权。商标权人可在法律允许的范围内有条件地将注册商标所有权转让给他人。转让注册商标的，转让人和受让人应当签订转让协议，并共同向商标局提出申请。商标局核准后，发给受让人相应的证明，并予以公告。商标权转让后，原商标权人的一切权利义务均转移给新的商标权人。转让注册商标的，商标注册人对其在同一种商品上注册的近似的商标，或者在类似商品上注册的相同或者近似的商标，应当一并转让。

（4）出质权。商标权人可以依法将自己拥有的商标以出质的方式用于担保。以注册商标专用权出质的，出质人与质权人应当签订书面质权合同，并共同向商标局提出质权登记申请，由商标局公告。

（5）续展权。我国《商标法》规定的商标权的有效期为10年，自商标核准注册之日起计算。商标权期满前12个月内，商标权人可向商标局申请续展；期满未续展的，给予6个月的宽限期。商标权人可连续申请续展，每次续展注册的有效期为10年，自该商标上一届有效期满次日起计算。超过宽展期未及时续展的，商标局注销其商标。

依据《商标法》的规定，商标权人还享有标明注册商标标识的标示权和禁止他人未经许可在同一种商品或者类似的商品上使用与其注册商标相同或者近似的商标的禁止权。

2）商标权人的义务

商标权人在享有注册商标权利的同时，也要履行相应的义务。

（1）使用商标。商标权人要将商标用于商品、商品包装或者容器以及商品交易文书上，或者将商标用于广告宣传、展览以及其他商业活动中，用于识别商品来源。使用注册商标应当标明"注册商标"字样或者标明注册标记。注册标记包括㊟和Ⓡ。使用注册标记，应当标注在商标的右上角或者右下角。

（2）遵守注册商标使用规定。①商标权人只能在核定使用的商品上使用经核准注册的商标；②商标权人不得自行改变注册商标的标识；③商标权人不得自行改变注册人名称、地址或者其他注册事项；④商标权人不得没有正当理由连续3年不使用注册商标；⑤商标权人不得自行转让注册商标。

（3）保证使用注册商标的商品的质量。商标权人、商标使用人应当遵循诚实信用原则，对其使用商标的商品质量负责，禁止欺骗消费者。

（4）依法缴纳有关费用。申请商标注册和办理其他商标事宜时，应当依法缴纳相关的费用。

知识链接13-4

注册商标需要在核定使用范围之外的商品上取得商标专用权的，应当另行提出注册申请。注册商标需要改变其标志的，应当重新提出注册申请。注册商标需要变更注册人的名义、地址或者其他注册事项的，应当提出变更申请。

13.3 商标权的取得

13.3.1 商标权取得方式

商标权取得方式包括原始取得和继受取得两种。原始取得又叫直接取得，是指商标所有人直接向商标局申请商标注册，经商标局核准注册后，享有的对该商标的独占权。原始取得是最主要的商标权取得方式。通常所说的商标权的取得仅指原始取得。

继受取得是指商标权人所享有的独占权，不是通过商标申请注册取得，而是通过签订转让合同、继承等合法方式取得。如拥有商标权的自然人死亡后，其继承人因继承行为而取得商标权；企业拥有的商标权因企业被合并或被兼并而发生转移。

继受取得是商标权取得的又一种方式，因继受而取得的商标专用权与原始取得的商标专用权具有同等法律效力。

13.3.2 商标注册原则

1）自愿注册与强制注册相结合原则

自愿注册是指在某种商品上使用的商标是否申请注册完全由商标使用人自行决定。

要取得商标专用权，就应注册，否则可以不注册。世界上绝大多数国家采用这一原则。

强制注册又称全面注册，是指商品使用人在其生产或者经营的商品上凡使用商标的，一律必须注册，未经注册的商标一律不得使用。

我国对商标注册实行自愿注册的原则。但是我国法律同时规定，对人用药品（包括中成药、化学原料药及其制剂、抗生素、生化药品、放射性药品、血清疫苗、血液制品、诊断药品）和烟草制品（包括卷烟、雪茄烟、有包装的烟丝）实行强制注册。这两类商品必须使用注册商标，未经核准注册的，不得在市场上销售。

可见，我国在商标注册的规定上实行自愿注册与强制注册相结合的原则。

2）申请在先与使用在先分别适用的原则

申请在先原则又叫注册原则，是指按申请注册的先后顺序来确定商标专用权的归属，谁先申请注册，商标专用权就授予谁；使用在先原则又叫使用原则，是指按使用商标的先后顺序来确定商标专用权的归属，谁先使用，商标专用权就属于谁。

我国《商标法》规定，两个或两个以上的商标注册申请人，在同一种商品或类似商品上，以相同或者近似的商标申请注册的，初步审定并公告申请在先的商标；同一天申请的，初步审定并公告使用在先的商标，驳回其他人的申请，不予公告。

这一规定表明，我国实行申请在先与使用在先分别适用的原则。

申请人同一天申请，同一天使用或者均未使用的，申请人之间可以协商解决，协商不成的，由各申请人抽签决定。

《商标法》第32条规定，申请商标注册不得损害他人现有的在先权利，也不得以不正当手段抢先注册他人已经使用并有一定影响的商标。由此可见，我国商标法在坚持申请在先原则的同时，还强调申请的正当性，防止不正当的抢注。

3）一件商标一份申请的原则

我国商标注册实行分类申请原则。商标注册申请人应当按规定的商品分类表填报使用商标的商品类别和商品名称，提出注册申请。商标注册申请人可以通过一份申请就多个类别的商品申请注册同一商标。注册商标的专用权，以核准注册的商标和核定使用的商品为限。注册商标需要在核定使用范围之外的商品上取得商标专用权的，应当另行提出注册申请。

4）优先权原则

我国《商标法》规定，商标注册申请人自其商标在外国第一次提出商标注册申请之日起6个月内，又在中国就相同商品以同一商标提出商标注册申请的，依照该外国同中国签订的协议或者共同参加的国际条约，或者按照相互承认优先权的原则，可以享有优先权。要求优先权的申请人，应当在提出商标注册申请的时候提出书面声明，并且在3个月内提交第一次提出的商标注册申请文件的副本；未提出书面声明或者逾期未提交商标注册申请文件副本的，视为未要求优先权。

商标在中国政府主办的或者承认的国际展览会展出的商品上首次使用的，自该商品展出之日起6个月内，该商标的注册申请人可以享有优先权。要求优先权的，应当在提出商标注册申请的时候提出书面声明，并且在3个月内提交展出其商品的展览会名称、在展出商品上使用该商标的证据、展出日期等证明文件；未提出书面声明或者逾期未提交证明文件的，视为未要求优先权。

要求优先权的声明经认可后，申请人在外国第一次申请商标注册的日期，即视为在中国的申请日期。

5）诚实信用原则

无论在申请商标注册还是在使用商标过程中，相关人员都应当遵循诚实信用原则。

《商标法》确立了诚实信用原则，目的在于倡导市场主体从事有关商标的活动时应诚实守信，同时对当前日益猖獗的商标抢注行为予以规范。

小案例 13-1

甲厂生产的油漆质量优良，声誉很好。2013年10月20日，该厂将其多年使用的"工农牌"商标向商标局提出了注册申请。乙厂2013年初开始生产油漆，2013年10月20日也向商标局提出了"工农牌"商标的注册申请。同时，丙厂也一直在使用"工农牌"商标生产和销售新闻纸。

请分析：

（1）"工农牌"商标专用权应授予甲厂还是乙厂？为什么？

（2）上述两厂中一方取得了商标专用权后，丙厂是否仍能继续使用"工农牌"商标？请阐述理由。

13.3.3 商标注册程序

商标权的取得必须经过申请、审查、公告和核准三个程序。

1）申请

申请注册商标，商标使用人必须依法向商标局提出申请。申请商标注册或者办理其他商标事宜，可以自行办理，也可以委托依法设立的商标代理机构办理。外国人或者外国企业在中国申请商标注册和办理其他商标事宜的，应当委托依法设立的商标代理机构办理。

申请注册商标应当提交申请文件，包括申请书、商标图样和商标法规定的其他文件。

《商标法》规定，每一件商标注册申请应当向商标局提交商标注册申请书1份、商标图样1份；以颜色组合或者着色图样申请商标注册的，应当提交着色图样，并提交黑白稿1份；不指定颜色的，应当提交黑白图样。以三维标志申请商标注册的，应当在申请书中予以声明，说明商标的使用方式，并提交能够确定三维形状的图样，提交的商标图样应当至少包含三面视图。以颜色组合申请商标注册的，应当在申请书中予以声明，说明商标的使用方式。以声音标志申请商标注册的，应当在申请书中予以声明，提交符合要求的声音样本，对申请注册的声音商标进行描述，说明商标的使用方式。对声音商标进行描述，应当以五线谱或者简谱对申请用作商标的声音加以描述并附加文字说明；

无法以五线谱或者简谱描述的，应当以文字加以描述；商标描述与声音样本应当一致。

商标注册申请等有关文件，可以以书面方式或者数据电文方式提出。

2）审查

商标注册审查主要对申请文件的齐全性、商标标识的合法性等进行审查。包括形式审查和实质审查两个阶段。

（1）形式审查。形式审查的内容主要有：申请手续是否齐备；申请人是否具备申请资格；申请文件是否齐全，填写是否正确；是否按规定缴纳了申请注册费等。对申请注册的商标，商标局应当自收到商标注册申请文件之日起9个月内审查完毕，符合商标法有关规定的，予以初步审定公告。在审查过程中，商标局认为商标注册申请内容需要说明或者修正的，可以要求申请人作出说明或者修正。申请人未作出说明或者修正的，不影响商标局作出审查决定。

（2）实质审查。实质审查的内容主要包括：申请注册的商标是否具有显著特征，便于识别；申请注册的商标是否与已注册在相同或类似商品或服务上的商标相同或近似；申请注册的商标是否违背商标法的禁止规定等。

3）公告和核准

申请注册的商标，凡符合商标法规定的，由商标局初步审定，予以公告，征询异议；凡不符合商标法规定的或者同他人在同一种商品或者类似商品上已注册的或者初步审定的商标相同或近似的，由商标局驳回申请，不予公告。公告期满无异议的，予以核准注册，发给商标注册证，并予公告。

13.4　商标异议、商标复审和商标诉讼

13.4.1　商标异议

商标异议是指对于商标局初步审定并予以公告的商标提出不同的意见。对初步审定公告的商标，自公告之日起3个月内，任何人认为该商标违反《商标法》不得作为商标使用的标志的规定、不得作为商标注册的标志的规定、不得以三维标志申请注册商标情形的规定的（涉及公共利益的），可以向商标局提出异议。在先权利人、利害关系人认为申请的商标违反商标法其他规定的（涉及个人利益的），可以向商标局提出异议。

商标局应当听取异议人和被异议人陈述事实和理由，经调查核实后，自公告期满之日起12个月内作出是否准予注册的决定，并书面通知异议人和被异议人。有特殊情况需要延长的，经国务院工商行政管理部门批准，可以延长6个月。

商标局作出准予注册决定的，发给商标注册证，并予公告。异议人不服的，可以依照商标法的规定向商标评审委员会请求宣告该注册商标无效。

13.4.2　商标复审和商标诉讼

具有以下几种情形之一的，当事人可以采取提起商标复审和商标诉讼的救济措施：

1）商标注册申请被驳回

对驳回申请不予公告的商标，商标局应当书面通知商标注册申请人。商标注册申请人不服的，可以自收到通知之日起15日内向商标评审委员会申请复审，商标评审委员会应当自收到申请之日起9个月内作出决定，并书面通知申请人。有特殊情况需要延长的，经国务院工商行政管理部门批准，可以延长3个月。当事人对商标评审委员会的决定不服的，可以自收到通知之日起30日内向人民法院起诉。

2）商标异议

因相关人提出异议，商标局作出不予注册决定的，被异议人不服，可以自收到通知之日起15日内向商标评审委员会申请复审。商标评审委员会应当自收到申请之日起12个月内作出复审决定，并书面通知异议人和被异议人。有特殊情况需要延长的，经国务院工商行政管理部门批准，可以延长6个月。被异议人对商标评审委员会的决定不服的，可以自收到通知之日起30日内向人民法院起诉。人民法院应当通知异议人作为第三人参加诉讼。

3）注册商标被宣告无效

商标注册后，商标局宣告注册商标无效，当事人对商标局的决定不服的，可以自收到通知之日起15日内向商标评审委员会申请复审。商标评审委员会应当自收到申请之日起9个月内作出决定，并书面通知申请人。有特殊情况需要延长的，经国务院工商行政管理部门批准，可以延长3个月。当事人对商标评审委员会的决定不服的，可以自收到通知之日起30日内向人民法院起诉。

4）注册商标被撤销

对商标局撤销或者不予撤销注册商标的决定，当事人不服的，可以自收到通知之日起15日内向商标评审委员会申请复审。商标评审委员会应当自收到申请之日起9个月内作出决定，并书面通知当事人。有特殊情况需要延长的，经国务院工商行政管理部门批准，可以延长3个月。当事人对商标评审委员会的决定不服的，可以自收到通知之日起30日内向人民法院起诉。

13.5 商标权的消灭

商标权的消灭是指注册商标权利人所享有的商标权在一定条件下丧失，不再受法律保护。商标权因注册商标被注销、被撤销或被宣告无效而消灭。

13.5.1 注册商标的注销

注册商标的注销是指商标主管机关基于某些原因取消注册商标专用权的一种管理措施，是商标权的正常消灭情况。商标法规定，在下列情况下，商标局可以注销注册商标：

（1）注册商标法定期限届满，未续展和续展未获批准的。

（2）商标权人申请注销。商标注册人可以申请注销其注册商标或者注销其商标在部分指定商品上的注册的。经商标局核准注销的，该注册商标专用权或者该注册商标专用权在该部分指定商品上的效力自商标局收到其注销申请之日起终止。

13.5.2　注册商标的撤销

注册商标的撤销是商标局或商标评审委员会依法强制取消已经注册的商标的管理措施。注册商标可因以下两种情形被撤销：

1）违法行为

商标注册人有下列行为之一的，由商标局责令限期改正；期满不改正的，由商标局撤销其注册商标：①自行改变注册商标的；②自行改变注册商标的注册人名义、地址或者其他注册事项的。

2）其他情形

注册商标成为其核定使用的商品的通用名称或者没有正当理由连续3年不使用的，任何单位或者个人可以向商标局申请撤销该注册商标。商标局应当自收到申请之日起9个月内作出决定。有特殊情况需要延长的，经国务院工商行政管理部门批准，可以延长3个月。

13.5.3　注册商标的无效宣告

1）无效宣告的情形

注册商标可能因以下两种情形被宣告无效：

（1）注册不当。已经注册的商标，违反《商标法》不得作为商标使用的标志的规定、不得作为商标注册的标志的规定、不得以三维标志申请注册商标情形的规定的，恶意注册商标的或者是以欺骗手段或者其他不正当手段取得注册的，由商标局宣告该注册商标无效；其他单位或者个人可以请求商标评审委员会宣告该注册商标无效。

当事人对商标局的决定不服的，可以依法申请复审。对商标评审委员会的决定不服的，可以依法向人民法院起诉。

其他单位或者个人请求商标评审委员会宣告注册商标无效的，商标评审委员会收到申请后，应当书面通知有关当事人，并限期提出答辩。商标评审委员会应当自收到申请之日起9个月内作出维持注册商标或者宣告注册商标无效的裁定，并书面通知当事人。有特殊情况需要延长的，经国务院工商行政管理部门批准，可以延长3个月。当事人对商标评审委员会的裁定不服的，可以依法起诉。人民法院应当通知商标裁定程序的对方当事人作为第三人参加诉讼。

（2）注册商标争议。已经注册的商标，违反《商标法》关于驰名商标、代理注册、他人在先权利等规定的，自商标注册之日起5年内，在先权利人或者利害关系人可以请求商标评审委员会宣告该注册商标无效。对恶意注册的，驰名商标所有人不受5年的时间限制。

商标评审委员会收到宣告注册商标无效的申请后，应当书面通知有关当事人，并限期提出答辩。商标评审委员会应当自收到申请之日起12个月内作出维持注册商标或者宣告注册商标无效的裁定，并书面通知当事人。有特殊情况需要延长的，经国务院工商行政管理部门批准，可以延长6个月。当事人对商标评审委员会的裁定不服的，可以依法起诉。人民法院应当通知商标裁定程序的对方当事人作为第三人参加诉讼。

2）无效宣告的法律后果

因注册不当或注册商标争议而被宣告无效的注册商标，由商标局予以公告。由于这类商标本来就属于不能被注册的违法商标，因而其商标权视为自始不存在。宣告注册商标无效的决定或者裁定，对宣告无效前人民法院作出并已执行的商标侵权案件的判决、裁定、调解书和工商行政管理部门作出并已执行的商标侵权案件的处理决定以及已经履行的商标转让或者使用许可合同不具有追溯力。但是，因商标注册人的恶意给他人造成的损失，应当给予赔偿。依该规定不返还商标侵权赔偿金、商标转让费、商标使用费，明显违反公平原则的，应当全部或者部分返还。

知识链接13-5

注册商标被撤销、被宣告无效或者期满不再续展的，自撤销、宣告无效或者注销之日起1年内，商标局对与该商标相同或者近似的商标注册申请，不予核准。

法定期限届满，当事人对商标局作出的驳回申请决定、不予注册决定、宣告注册商标无效的决定、撤销注册商标的决定不申请复审或者对商标评审委员会作出的复审决定、裁定不向人民法院起诉的，商标局的或商标评审委员会的决定、裁定生效。

13.6　注册商标专用权的保护

注册商标专用权的保护是指以法律的形式制止、制裁一切商标侵权行为，以保护商标权人对其商标所享有的专有使用等方面的权利不受侵害。

注册商标专用权的保护范围以核准注册的商标和核定使用的商品为限。

13.6.1　商标侵权行为的表现形式

凡是未经商标注册人同意，损害商标权人合法权益的行为都是商标侵权行为，具体包括以下几个方面：

1）假冒注册商标

这种行为是指未经商标注册人的许可，在同一种商品上使用与其注册商标相同的商标的行为。

2）仿冒注册商标

仿冒注册商标行为包括以下三种情形：①在同一种商品上使用与他人注册商标相近似的商标，容易导致混淆的；②在类似商品上使用与他人注册商标相同的商标，容易导致混淆的；③在类似商品上使用与他人注册商标相近似的商标，容易导致混淆的。在同一种商品或者类似商品上将与他人注册商标相同或者近似的标志作为商品名称或者商品装潢使用，误导公众的，也属于此类。

3）销售侵犯注册商标专用权的商品

这类侵权行为的主体是商品经销商，不管行为人主观上是否有过失，只要实施了销售侵犯注册商标专用权的商品的行为，就构成侵权。只是在行为人主观上是善意时，可以免除其赔偿责任。《商标法》规定：销售不知道是侵犯注册商标专用权的商品，能证明该商品是自己合法取得的并说明提供者的，不承担赔偿责任。

4）伪造、擅自制造他人注册商标标识或者销售伪造、擅自制造的注册商标标识

商标标识是指附有文字、图形或者其组合所构成的图样的物质载体，如商品上的商标铭牌、商标织带、瓶贴及外包装纸盒上印有商标的商品包装物或装饰品、装潢品等。凡有下列行为的，都构成侵权：①伪造他人注册商标标识。②擅自制造他人注册商标标识。③销售他人伪造的注册商标标识。④销售他人擅自制造的注册商标标识。

5）未经商标注册人同意，更换其注册商标并将该更换商标的商品又投入市场

这种侵权行为是指在商品销售过程中将他人在商品上合法贴附的商标清除、变动或者更换，冒充为自己的商品予以展示或者销售的行为。这种行为在消费者中间造成混淆，不仅损害了商标权人的合法权益，同时也损害了消费者的权益。对此，必须予以禁止。

6）故意为侵犯他人商标专用权行为提供便利条件

这种行为是指故意为侵犯他人注册商标专用权行为提供仓储、运输、邮寄、印制、隐匿、经营场所、网络商品交易平台等便利条件，帮助他人实施侵犯商标专用权的行为。

7）给他人的注册商标专用权造成其他损害的

注册商标中含有的本商品的通用名称、图形、型号，或者直接表示商品的质量、主要原料、功能、用途、重量、数量及其他特点，或者含有的地名，注册商标专用权人无权禁止他人正当使用。

三维标志注册商标中含有的商品自身的性质产生的形状、为获得技术效果而需有的商品形状或者使商品具有实质性价值的形状，注册商标专用权人无权禁止他人正当使用。

商标注册人申请商标注册前，他人已经在同一种商品或者类似商品上先于商标注册人使用与注册商标相同或者近似并有一定影响的商标的，注册商标专用权人无权禁止该使用人在原使用范围内继续使用该商标，但可以要求其附加适当区别标识。

将他人注册商标、未注册的驰名商标作为企业名称中的字号使用，误导公众，构成不正当竞争行为的，依照《中华人民共和国反不正当竞争法》处理。

知识链接13-6

人民法院为确定赔偿数额，在权利人已经尽力举证，而与侵权行为相关的账簿、资料主要由侵权人掌握的情况下，可以责令侵权人提供与侵权行为相关的账簿、资料；侵权人不提供或者提供虚假的账簿、资料的，人民法院可以参考权利人的主张和提供的证

据判定赔偿数额。

13.6.2　对商标侵权行为的处理

因侵犯注册商标专用权引起的纠纷，由当事人协商解决；不愿协商或协商不成的，被侵权人可以请求县级以上市场监督管理局予以处理。当事人对处理决定不服的，可以在收到处理通知之日起15日内，向人民法院起诉。被侵权人也可直接向人民法院起诉。

市场监督管理局或者人民法院根据侵权行为的不同情节，依法追究当事人的不同责任。

1）行政责任

县级以上市场监督管理局对其受理的商标案件认定已构成侵权的，有权采取以下措施：①责令侵权人立即停止侵权行为；②没收、销毁侵权商品和主要用于制造侵权商品、伪造注册商标标识的工具；③罚款。

2）民事责任

对于商标侵权行为，被侵权人可直接向侵权行为地人民法院起诉，要求法院责令侵权人停止侵害，消除影响，赔偿损失。

侵犯商标专用权的赔偿数额，按照权利人因被侵权所受到的实际损失确定；实际损失难以确定的，可以按照侵权人因侵权所获得的利益确定；权利人的损失或者侵权人获得的利益难以确定的，参照该商标许可使用费的倍数合理确定。对恶意侵犯商标专用权，情节严重的，可以按照上述方法确定数额的1倍以上5倍以下确定赔偿数额。赔偿数额应当包括权利人为制止侵权行为所支付的合理开支。权利人因被侵权所受到的实际损失、侵权人因侵权所获得的利益、注册商标许可使用费难以确定的，由人民法院根据侵权行为的情节判决给予500万元以下的赔偿。

人民法院审理商标纠纷案件，应权利人请求，对属于假冒注册商标的商品，除特殊情况外，责令销毁；对主要用于制造假冒注册商标的商品的材料、工具，责令销毁，且不予赔偿；或者在特殊情况下，责令禁止前述材料、工具进入商业渠道，且不予赔偿。

假冒注册商标的商品不得在仅去除假冒注册商标后进入商业渠道。

3）刑事责任

对构成侵犯注册商标专用权罪的侵权人，人民法院除了责令其赔偿被侵权人的损失外，还要依法追究侵权人的刑事责任。

构成侵犯注册商标专用权罪的往往是侵权行为情节严重或销售金额较大的行为，一般包括如下几种行为：①未经商标注册人许可，在同一种商品上使用与其注册商标相同的商标，构成犯罪的；②伪造、擅自制造他人注册商标标识或者销售伪造、擅自制造的注册商标标识，构成犯罪的；③销售明知是假冒注册商标的商品，构成犯罪的。

知识链接13-7

我国《商标法》规定，销售不知道是侵犯注册商标专用权的商品，能证明该商品是自己合法取得并说明提供者的，不承担赔偿责任。下列情形属于能证明该商品是自己合法取得的情形：①有供货单位合法签章的供货清单和货款收据且经查证属实或者供货单位认可的；②有供销双方签订的进货合同且经查证已真实履行的；③有合法进货发票且发票记载事项与涉案商品对应的；④其他能够证明合法取得涉案商品的情形。

13.7　对驰名商标的特殊保护

13.7.1　驰名商标的含义及认定

驰名商标是在市场上享有较高声誉并为相关公众所熟知的商标。驰名商标由国家市场监督管理总局商标局认定，任何组织和个人不得认定或者采取其他变相方式认定驰名商标。认定驰名商标，应当考虑下列因素：

（1）相关公众对该商标的知晓程度；

（2）该商标使用的持续时间；

（3）该商标的任何宣传工作的持续时间、程度和地理范围；

（4）该商标作为驰名商标受保护的记录；

（5）该商标驰名的其他因素。

国家市场监督管理总局商标局认定驰名商标后，应当将认定结果通知有关部门及申请人，并予以公告。

13.7.2　驰名商标的特殊保护

为了保护驰名商标所有人的合法权益，我国法律对驰名商标制定了有别于一般商标的特殊保护规定。为相关公众所熟知的商标，持有人认为其权利受到侵害时，可以依照商标法规定请求驰名商标保护。

1）对未在我国注册的驰名商标的保护

我国《商标法》规定，就相同或者类似商品申请注册的商标是复制、模仿或者翻译他人未在中国注册的驰名商标，容易导致混淆的，不予注册并禁止使用。"容易导致混淆"是商标局驳回注册申请并禁止使用的一个前提条件。这就要求主张驰名商标保护者举证，被其指控者使用有关商标的行为已经或者至少必然会造成消费者在商品来源或其他相关因素方面的误解或混同。这一具体规定，要求驰名商标所有人指控他人侵权时，一定要慎重，不能随意行使其权利。

2）对已在我国注册的驰名商标的保护

我国《商标法》规定，就不相同或者不相类似商品申请注册的商标是复制、模仿或者翻译他人已经在中国注册的驰名商标，误导公众，致使该驰名商标注册人的利益可能受到损害的，不予注册并禁止使用。这里的"误导公众，致使该驰名商标注册人的利益可能受到损害"，是商标局驳回注册申请并禁止使用的一个前提条件或者限制条件。如果缺少这一条件，就不能驳回该商标的注册申请，也不能禁止其使用。这一限定条件也是为了起到限制驰名商标所有人滥用权利的作用，以维护其他商品生产者的合法权益，为商品生产市场创造公平合理、健康有序的竞争局面。

3）防止商标淡化

商标淡化一般是指减少、削弱驰名商标或其他具有相当知名度的商标的识别性和显著性，损害、玷污其商誉的行为。商标淡化不仅损害商标权人的利益，而且还欺骗公众或者对公众造成误解。当事人认为他人将其驰名商标作为企业名称登记，可能欺骗公众或对公众造成误解的，可以向企业名称登记主管机关申请撤销该企业名称登记，企业名称登记主管机关应当依照《企业名称登记管理规定》处理。

13.7.3　对驰名商标使用的限制

《商标法》明确规定，生产、经营者不得将"驰名商标"字样用于商品、商品包装或者容器上，或者用于广告宣传、展览以及其他商业活动中。这是对拥有驰名商标者商标使用权的限制。

驰名商标认定的本意是对其扩大商标保护范围，可以跨类别、跨领域实施更好的保护，防止被侵权。驰名商标并非一个荣誉称号，商品贴着驰名商标标识，并不足以说明其质量胜过同类产品。而某些企业为了市场营销，断章取义把"驰名商标"作为评先评优的荣誉称号，用来提升商标的知名度，甚至有些企业为了获得"驰名商标"而弄虚作假，制造根本不存在的商标纠纷，以求在诉讼中被认定为驰名商标。

应知应会

1.概念：商标、商标权、商标法、商标侵权行为。
2.商标权的主体。
3.申请注册的商标应具备的条件。
4.商标禁用的内容。
5.商标权人的权利和义务。
6.商标注册原则。
7.商标侵权行为的表现形式。
8.驰名商标的特殊保护。

课堂实训

1.设计一枚商标，注意商标法对商标构成的各项规定。
2.实战演练：

案例分析一：

甲公司生产"美多"牌薰衣草保健枕，"美多"为注册商标，薰衣草为该枕头的主要原料之一。其产品广告和包装上均突出宣传"薰衣草"，致使"薰衣草"保健枕被消费者熟知，其他厂商也推出"薰衣草"保健枕。后来，"薰衣草"被法院认定为驰名商标。

请分析：下列哪些表述是正确的？

（1）甲公司可在一种商品上同时使用两种商标。

（2）甲公司对"美多"享有商标专用权，对"薰衣草"不享有商标专用权。

（3）法院对驰名商标的认定可写入判决主文。

（4）"薰衣草"描述了该商品的主要原料，不能申请注册。

案例分析二：

甲厂生产的A产品在国际市场上供不应求，便邀乙厂共同生产该产品。甲厂将A产品商标在国外注册。为满足国内市场的需要，甲、乙两厂均各自安排生产一部分产品供应国内市场。此时，一些小厂家也纷纷生产一些注明A产品字样的产品供应国内市场。

后来，乙厂在报纸上刊登声明称：A产品系乙厂的专有产品，A产品商标已在国家市场监督管理总局注册。为维护A产品商标的信誉和乙厂的合法权益，现要求未经乙厂同意的厂家今后一律不得再使用A产品商标，否则将追究其法律责任。如欲继续使用A产品商标，须于3个月内前来乙厂协商，并与乙厂签订协议，支付费用。

甲厂看到乙厂的声明后，十分不满，认为：A产品系甲厂试制并首先生产，虽由于各种原因一直未在国内进行商标注册，但已生产30余年，现乙厂要求包括甲厂在内的其他厂家未经乙厂同意一律不得再使用A产品商标，显然是侵犯了甲厂的合法权益，乙厂应将声明收回，甲厂使用A产品商标不必经乙厂同意。但乙厂表示，A产品虽系甲厂试制并首先生产，且生产历史较长，但一则甲厂一直未将该产品商标在国内注册，二则乙厂自承接A产品生产任务后，也已生产近30年，而且年产量在近20年间均较甲厂大，且对A产品的质量有所改进，使该产品成为名牌产品，长盛不衰。因此，为保护名牌产品的信誉和质量，维护乙厂的合法权益，乙厂将A产品商标注册，禁止他人未经同意擅自使用是完全正常的、合法的。

案例来源：曲振涛. 经济法案例教程［M］. 北京：经济科学出版社，2002.

请分析：

（1）商标权具有哪些特点？为什么甲厂将A商标在国外申请注册后，乙厂在国内还能将A商标成功注册。

（2）乙厂是否有权禁止包括甲厂在内的任何其他人未经乙厂同意擅自使用A产品的商标？如甲厂不经乙厂同意继续使用A产品商标属于什么行为？乙厂应当如何处理？

（3）甲厂怎样才能在国内继续使用A产品商标？我国法律对这种行为作了哪些规定？

第14章

专利法

学习目标

通过本章的学习，学生应了解专利的含义、专利权的取得程序、专利的保护期限和保护范围、侵犯专利权的法律责任等内容；理解和掌握专利权法律关系、专利申请原则、不同专利权的授予条件、专利侵权行为的表现形式及不构成侵权的行为方式等各项规定。最终达到能够较好地运用所掌握的法学理论解决实际问题的目的。

引入案例

甲、乙两公司各自独立发明了相同的节水型洗衣机。甲公司于2013年6月申请发明专利权，专利局于2014年12月公布其申请文件，并于2015年12月授予发明专利权。乙公司于2013年5月开始销售该种洗衣机。另查，本领域技术人员通过拆解分析该洗衣机，即可了解其节水的全部技术特征。丙公司于2014年12月看到甲公司的申请文件后，立即开始制造并销售相同的洗衣机。2016年1月，甲公司起诉乙、丙两公司侵犯其发明专利权。

你知道甲公司的下列诉请中哪些说法是正确的吗？（2017年国家司法考试题）

A. 如甲公司的专利有效，则丙公司于2014年12月至2015年11月使用甲公司的发明构成侵权

B. 如乙公司在答辩期内请求专利复审委员会宣告甲公司的专利权无效，则法院应中止诉讼

C. 乙公司如能证明自己在甲公司的专利申请日之前就已制造相同的洗衣机，且仅在原有制造能力范围内继续制造，则不构成侵权

D. 丙公司如能证明自己制造销售的洗衣机在技术上与乙公司于2013年5月开始销售的洗衣机完全相同，法院应认定丙公司的行为不侵权

14.1　专利、专利权、专利法

14.1.1　专利

"专利"作为一个法律名词，从不同的角度理解具有不同的含义：①发明创造，即取得了专利权的发明创造，这是针对技术上所保护的对象而言的，是一个技术概念；②专利权，即发明创造者经专利管理部门核准，对其发明创造享有的独占权，这是一个法律概念；③专利文献，是指国家颁发的授予专利权的专利证书等各种证明文件，这是从内容的角度对专利的理解。通常人们对专利的理解还是从法律的角度，即专利就是专利权的简称。专利权也是专利法的核心内容。

14.1.2　专利权

专利权是指国家专利行政管理部门根据专利法规定的条件，授予专利申请人对自己的发明创造所享有的专有权。专利权是知识产权的重要组成部分，具有独占性、时间性和地域性。

14.1.3　专利法

专利法是调整因确认、保护和行使发明创造专利权而产生的各种社会关系的法律规范的总称。专利法的核心问题是保护专利权。

专利法有广义和狭义之分。狭义的专利法仅指全国人大常委会1984年通过、于2008年第三次修改的《中华人民共和国专利法》（以下简称《专利法》）。广义的专利法除《专利法》外，还包括国家有关法律、行政法规和规章中关于专利的法律规范，如《中华人民共和国专利法实施细则》、《专利代理条例》、《专利管理机关查处冒充专利行为规定》和《专利行政执法办法》等。我国参加缔结的有关专利权国际保护方面的条约、协定，经批准公布具有国内法效力的，也属于广义的专利法的范畴。

14.2　专利权法律关系

专利权法律关系是指由专利法所确认和保护的社会关系，它由专利权主体、专利权客体和专利权的内容三个要素构成。

14.2.1　专利权主体

专利权主体是指依法享有专利权并承担相应义务的人。专利权主体又称专利权人，既可以是公民，也可以是法人；既可以是本国人，也可以是外国人。

1）发明人或者设计人

发明人或者设计人是指对发明创造的实质性特点做出创造性贡献的人。在完成发明创造的过程中，只负责组织工作的人、为物质技术条件的利用提供方便的人或者提供其他辅助性工作的人，不是发明人或者设计人。

发明创造是一种智力劳动的结果，是一种事实行为，不受民事行为能力的限制，因此，无论发明创造人是否具有完全民事行为能力，只要他完成了发明创造，就应认定为发明人或者设计人。

发明人或者设计人所完成的发明创造具有两种性质：一是非职务发明创造；二是职务发明创造。非职务发明创造是指既不是执行本单位的任务，也没有主要利用单位提供的物质技术条件所完成的发明创造。对于非职务发明创造，申请专利的权利属于发明人或设计人，其他任何人、任何单位不得压制。申请被批准后，专利权归发明人或设计人所有。

小思考14-1

发明人、设计人有何区别？

发明人、设计人，是指作出有关发明或设计的人。对于完成发明专利的人，称为发明人；完成实用新型或外观设计专利的人，称为设计人。发明人或设计人必须是对发明创造的实质性特点做出创造性贡献的人。

2）发明人、设计人所在单位

发明人或者设计人执行本单位的任务或主要利用本单位的物质技术条件所完成的发明创造属于职务发明创造，职务发明创造申请专利的权利属于该单位。全民所有制单位申请专利获准后，专利权归国家所有，该单位持有专利使用权；集体所有制单位申请专利获准后，专利权归该单位所有。

执行本单位任务所完成的发明创造是指与发明人职务有关的发明创造。其主要有以下三种情况：①在本职工作中完成的发明创造；②履行本单位交付的本职工作之外的任务所完成的发明创造；③退职、退休或者调动工作后1年内完成的，与其在原单位承担的本职工作或者原单位分配的任务有关的发明创造。

所谓本单位的物质条件，是指本单位的资金、设备、零部件、原材料或不向外公开的技术资料等。一般认为，如果在发明创造过程中，全部或者大部分利用了单位的资金、设备、零部件、原材料以及不对外公开的技术资料，这种利用对发明创造的完成起着必不可少的决定性作用，就可以认定为主要利用本单位物质技术条件。如果仅仅是少量利用了本单位的物质技术条件，且这种物质条件的利用对发明创造的完成无关紧要，则不能因此认定是职务发明创造。

对于利用本单位的物质技术条件所完成的发明创造，如果单位与发明人或者设计人订有合同，对申请专利的权利和专利权的归属作出约定的，从其约定。

职务发明创造的专利申请权和取得的专利权归发明人或设计人所在的单位。发明人或设计人享有署名权和获得奖金、报酬的权利，即发明人和设计人有权在专利申请文件及有关专利文献中写明自己是发明人或设计人；被授予专利权的单位应当按规定向职务发明创造的发明人或者设计人发放奖金；在发明创造专利实施后，单位应根据其推广应用的范围和取得的经济效益，对发明人或者设计人给予合理的报酬。发明人或设计人的署名权可以通过书面声明放弃。

3）共同发明人、受托人和受让人

两个以上单位或者个人合作完成的发明创造称为共同发明创造，完成该项发明创造的人，称为共同发明人或者共同设计人。共同发明创造申请专利的权限及专利的所有权由共同发明人约定；没有约定或约定不明的，由共同发明人共同享有。

一个单位或者个人接受其他单位或者个人委托所完成的发明创造，如果双方约定发明创造的申请专利权归委托方的，从其约定，申请被批准后，申请的单位或者个人为专利权人。如果单位或者个人之间没有协议，构成委托开发的，申请专利权以及取得的专利权归受托人，但委托人可以免费实施该专利技术。

受让人是指通过合同或继承而依法取得专利权的单位或者个人。专利申请权和专利权可以转让。专利申请权转让之后，如果获得了专利，那么受让人就是该专利权的新主体。

继受了专利申请权或专利权之后，受让人并不因此而成为发明人、设计人，该发明创造的发明人、设计人也不因发明创造的专利申请权或专利权转让而丧失其特定的人身权。

4）外国人、外国企业或外国其他组织

对于外国人在中国申请专利的，参照国际惯例按两类不同的情况区别对待。一类是在中国有经常居所或营业所的外国人、外国企业和外国其他组织。这类外国人按"无条件的国民待遇原则"，可依专利法享有与中国公民和法人同等的待遇。另一类是在中国没有经常居所或者营业所的外国人、外国企业和外国其他组织。这类外国人按"有条件的国民待遇原则"，依照其所属国同中国签订的协议或者共同参加的国际条约，或者依照互惠原则办理专利事务。

外国人在中国申请专利和办理其他专利事务时，应当委托依法设立的专利代理机构办理。

中国单位或者个人在国内申请专利和办理其他专利事务的，可以委托依法设立的专利代理机构办理。

14.2.2 专利权客体

专利权客体也称专利法所保护的对象，是指依法应授予专利的发明创造。依据我国专利法的规定，专利权客体包括发明、实用新型和外观设计三种。

1）发明

专利法所称发明是指对产品、方法或者其改进所提出的新的技术方案。作为专利法保护对象的发明应具有两个明显的特性：①技术特性，即发明是利用自然规律在技术应用上的创造和革新，而不是认识自然规律的理论创新，这是发明与发现相区别的关键。②法律特性。技术上的发明要想成为法律上认可的发明，必须经过专利主管机构的审查，确认其符合专利法规定的条件，才能取得专利权，并受到专利法保护。

发明包括产品发明、方法发明和改进发明。产品发明是关于新产品或新物质的发明。这种产品或物质是自然界从未有过的，是人利用自然规律作用于特定事物的结果。如果某物品完全处于自然状态下，没有经过任何人的加工或改造而存在，就不是我国专利法所规定的产品发明，不能取得专利权。方法发明是指为解决某特定技术问题而采用的手段和步骤的发明。能够申请专利的方法通常包括制造方法和操作使用方法两大类，前者如产品制造工艺、加工方法等，后者如测试方法、产品使用方法等。改进发明是对已有的产品发明或方法发明所作出的实质性革新的技术方案。

例如，爱迪生发明了白炽灯，白炽灯是一种前所未有的新产品，可以申请产品发明；生产白炽灯的方法可以申请方法专利；给白炽灯填充惰性气体，其质量和寿命都有明显提高，这是在原来基础之上进行的改进，可以申请改进发明。

2）实用新型

实用新型是指对产品的形状、构造或者其结合所提出的适于使用的新的技术方案。

产品的形状是指产品所具有的、可以从外部观察到的确定的空间形状。对产品形状所提出的技术方案可以是对产品的三维形态的空间外形所提出的技术方案，如对凸轮形状、刀具形状作出的改进；也可以是对产品的二维形态所提出的技术方案，如对型材的断面形状的改进。无确定形状的产品，如气态、液态、粉末状、颗粒状的物质或材料，其形状不能作为实用新型产品的形状特征。

产品的构造是指产品的各个组成部分的安排、组织和相互关系，它可以是机械构造，也可以是线路构造。机械构造是指构成产品的零部件的相对位置关系、连接关系和必要的机械配合关系等。线路构造是指构成产品的元器件之间的确定的连接关系。

技术方案是指对要解决的技术问题所采取的利用了自然规律的技术手段的集合。技术手段通常是由技术特征来体现的。

知识链接14-1

实用新型专利只保护产品。产品应当是经过产业方法制造的，有确定形状、构造且占据一定空间的实体。

一切方法（包括产品的制造方法、使用方法、通信方法、处理方法、计算机程序及将产品用于特定用途等）以及未经人工制造的自然存在的物品不属于实用新型专利保护的客体。

未采用技术手段解决技术问题，以获得符合自然规律的技术效果的方案，不属于实用新型专利保护的客体。

产品的形状以及表面的图案、色彩或者其结合的新方案，没有解决技术问题的，不属于实用新型专利保护的客体。产品表面的文字、符号、图表或者其结合的新方案，不属于实用新型专利保护的客体。例如，仅改变按键表面文字、符号的计算机或手机键盘；以12生肖形状为装饰的开罐刀；仅以表面图案设计为区别特征的棋类、牌类，如古诗扑克等。

3）外观设计

外观设计又称为工业产品外观设计，是指对产品的形状、图案或者其结合以及色彩与形状、图案相结合所作出的富有美感并适于工业上应用的新设计。

外观设计要取得专利权并受到专利法的保护必须符合以下要求：①外观设计应与应用产品结合为一体；②外观设计应有肉眼可见的明显的外观特点；③外观设计应是适于工业上应用的新设计。

外观设计的载体必须是产品。产品是指任何用工业方法生产出来的物品。不能重复生产的手工艺品、农产品、畜产品、自然力不能作为外观设计的载体。通常，产品的色彩不能独立构成外观设计，除非产品色彩变化的本身已形成一种图案。

实用新型是一种新的技术方案，它与发明的区别在于其必须表现为一种具有一定形状和构造的产品，它不适用于工艺方法、液体、气体以及粉末状的产品，其技术创造水平较低，所以，又被称为"小发明"。

外观设计和实用新型虽然都涉及产品的外形，但外观设计只涉及产品的外表，是以产品的形状、图案和色彩等为要素，以美感目的为核心，而不涉及制造产品的技术问题；实用新型则涉及如何解决产品外形的技术问题。

4）不授予专利权的发明创造或项目

国家并非对所有的发明创造都授予专利权，只是对符合法律规定的专利条件的发明创造才授予专利权和给予法律保护。根据我国经济技术发展水平，并参照国际通行做法，《专利法》规定，对于下列各项，不授予专利权：

（1）违反国家法律、社会公德和妨害公共利益的发明创造，以及违反法律、行政法规的规定获取或者利用遗传资源，并依赖该遗传资源完成的发明创造。如果一项发明创造其发明本身的目的与国家法律相违背，直接破坏了国家的法律秩序，则不能被授予专利权。例如某发明人发明了一种伪造货币的机器，虽然此设备的技术特征已具备发明创造条件，但它明显地违反了我国刑法的规定，构成了破坏金融管理秩序罪，因而不能授予专利权。

社会公德一般是指社会公众普遍认为是正当合理的并能接受的伦理道德观念。如果一件发明创造，因其发明的目的直接破坏了社会公德，则不能授予专利权，如发明新式吸毒机等。即使某发明人设计某种赌博性游艺活动，并没有违反社会公德的动机，但却因可以被用作赌博工具，从而危害社会公德，所以也不能被授予专利权。

妨害公共利益，是指妨害国家的、社会的和公众的共同利益。如果某项发明创造在客观上给社会公共利益造成危害，则不能授予专利权。比如，某种发明成果的应用会造成人们居住环境的污染（水污染、空气污染等），对该项成果就不能授予其专利权。

（2）科学发现。它是人们对自然界中客观存在的物质、现象、特征和规律所作出的前所未有的认识。它揭示的是已经存在的但尚未被人们认识的客观事物。它不同于利用自然规律对客观世界进行改造的技术方案。科学发现因不能直接以生产的方法制造和使用，不具备工业上的实用性，所以不属于专利法意义上的发明创造。我国专利法与其他国家专利法都对科学发现不授予专利权。

（3）智力活动的规则和方法。它是指导人们思维、推理、分析、判断的具有智力和抽象特点的一种智力性成果。智力活动的规则和方法包括的内容非常广泛，其中有数学计算方法、生产经营管理方法、科学管理规则、学习语言规则、游戏规则、比赛规则、编辑法、情报检索法等。由于这类成果不具备技术特征，不能把它运用到工业生产中去，因此，不能授予专利权。

（4）疾病诊断和治疗方法。它是指确定或消除有生命的人体和动物体的病灶和病因的步骤过程。实施的对象是人和动物，不能在工业上制造或使用。比如，中医的针灸和诊脉方法、西医的外科手术方法都不属于专利法所说的创造。同时，疾病的诊断和治疗方法关系到人的生命与健康，从人道主义考虑，不适宜被个人独占，因此，对它不能授予专利权。

药品或用于疾病诊断和治疗的仪器、装置等医疗设备，可以申请专利并取得专利权。

（5）动物和植物品种。世界上绝大多数国家专利法都规定动植物新品种不属于专利法保护对象，只有少数国家，如美国、德国、法国、意大利、日本、瑞典、波兰、匈牙利、罗马尼亚等分别授予动植物新品种专利权。

我国《专利法》规定，动植物新品种不受专利保护，但对其生产方法可以授予专利权。

（6）用原子核变换方法所获得的物质。它是指用核裂变或者核聚变的方法获得的元素或者化合物。对这类物质发明不给予专利保护，这是因为这类物质关系到国家经济、国防、科研和公共生活的重大利益。特别是核物质可以用于制造核武器，它关系着国家安全，不宜公开。

（7）对平面印刷品的图案、色彩或者二者的结合作出的主要起标识作用的设计。

小案例14-1

某企业临时工刘某看到公司提炼硫的设备比较先进，就召集甲、乙、丙三人利用该设备进行硫的纯化技术研究，其中刘某负责研究工作，甲负责沟通设备管理员以提供方便，乙负责项目的协调管理工作，丙负责项目的资料翻译与整理工作。企业发现了刘某等人的研究工作，要求分享研究成果，最后与刘某等人协商约定：该技术申请发明专利时专利权归发明人，但专利权取得后，企业可以免费使用10年。该技术成果完成后，刘某以自己的名义向专利局提出专利申请，并获得批准。

请分析：

（1）刘某的发明创造属于哪种专利形式？你知道该种专利形式要获得专利权必须具备哪些条件吗？

（2）甲、乙、丙是否为发明人？请说明理由。

（3）案例中的发明创造是否为职务发明创造？专利权人应该是谁？

14.2.3 专利权的内容

专利权的内容是指专利权人在专利保护期内享有的法定权利和承担的法定义务。

1）专利权人的权利

专利权人依法享有如下权利：

（1）实施权。专利权人享有自己制造、使用和销售其专利产品，或者使用其专利方法的权利。

（2）阻止权。专利权被授予后，除法律另有规定外，专利权人有权阻止他人未经许可，以生产经营为目的制造、使用、许诺销售、销售、进口其专利产品，或者使用其专利方法以及使用、许诺销售、销售、进口以该专利方法直接获得的产品。外观设计专利权被授予后，任何单位或者个人未经专利权人许可，都不得实施其专利，即不得为生产经营目的制造、销售、进口其外观设计专利产品。

（3）许可权。专利权人有权准许他人以生产经营为目的，制造、使用、许诺销售、销售其专利产品或使用其专利方法并获得报酬。专利权人许可他人实施其专利时，应与被许可人签订许可合同。

（4）转让权。专利权人有权将其专利权通过买卖、赠与等方式转移给其他单位或个人。专利权人转让专利权时应与受让人签订专利转让合同，经专利局登记和公告后专利转让才生效。

（5）标记权。专利权人有权在其专利产品或该产品的包装上印制专利标记和专利号。

（6）署名权。发明人、设计人有对自己完成的发明创造在专利申请文件中写明自己是发明人、设计人的权利。无论该专利是职务发明还是非职务发明，也无论该专利权是否发生转移。

（7）收益权。专利权人可以通过自己实施其专利、许可他人实施其专利或者转让其专利而获得相应的收益。

（8）请求权。对未经专利权人许可，又不属于法律规定的除外情形而实施专利的侵权行为，专利权人或利害关系人可以请求专利机关予以处理，也可提请人民法院依法审理。

2）专利权人的义务

（1）实施专利的义务。专利权被授予后，专利权人就负有实施该专利的义务，专利权人有义务以生产经营为目的制造、使用、销售其专利产品或使用专利方法，使其服务于社会。

（2）充分公开发明创造的义务。这是指专利权人在取得专利权之前的专利申请文件中，应当充分公开其发明创造的内容，以使所属领域技术人员能够实施为准。由于这是专利权人在取得专利权之前必须履行的义务，是取得专利权的前提条件，因而，充分公开发明创造，也是与专利权相对应的专利权人的义务。

（3）缴纳年费的义务。根据《专利法》的规定，专利权人应当自被授予专利权的当年开始缴纳年费。这是国家在专利有效期内为提供法律保护而向专利权人按年度收取的费用。未按期缴纳的，可能导致专利权终止。

（4）依法正确实施专利权的义务。专利权人在行使其专利权时，不得滥用专利权。专利权人滥用专利权的表现可能是多种多样的。例如，专利权人利用自己的独占地位，向交易对象强加不合理的条件；专利权已经终止但仍以专利的名义进行交易等。

（5）接受专利实施强制许可的义务。专利实施的强制许可是指国家专利管理机关不经专利权人的同意，通过行政程序直接允许有关申请人实施专利的行政措施。

根据我国《专利法》的规定，有下列情形之一的，国务院专利行政部门根据具备实施条件的单位或者个人的申请，可以给予实施发明专利或者实用新型专利的强制许可：①专利权人自专利权被授予之日起满3年，且自提出专利申请之日起满4年，无正当理由未实施或者未充分实施其专利的；专利权人行使专利权的行为被依法认定为垄断行为，为消除或者减少该行为对竞争产生的不利影响的。②在国家出现紧急状态或者非常情况时，或者为了公共利益的目的，国务院专利行政部门可以给予实施发明专利或实用新型专利的强制许可。③为了公共健康目的，对取得专利权的药品，国务院专利行政部门可以给予制造并将其出口到符合中华人民共和国参加的有关国际条约规定的国家或者地区的强制许可。④一项取得专利权的发明或者实用新型比以前已经取得专利权的发明或者实用新型具有显著经济意义的重大技术进步，其实施又有赖于前一发明或者实用新型的实施的，国务院专利行政部门根据后一专利权人的申请，可以给予实施前一发明或者实用新型的强制许可。

在依照④规定给予实施强制许可的情形下，国务院专利行政部门根据前一专利权人的申请，也可以给予实施后一发明或者实用新型的强制许可。国务院专利行政部门作出的给予实施强制许可的决定，应当及时通知专利权人，并予以登记和公告。取得实施强制许可的单位或者个人应当付给专利权人合理的使用费，或者依照中华人民共和国参加的有关国际条约的规定处理使用费问题。付给使用费的，其数额由双方协商；双方不能达成协议的，由国务院专利行政部门裁决。

14.3　专利权的取得

发明创造要取得专利权，必须满足实质条件和形式条件。实质条件是指申请专利的发明创造自身必须具备的属性；形式条件则是指申请专利的发明创造在申请文件和手续等程序方面的要求。

14.3.1　授予专利权的实质条件

1）授予发明或者实用新型专利权的实质条件

授予专利权的发明或实用新型应当具备新颖性、创造性和实用性。

（1）新颖性。新颖性是指该发明或者实用新型不属于现有技术，也没有任何单位或者个人就同样的发明或者实用新型在申请日以前向国务院专利行政部门提出过申请，并记载在申请日以后公布的专利申请文件或者公告的专利文件中。它是指在申请日以前没有同样的发明或者实用新型在国内外出版物上公开发表过、在国内公开使用过或者以其他方式为公众所知，也没有同样的发明或者实用新型由他人向专利局提出过申请并且记载在申请日以后公布的专利申请文件中。申请专利的发明或者实用新型满足新颖性的标准，必须与现有技术不同，同时还不得出现抵触申请。

现有技术是在申请日以前已经公开的技术。技术公开的方式有三种：

①出版物公开，即通过出版物在国内外公开披露技术信息。其地域标准是国际范围。这里的出版物，是指记载有技术或设计内容的独立存在的有形传播载体，可以是印刷、打印、手写的，也可以是采用电、光、磁、照相等其他方式制成的。其载体不限于纸张，也包括各种其他类型的载体，如缩微胶片、影片、磁带、光盘、照相底片等。公开披露技术信息，是指技术内容向不负有保密义务的不特定相关公众公开。公开的程度以所属技术领域一般技术人员能实施为准。

②使用公开，即在国内通过使用或实施方式公开技术内容。其地域标准是在我国境内。

③其他方式的公开，即以出版物和使用以外的方式公开，主要指口头方式公开，如通过口头交谈、讲课、做报告、讨论发言、在广播电台或电视台播放等方式，使公众了解有关技术内容。其地域标准是在我国境内。

抵触申请是指一项申请专利的发明或者实用新型在申请日以前，已有同样的发明或者实用新型由他人向专利局提出过申请，并且记载在该发明或实用新型申请日以后公布的专利申请文件中。先申请被称为后申请的抵触申请。设立抵触申请是为了防止专利重复授权。

我国《专利法》对丧失新颖性的例外情况作了规定：申请专利的发明、实用新型和外观设计在申请日以前6个月内，有下列情形之一的，不丧失新颖性：（1）在中国政府主办或者承认的国际展览会上首次展出的；（2）在国务院有关主管部门或全国性学术团体组织召开的学术会议或者技术会议上首次发表的；（3）他人未经申请人同意而泄露其内容的。

（2）创造性。创造性是指与现有技术相比，该发明具有突出的实质性特点和显著的进步。申请专利的发明或实用新型，必须与申请日前已有的技术相比，在技术方案的构成上有实质性的差别，必须是经过创造性思维活动的结果，不能是现有技术通过简单的分析、归纳、推理就能够自然获得的结果。发明的创造性比实用新型的创造性要求更高。创造性的判断以所属领域普通技术人员的知识和判断能力为准。

（3）实用性。它是指该发明或者实用新型能够制造或者使用，并且能够产生积极效果。它有两层含义：第一，该技术能够在产业中制造或者使用。第二，必须能够产生积极的效果，即同现有的技术相比，申请专利的发明或实用新型能够产生更好的经济效益或社会效益，如能提高产品数量、改善产品质量、增加产品功能、节约能源或资源、防治环境污染等。

2）授予外观设计专利权的实质条件

授予专利权的外观设计，应当具有新颖性（或原创性）、实用性、美观性以及与在先权利无冲突性。

（1）新颖性。新颖性是指该外观设计不属于现有设计，并且该外观设计与现有设计或者现有设计特征的组合相比具有明显的区别，也没有任何单位或者个人就同样的外观设计在申请日以前向国务院专利行政部门提出过申请，并记载在申请日以后公告的专利文件中。新颖性要求该外观设计不能是对现有外观设计的形状、图案、色彩或其组合的简单模仿、拼凑或微小改变，而应当类似于发明、实用新型那样也具有创造性。外观设计同时要具有美观性，并且不得与他人在申请日以前已经取得的商标权、著作权、企业名称（商号）权、肖像权、知名商品特有包装或者装潢使用权等合法权利相冲突。

（2）实用性。授予专利权的外观设计必须适于工业应用。这要求外观设计本身以及作为载体的产品能够以工业的方法重复再现，即能够在工业上批量生产。

（3）美观性。授予专利权的外观设计必须富有美感。美感是指外观设计从视觉感知上的愉悦感受，与产品功能是否先进没有必然联系。富有美感的外观设计在扩大产品销路方面具有重要作用。

（4）与在先权利无冲突性。这里的在先权利包括了商标权、著作权、企业名称（商号）权、肖像权、知名商品特有包装装潢使用权等。"在先取得"是指在外观设计的申请日或者优先权日之前取得。

14.3.2 专利申请

1）专利申请原则

（1）申请在先原则。它是指在两个以上的申请人分别就同样的发明创造申请专利的情况下，对先提出申请的申请人授予专利权。申请在先的判断标准是专利申请日。如果两个以上申请人在同一日分别就同样的发明创造申请专利的，应当在收到专利行政管理部门的通知后自行协商确定申请人。如果协商不一致，或者一方拒绝协商，则国家专利管理机关对双方都不授予专利权。

（2）申请单一性原则。单一性原则是指一份专利申请文件只能就一项发明创造提出专利申请，即"一申请一发明"原则。专利申请应当符合专利法有关单一性的规定。就发明或者实用新型的专利申请而言，一件发明或者实用新型专利申请应当限于一项发明或者实用新型。属于一个总的发明构思的两项以上的发明或者实用新型，可以作为一件申请提出。但该两项以上的发明或者实用新型应当在技术上相互关联，包含一个或者多个相同或者相应的特定技术特征，其中特定技术特征是指每一项发明或实用新型作为整体，对现有技术做出贡献的技术特征。就外观设计的专利申请而言，一件外观设计专利申请应当限于一项外观设计。同一产品两项以上的相似外观设计，或者用于同一类别并且成套出售或者使用的产品的两项以上的外观设计，可以作为一件申请提出。同一类别是指产品属于分类表中同一小类。成套出售或者使用是指各产品的设计构思相同，并且习惯上同时出售、同时使用。

（3）优先权原则。它是指将专利申请人首次提出专利申请的日期，视为后来一定期限内专利申请人就相同主题在他国或本国提出专利申请的日期。专利申请人依法享有的这种权利称为优先权，享有优先权的首次申请日称为优先权日。

优先权包括外国优先权和本国优先权。外国优先权是指申请人自发明或者实用新型在外国第一次提出专利申请之日起12个月内，或者自外观设计在外国第一次提出专利申请之日起6个月内，又在中国就相同主题提出专利申请的，依照该外国同中国签订的协议或者共同参加的国际条约，或者依照相互承认优先权的原则，可以享有优先权。本国优先权是指申请人自发明或者实用新型在中国第一次提出专利申请之日起12个月内，又向国务院专利行政部门就相同主题提出专利申请的，可以享有优先权。申请人要求优先权的，应当在申请的时候提出书面声明，并且在3个月内提交第一次提出的专利申请文件的副本；未提出书面声明或者逾期未提交专利申请文件副本的，视为未要求优先权。

知识链接14-2

任何单位或者个人将在中国完成的发明创造或者实用新型向外国申请专利的，应当事先报经国务院专利行政部门进行保密审查。保密审查的程序、期限等按照国务院的规定执行。

中国单位或者个人可以根据中华人民共和国参加的有关国际条约提出专利国际申请。申请人提出专利国际申请的，应当遵守上述规定。

中国单位或者个人向外国人、外国企业或者外国其他组织转让专利申请权或者专利权的，应当依照有关法律、行政法法规的规定办理手续。

2）专利申请文件

专利申请首先应提交法律规定的必要的申请文件，否则该申请不被专利局受理。因申请的专利项目不同，专利申请文件有所不同。

（1）申请发明或实用新型专利的，应当提交请求书、说明书及其摘要和权利要求书等文件。

（2）申请外观设计专利的，应当提交请求书和该外观设计的图片或照片以及对该外观设计的简要说明等文件。申请人提交的有关图片或者照片应当清楚地显示要求专利保护的产品的外观设计。

3）专利申请日的确定

专利局收到专利申请文件之日为专利申请日，如果申请文件是邮寄的，以寄出的邮戳日为申请日。

申请日的确定具有很重要的意义，它是审查发明创造新颖性和创造性的时间界限。同样的发明创造如果有两个以上的申请人分别提出申请，则申请日是确定专利权归属的客观标准。申请日也是确定优先权的依据。专利权的有效期限也从申请日开始计算。

小案例14-2

2012年8月15日，甲国某公司完成一项外观设计。同年9月30日，该公司向本国管理机构提交了外观设计专利申请，2013年4月3日，该公司又向我国国务院专利行政部门递交了同样的申请。而我国一家公司于2012年11月4日完成了相同的外观设计，并且于2013年1月5日向我国国务院专利行政部门递交了专利申请（甲国为《保护工业产权巴黎公约》成员国）。

请分析：如果该发明创造符合我国《专利法》规定的授予专利权的条件，专利权应授予哪个公司？为什么？

14.3.3 专利申请的审查与专利权的授予

我国专利法对发明专利申请采取早期公开、迟延审查制度；对实用新型、外观设计专利申请采取登记制度。

1）发明专利申请的审批

一项发明专利申请受理后，经过初步审查、早期公布、实质审查、授权并公告等程序才能被授予专利权。

（1）初步审查。它又称形式审查。专利行政部门在收到发明专利申请后，对该申请是否符合专利法的规定进行审查。其内容主要包括：发明专利申请是否具备专利法所规定的请求书、说明书及摘要、权利要求书和其他必要文件，这些文件是否符合规定的格式；申请内容是否明显违反国家法律、社会公德或者妨害公共利益；申请专利的发明是否明显属于不授予专利权的范围；专利申请人是否符合申请人主体资格；有无申请人委托代理机构的委托书；发明专利申请是否符合"一申请一发明"的原则。

（2）早期公布。专利行政部门收到发明专利申请后，经初步审查符合法律要求的，自申请日起满18个月即行公布。专利行政部门可根据申请人的请求早日公布其申请。公布的内容主要有说明书及其摘要、权利要求书等项目。这是专利行政部门在对此项专利申请给予临时性保护的情况下，早期向公众提供科技发明新信息，以免重复研究。

（3）实质审查。这是对申请专利发明的新颖性、创造性、实用性等实质性条件进行的审查，以确定是否授予专利。发明专利申请自申请日起3年内，专利行政部门可以根据申请人随时提出的请求，对其申请进行实质审查。申请人无正当理由逾期不请求审查或不提交有关资料的，该申请即视为撤回。专利行政部门认为必要时，可自行对发明专利申请进行实质审查，但应当通知申请人。专利局对发明专利申请进行实质审查后，认为不符合专利法规定的，应当通知申请人，要求其在指定的期限内陈述意见，或者对其申请进行修改。无正当理由逾期不答复的，该申请被视为撤回。

（4）授权并公告。发明专利申请经实质审查没有发现驳回理由的，专利行政部门应作出授予发明专利权的决定，发给发明专利证书，并予以登记和公告。

2）实用新型和外观设计专利申请的审批

对实用新型和外观设计专利申请只进行形式审查。经初步审查没有发现驳回理由的，专利行政部门应当作出授予实用新型专利权或者外观设计专利权的决定，发给相应的专利证书，并予以登记和公告。

发明专利权、实用新型专利权、外观设计专利权均自公告之日起生效。

14.3.4 专利申请的驳回与复审

1）专利申请的驳回

专利行政部门在对专利申请进行审查的过程中，发现有下列情况之一的，应当予以驳回：①申请的对象是专利法所称的发明创造以外的其他智力成果或者属于暂不受专利法保护的发明创造；②违反国家法律、社会公德或者妨害公共利益的发明创造；③不具有新颖性、创造性、实用性的发明创造；④他人已就同一发明创造申请在先的，或者两个以上申请人同日就相同发明创造申请专利而未能协商确定申请人的；⑤申请违反了单一性原则；⑥未依照专利法的要求充分公开其发明创造的内容；⑦权利要求书中提出的权利要求超出了说明书范围；⑧专利行政部门经初步审查或实质审查认为申请不符合专利法有关规定，要求申请人陈述意见、补正或修改，申请人陈述意见、补正或修改后，国务院专利行政部门仍然认为不符合规定的。

2）专利申请的复审

专利申请人对国务院专利行政部门驳回申请的决定不服的，可以自收到通知之日起3个月内，向专利复审委员会请求复审。专利复审委员会复审后，依法作出"维持原来的决定，驳回复审请求"或"撤销原来的决定，批准复审请求"的决定，并通知专利申请人。

专利申请人对专利复审委员会的复审决定不服的，可以自收到通知之日起3个月内向人民法院起诉。

依法被授予的专利权可能因下列原因而终止：（1）专利权的期限届满；（2）没有按照规定缴纳年费；（3）专利权人以书面声明放弃其专利；（4）专利权人死亡，无继承人或受遗赠人。

已经取得的专利权因不符合专利法的规定，根据有关单位或个人的请求，经专利复审委员会审核后可依法被宣告为无效。对专利复审委员会宣告发明专利无效或者维持发明专利权的决定不服的，可以在收到通知之日起3个月内向人民法院起诉。宣告无效的专利权视为自始即不存在。但在宣告专利无效前人民法院作出并已执行的专利侵权的判决、调解书，已经履行或者强制执行的专利侵权纠纷处理决定，以及已经履行的专利实施许可合同和专利转让合同，不具有追溯力。但是因专利权人的恶意给他人造成的损失，应当给予赔偿。依照法律规定不返还专利侵权赔偿金、专利使用费、专利权转让费，明显违反公平原则的，应当全部或者部分返还。

14.4　专利权的保护

14.4.1　专利权保护期限和范围

1）专利权保护期限

这是指专利权自生效时起到失效时止的期间。我国《专利法》规定，发明专利权的保护期限为20年；实用新型和外观设计专利权的保护期限为10年，均自申请日起计算。

2）专利权保护范围

发明或者实用新型专利权的保护范围以其权利要求书的内容为准，说明书及附图可以用于解释权利要求的内容；外观设计专利权的保护范围以表示在照片或者图片中的该外观设计专利产品为准。

14.4.2　专利侵权行为

1）专利侵权行为的含义

专利侵权行为是指在专利权有效期限内，行为人未经专利权人许可，以营利为目的，实施了受法律保护的有效专利的行为。

2）专利侵权行为的表现形式

专利侵权行为包括直接侵权行为和间接侵权行为两类。

（1）直接侵权行为。它是指直接由行为人实施的侵犯他人专利权的行为，其表现形式包括：①制造发明、实用新型、外观设计专利产品的行为；②使用发明、实用新型专利产品的行为；③许诺销售发明、实用新型专利产品的行为；④销售发明、实用新型或外观设计专利产品的行为；⑤进口发明、实用新型、外观设计专利产品的行为；⑥使用专利方法以及使用、许诺销售、销售、进口依照该专利方法直接获得产品的行为；⑦假冒他人专利的行为。

为生产经营目的使用、许诺销售或者销售不知道是未经专利权人许可而制造并售出的专利侵权产品，能证明其产品合法来源的，仍然属于侵犯专利权的行为，需要停止侵害，但不承担赔偿责任。

（2）间接侵权行为。它是指行为人本身的行为并不直接构成对专利权的侵害，但实施了诱导、怂恿、教唆、帮助他人侵害专利权的行为。这种侵权行为通常是为直接侵权行为制造条件，常见的表现形式有：①行为人销售专利产品的零部件、专门用于实施专利产品的模具或者用于实施专利方法的机械设备；②行为人未经专利权人授权或者委托，擅自转让其专利技术的行为等。

根据《民法通则》的规定，将间接侵权行为认定为共同侵权。

3）不视为侵犯专利权的行为

根据我国《专利法》的规定，下列情形不视为侵犯专利权：①专利产品或者依照专利方法直接获得的产品，由专利权人或者经其许可的单位、个人售出后，使用、许诺销售、销售、进口该产品的；②在专利申请日前已经制造相同产品、使用相同方法或者已经做好制造、使用的必要准备，并且仅在原有范围内继续制造、使用的；③临时通过中国领土、领水、领空的外国运输工具，依照其所属国同中国签订的协议或者共同参加的国际条约，或者依照互惠原则，为运输工具自身的需要而在其装置和设备中使用有关专利的；④专为科学研究和实验而使用有关专利的。⑤为提供行政审批所需要的信息，制造、使用、进口专利药品或者专利医疗器械的，以及专门为其制造、进口专利药品或者专利医疗器械的。

对专利侵权行为，专利权人或利害关系人可以与侵权人协商解决；不愿协商或协商不成的，专利权人或利害关系人可以向人民法院起诉，也可以请求专利管理部门处理。

侵犯专利权的诉讼时效为2年，自专利权人或利害关系人得知或者应当得知侵权行为之日起计算。

14.4.3 专利侵权的法律责任

根据专利法的规定，专利侵权的法律责任包括民事责任、行政责任、刑事责任。

1）民事责任

承担民事责任的形式主要有停止侵权、赔偿损失、消除影响。赔偿损失具体数额的认定，可以根据专利权人因专利侵权行为所遭受的实际损失计算，也可以根据侵权人因侵权行为所获得的非法利润计算，还可以依照实施许可的使用费额计算。

2）行政责任

我国法律对侵犯专利权的行为要求侵权人承担的行政责任包括：责令停止侵权行为、责令改正、没收违法所得或者侵权产品、罚款及给予有关责任人员行政处分等。

3）刑事责任

我国《专利法》规定：①假冒他人专利构成犯罪的，依法追究刑事责任；②违反本法规定向外国申请专利，泄露国家秘密构成犯罪的，依法追究刑事责任；③从事专利管理工作的国家机关工作人员以及其他有关国家机关工作人员玩忽职守、滥用职权、徇私舞弊，构成犯罪的，依法追究刑事责任。

应知应会

1.概念：专利、专利权、专利法、发明人、设计人、发明、实用新型、外观设计、专利侵权行为。

2.专利权主体的种类。

3.专利权客体的范围。

4.专利权主体的权利和义务。

5.不授予专利权的发明创造或项目。

6.专利申请的原则。

7.不同专利权的授予条件。

8.专利侵权行为的表现形式。

课堂实训

1.比较三种发明创造的异同点。

2.实战演练：

案例分析一：

甲公司指派员工唐某从事新型灯具的研制开发，唐某于2008年3月完成了一种新型灯具的开发。甲公司对该灯具的技术采取了保密措施，并于2009年5月19日申请了发明专利。2010年12月1日，国家专利局公布该发明专利申请，并于2011年8月9日授予甲公司专利权。之后，甲公司与乙公司于2012年7月签订专利实施许可合同，约定乙公司使用该灯具专利技术4年，每年许可使用费10万元。

2013年3月，甲公司欲以80万元将该专利技术转让给丙公司。唐某、乙公司也想以同等条件购买该专利技术。最终甲公司将该专利出让给了唐某。唐某购得专利后，拟以该灯具专利作价80万元作为出资，设立一家注册资本为300万元的有限责任公司。

2013年12月，有人向专利复审委员会申请宣告该专利无效，理由是丁公司已于2008年12月20日开始生产相同的灯具并在市场上销售，该发明不具有新颖性。经查，丁公司在获悉甲公司开发出新型灯具后，以不正当手段获取了甲公司的有关技术资料并一直在生产、销售该新型灯具。

请分析：

（1）唐某作为发明人，依法应享有哪些权利？

（2）甲公司可否与乙公司签订专利实施许可合同？如最终认定该专利无效，乙公司可否以此为由要求甲公司承担责任？

（3）甲公司将专利技术出让给唐某时，应履行什么手续？

（4）该专利是否会因为不具有新颖性而被宣告无效？为什么？

（5）丁公司的行为是否构成专利侵权？为什么？

案例分析二：

甲拥有一节能热水器的发明专利权，乙对此加以改进后获得重大技术进步，并取得新的专利权，但是专利之实施有赖于甲的专利之实施，双方又未能达成实施许可协议。在此情形下，下述哪些说法是正确的？（2003年国家司法考试题）

A.甲可以申请实施乙之专利的强制许可

B.乙可以申请实施甲之专利的强制许可

C.乙在取得实施强制许可后，无须给付甲使用费

D.任何一方在取得实施强制许可后即享有独占的实施权

第四编
经济纠纷解决的法律制度

经济纠纷是指经济主体在经济交往过程中，因对经济权利和经济义务有不同的认识或因合法权益受到侵犯而引起的争议。

在市场经济条件下，人们的经济交往日益频繁，竞争日趋激烈，由此而产生的经济纠纷也日渐增多。经济纠纷的大量存在不但妨碍了市场经济的迅速发展，也成为社会经济的不稳定因素，因而，要对其予以及时解决。

解决经济纠纷可以采用协商、调解、仲裁、诉讼等多种方式。采用仲裁或诉讼方式解决纠纷时所作出的调解、裁决或判决，具有法律约束力，当事人必须履行。一方当事人不履行的，另一方当事人可以请求人民法院强制执行。因此，仲裁和诉讼方式成为当事人解决经济纠纷的主选方式。

本编主要阐述经济诉讼和经济仲裁这两种法律制度的规定。

第15章

经济诉讼法

通过本章的学习，学生应了解经济审判的一般法律规定；知晓经济审判的含义、任务、司法程序等内容；熟悉并掌握经济审判的受案范围、经济审判原则、经济审判制度、经济案件的管辖等项法律规定。最终达到能够较好地运用经济诉讼的方式，解决经济纠纷的目的。

引入案例

原告甲持仓储保管合同将乙起诉至某区人民法院，请求被告乙赔偿因被告仓储设备故障给原告造成的损失。某区人民法院于3月10日将一审判决书送达给双方当事人后，双方当事人均表示不服，要求上诉。甲于3月27日向中级人民法院口头提出上诉，中级人民法院指派审判员张某独自审理该案。经双方同意后，审判员张某进行了调解，双方达成了协议。但在调解书送达时，甲拒绝签收，又向某高级人民法院申请再审。高级人民法院经审查，认为调解协议违法，于是决定按审判监督程序再审，裁定撤销一审判决书、二审调解协议书，将此案发回区人民法院重审。区人民法院再审判决后，甲又向中级人民法院提起上诉，中级人民法院驳回上诉，甲继续向高级人民法院申请再审。

请问：本案在诉讼程序上有哪些不合法之处？

经济诉讼亦即经济审判，是指人民法院在当事人和其他诉讼参与人的参加下，以审理、判决、执行等方式解决经济纠纷的活动，以及由这些活动产生的各种诉讼关系的总和。

经济诉讼主要依据《中华人民共和国民事诉讼法》（1991年4月9日通过，2017年6月27日第三次修正；以下简称《民事诉讼法》）和《最高人民法院关于适用〈中华人民共和国民事诉讼法〉的解释》（2014年12月18日通过，自2015年2月4日起施行；以下简称《司法解释》）的规定进行。

本章内容主要依据这两部法律的规定编写。

15.1　经济诉讼的主体

经济诉讼的主体即经济诉讼活动的参与人，包括人民法院、诉讼当事人、诉讼代理人和其他诉讼参与人。

15.1.1　人民法院

人民法院是国家的审判机关，在经济诉讼中，它代表国家依法行使审判权并履行相应的职责。

15.1.2　诉讼当事人

经济诉讼的当事人是指因经济权益发生纠纷，以自己的名义参加诉讼，受人民法院裁判约束，与案件审理结果有直接利害关系的公民、法人和其他组织。当事人主要有原告、被告和第三人。

（1）原告。原告是指因自己的经济权益受到侵害或者与他人发生经济权益争议，以自己的名义向人民法院起诉并引起诉讼程序发生的人。

（2）被告。被告是指被诉称侵害了原告合法经济权益或与原告发生经济权益争议而被人民法院通知应诉的人。

（3）第三人。第三人是指对原告和被告争议的诉讼标的，即原、被告所争议的经济实体权利，具有独立的请求权，或者虽无独立的请求权，但案件的处理结果与其有法律上的利害关系，而加入诉讼中来的人。第三人可分为有独立请求权的第三人和无独立请求权的第三人两种。

15.1.3　诉讼代理人

诉讼代理人是指根据诉讼代理权，以被代理的当事人的名义进行经济诉讼的人。诉讼代理人参加诉讼，是为了维护被代理的当事人的利益。诉讼代理人在代理权限范围内所为的诉讼行为，视为当事人的行为，对被代理的当事人发生法律效力。

当事人、法定代理人可以委托1~2人作为诉讼代理人。下列人员可以被委托为诉讼代理人：（1）律师、基层法律服务工作者；（2）当事人的近亲属或者工作人员；（3）当事人所在社区、单位以及有关社会团体推荐的公民。

15.1.4　其他诉讼参与人

其他诉讼参与人是指除上述人员以外其他参与诉讼活动的人，包括证人、鉴定人、勘验人、翻译人员等。他们虽以自己的名义参与诉讼，但与案件没有直接利害关系，不受人民法院裁判约束，只是根据案件审理需要，依法履行一定的诉讼义务，协助人民法院完成审判活动。

15.2 经济诉讼的基本原则

15.2.1 人民法院依法独立行使职权的原则

人民法院独立行使审判权，是指对各种诉讼案件，统一由人民法院审判，其他任何机关、组织和个人都无权审理也无权干涉。人民法院审判各类案件，必须严格按照诉讼法的规定行使职权，不能随意行事。

15.2.2 以事实为依据，以法律为准绳的原则

以事实为依据，以法律为准绳是指人民法院在办案时，必须尊重事实，忠实于事实真相，以事实作为处理案件的根据；在查明事实的基础上，严格按法律规定裁决案件，以保证办案的准确性。

15.2.3 公民在适用法律上一律平等的原则

公民在适用法律上一律平等是指人民法院在诉讼活动中，对于一切公民，不分民族、种族、性别、职业、宗教信仰等，在适用法律上一律平等，不允许任何人享有任何特权。

15.2.4 自愿进行调解的原则

在审理经济纠纷案件时，调解是经济审判的重要原则。经济纠纷案件大都是我国企业之间、企业与其他经济组织之间的经济争议。它们之间虽因这样或那样的原因发生利益纠纷或矛盾，但并没有根本的利害冲突，是经济业务协作过程中发生的暂时的、局部的不协调。因此，法院审理经济纠纷案件应在双方当事人自愿的基础上着重进行调解。调解达成协议的，除特殊情形外，人民法院应当依据调解协议的内容制作调解书，调解协议的内容不得违反法律规定。调解书经双方当事人签收后，即具有法律效力。但是，调解不成的，应当及时判决。

15.2.5 诚实信用原则

《民事诉讼法》规定，民事诉讼应当遵循诚实信用原则。这里的诚实信用原则是指诉讼当事人、其他诉讼参与人及法官在诉讼进行中，其诉讼行为应该符合诚实信用的要求。只有这样，才能有效保护当事人的诉讼利益，并且法院有限的审判资源不被浪费。

15.2.6 处分原则

《民事诉讼法》规定，当事人有权在法律规定的范围内处分自己的民事权利和诉讼权利。在民事诉讼中，当事人对民事实体权利的处分，往往是通过民事诉讼权利来实现的，如是否起诉，是否放弃或者变更诉讼请求，是否调解，是否上诉等。在民事诉讼

中，只有当事人才享有处分权，诉讼代理人能否代理当事人行使处分，则要视其代理权限的大小。

15.2.7 支持起诉原则

《民事诉讼法》规定，机关、社会团体、企业事业单位对损害国家、集体或者个人民事权益的行为，可以支持受损害的单位或者个人向人民法院起诉。

支持起诉应具备一定的条件。首先，加害人的行为必须是侵犯了国家、集体或者个人的民事权益，构成了侵权行为。其次，有权支持起诉的，只限于对受害者负有保护责任的机关、团体、企事业单位，公民个人不能作为支持起诉的主体。最后，必须是受害人没有起诉，如受害人已起诉，因其合法权益已置于人民法院的司法保护之下，其他单位无须再支持起诉。

知识链接 15-1

经济诉讼还要遵循以下诉讼的共有原则：（1）使用本民族语言文字进行诉讼的原则；（2）人民检察院对诉讼活动进行检察监督的原则；（3）辩论原则；（4）同等原则和对等原则。

15.3 经济诉讼的基本制度

15.3.1 公开审判制度

公开审判制度是指人民法院审理经济案件，除法律另有规定的情形外，审判过程及结果应当向群众、社会公开，允许公民旁听，允许新闻记者采访、报道。

15.3.2 合议制度

合议制度是指经济案件的审判由三个以上的单数审判员组成合议庭进行审理。合议庭评议案件时实行少数服从多数，不同意见可以保留，并记入笔录。

15.3.3 回避制度

回避制度是指为了保证案件的公正审判，而要求与案件有一定利害关系的审判人员或其他有关人员，不得参与本案的审理活动或诉讼活动的审判制度。按照《司法解释》的规定，审判人员有下列情形之一的，应当自行回避，当事人有权申请其回避：（1）是本案当事人或者当事人近亲属的；（2）本人或者其近亲属与本案有利害关系的；（3）担任过本案的证人、鉴定人、辩护人、诉讼代理人、翻译人员的；（4）是本案诉讼代理人近亲属的；（5）本人或者其近亲属持有本案非上市公司当事人的股份或者股权的；（6）与本案当事人或者诉讼代理人有其他利害关系，可能影响公正审理的。

审判人员有下列情形之一的，当事人有权申请其回避：（1）接受本案当事人及其受托人宴请，或者参加由其支付费用的活动的；（2）索取、接受本案当事人及其受托人财物或者其他利益的；（3）违反规定会见本案当事人、诉讼代理人的；（4）为本案当事人推荐、介绍诉讼代理人，或者为律师、其他人员介绍代理本案的；（5）向本案当事人及其受托人借用款物的；（6）有其他不正当行为，可能影响公正审理的。

适用回避制度的人员包括审判人员（包括参与本案审理的人民法院院长、副院长、审判委员会委员、庭长、副庭长、审判员、助理审判员和人民陪审员）、书记员、翻译人员、鉴定人、勘验人员、执行人员等。

当事人提出回避申请，应当说明理由，在案件开始审理时提出；回避事由在案件开始审理后知道的，也可以在法庭辩论终结前提出。院长担任审判长时的回避，由审判委员会决定；审判人员的回避，由院长决定；其他人员的回避，由审判长决定。

15.3.4 两审终审制度

两审终审制度是指一个案件经过两级人民法院审判后即告终结的制度。即对第一审人民法院的审判，当事人不服可以提出上诉，人民检察院可以提出抗诉，第二审人民法院所作出的判决和裁定是终审的判决和裁定，一经作出即发生法律效力。最高人民法院是我国的最高审判机关，它所作出的任何判决和裁定，都是终审的判决和裁定，一经作出立即生效。

15.4 经济诉讼的受案范围和案件管辖

15.4.1 经济诉讼的受案范围

经济诉讼的受案范围是指哪些经济纠纷案件由人民法院受理。经济诉讼的受案范围是明确人民法院与仲裁机关和有关行政机关之间受理经济纠纷案件的分工、权限。人民法院受理的经济纠纷案件主要包括各种合同纠纷案件和经济损害赔偿纠纷案件。

15.4.2 经济诉讼的管辖

人民法院系统内部，各级法院之间和同级法院之间受理第一审经济纠纷案件的分工和权限叫管辖。我国法律确立的管辖制度包括级别管辖、地域管辖、移送管辖和指定管辖等。

1）级别管辖

我国人民法院实行"四级二审制"。四级为最高人民法院、高级人民法院、中级人民法院和基层人民法院。其中，基层人民法院管辖一般的经济纠纷案件；中级人民法院管辖重大的涉外经济纠纷案件、本辖区内有重大影响的经济纠纷案件、最高人民法院确定由中级人民法院管辖的案件、基层人民法院第一审经济纠纷的上诉二审案件；高级人民法院管辖辖区内有重大影响的经济纠纷案件和中级人民法院第一审经济纠纷案件的上诉案件；最高人民法院管辖在全国有重大影响的经济纠纷案件和认为应当由自己审理的第一审经济纠纷案件。实践中，各级人民法院对经济纠纷案件的管辖，一般是以争议标的额确定的。

知识链接15-2

最高人民法院关于适用《民事诉讼法》的解释第一条规定：民事诉讼法规定的重大涉外案件，包括争议标的额大的案件、案情复杂的案件，或者一方当事人人数众多等具有重大影响的案件。第二条规定：专利纠纷案件由知识产权法院、最高人民法院确定的中级人民法院和基层人民法院管辖。海事、海商案件由海事法院管辖。

2）地域管辖

地域管辖也叫区域管辖或地区管辖。这是指同级人民法院之间按照地域来划分同级人民法院经济审判庭管辖案件的权限。当一个案件根据级别管辖的规定，确定了由哪一级法院管辖之后，还必须根据地域管辖的原则和规定，进一步确定应由该级法院的哪一个法院管辖。地域管辖一般分为：

（1）一般地域管辖。它是指案件应由被告人住所地的人民法院管辖。这种管辖通常实行"原告就被告"的原则。

（2）特殊地域管辖。它是指以诉讼标的所在地、法律事实所在地以及被告住所地来确定有管辖权的人民法院。经济诉讼法对特别地域管辖的规定是：①因合同纠纷提起的诉讼，由被告住所地或者合同履行地人民法院管辖；②因保险合同纠纷提起的诉讼，由被告住所地或者保险标的物所在地人民法院管辖；③因票据纠纷提起的诉讼，由票据支付地或者被告住所地人民法院管辖；④因公司设立、解散等纠纷提起的诉讼，由公司住所地人民法院管辖；⑤因铁路、公路、水上、航空运输和联合运输合同纠纷提起的诉讼，由运输始发地、目的地或者被告住所地人民法院管辖；⑥因侵权行为提起的诉讼，由侵权行为地或者被告住所地人民法院管辖；⑦因铁路、公路、水上和航空事故请求损害赔偿提起的诉讼，由事故发生地或者车辆、船舶最先到达地、航空器最先降落地或者被告住所地人民法院管辖；⑧因船舶碰撞或者其他海损事故请求损害赔偿提起的诉讼，由碰撞发生地、受碰撞船舶最先到达地、加害船舶被扣留地或者被告住所地人民法院管辖；⑨因海难救助费用提起的诉讼，由救助地或者被救助船舶最先到达地人民法院管辖；⑩因共同海损提起的诉讼，由船舶最先到达地、共同海损理算地或者航程终止地人民法院管辖。

（3）专属管辖。它是指法律规定某些特殊类型的经济案件必须由特定的人民法院管辖。包括：①不动产诉讼由不动产所在地人民法院管辖；②港口作业引起的诉讼，由港口所在地人民法院管辖；③继承遗产纠纷提起的诉讼，由被继承人死亡时住所地或者主要遗产所在地人民法院管辖。

（4）协议管辖。它也称选择管辖，是指当事人通过协商选择某一有管辖权的法院对自己的纠纷进行审理形成的管辖。

合同或者其他财产权益纠纷的当事人可以书面协议选择被告住所地、合同履行地、合同签订地、原告住所地、标的物所在地等与争议有实际联系的地点的人民法院管辖，但不得违反民事诉讼法对级别管辖和专属管辖的规定。

知识链接15-3

法律规定的两个或两个以上的人民法院对同一案件都享有管辖权的，当事人可以选择其中一个人民法院提起诉讼。当事人向两个以上人民法院提起诉讼的，由最先立案的人民法院管辖。

3）移送管辖

移送管辖是指某一人民法院在受理案件后，发现自己对案件并无管辖权，将案件移送到有管辖权的人民法院审理。受移送的人民法院应当受理。受移送的人民法院认为受移送的案件依照规定不属于本院管辖的，应当报请上级人民法院指定管辖，不得再自行移送。

4）指定管辖

指定管辖是指上级人民法院依法指定其辖区内的某一下级法院对某一案件行使管辖权。它一般发生在以下情形中：①有管辖权的人民法院由于特殊原因不能行使管辖权的，由上级人民法院指定管辖。②人民法院之间因管辖权发生争议，由争议双方协商解决；协商解决不了的，报请它们的共同上级人民法院指定管辖。

上级人民法院有权审理下级人民法院管辖的第一审民事案件；确有必要将本院管辖的第一审民事案件交下级人民法院审理的，应当报请其上级人民法院批准。

下级人民法院对它所管辖的第一审民事案件，认为需要由上级人民法院审理的，可以报请上级人民法院审理。

5）管辖权异议

管辖权异议是指人民法院受理案件以后，当事人认为受诉法院无管辖权，在提交答辩状期间，向受诉法院提出的不服管辖和要求变更管辖法院的主张。人民法院对当事人提出的异议，应当审查。异议成立的，裁定将案件移送有管辖权的人民法院；异议不成立的，裁定驳回。当事人未提出管辖异议，并应诉答辩的，视为受诉人民法院有管辖权，但违反级别管辖和专属管辖规定的除外。

提出管辖权异议必须具备以下条件：①管辖权异议必须由当事人提出；②管辖权异议只能在第一审法院提出；③管辖权异议必须在提交答辩状期间提出；④必须采用书面形式。

小案例15-1

位于某市A区的某企业，向同区的法院租用五间空房为厂房，后因该房多处漏雨，又难以修复，该企业提出退房。双方协商未果，争执不下，该企业决定起诉。考虑到如在A区法院起诉对自己不利，该企业于是向该市B区法院起诉。

请分析：

（1）B区法院有管辖权吗？为什么？

（2）该案应如何确定管辖法院？请说明理由。

15.5　经济诉讼的审判程序

15.5.1　第一审普通程序

普通程序是我国民事诉讼法规定的人民法院审理第一审案件所适用的程序。普通程序具有完整性、独立性、广泛适用性和排他性的特点。普通程序由以下几个阶段构成：

1）起诉

它是当事人认为自己的权益受到侵害或与他人发生争议时，以自己的名义向人民法院提起诉讼，请求人民法院通过审判予以司法保护的行为。

起诉必须具备以下4个条件：①原告必须是与本案有直接利害关系的公民、法人或者其他组织；②有明确的被告；③有具体的诉讼请求和事实理由；④属于人民法院受理范围和受诉法院管辖。

为了维护社会公共利益，我国法律规定，对污染环境、侵害众多消费者合法权益等损害社会公共利益的行为，法律规定的机关和有关组织可以向人民法院提起公益诉讼。

起诉应当向人民法院递交起诉状，起诉状应当写明如下内容：①原告的姓名、性别、年龄、民族、职业、工作单位、住所、联系方式，法人或者其他组织的名称、住所和法定代表人或者主要负责人的姓名、职务、联系方式；②被告的姓名、性别、工作单位、住所等信息，法人或者其他组织的名称、住所等信息；③诉讼请求所依据的事实和理由；④证据和证据来源、证人的姓名和住所；⑤受诉法院的名称、起诉的时间、起诉人签名或盖章等。

原告书写起诉状有困难的，可以口头起诉，由人民法院记入笔录，并告知对方当事人。

知识链接15-4

经济诉讼当事人对自己提出的诉讼请求所依据的事实或者反驳对方诉讼请求所依据的事实应当在法院确定的期限内及时提供证据。诉讼证据包括：（1）当事人的陈述；（2）书证；（3）物证；（4）视听资料；（5）电子数据；（6）证人证言；（7）鉴定意见；（8）勘验笔录。在特定情形下，人民法院应当调查收集证据。证据应当在法庭上出示，由当事人互相质证。未经当事人质证的证据，不得作为认定案件事实的根据。对涉及国家秘密、商业秘密、个人隐私或者法律规定应当保密的证据应当保密，不得公开质证。在证据可能灭失或者以后难以取得或者紧急情况下，当事人、利害关系人可以向人民法院申请保全证据，人民法院也可以主动采取保全措施。

2）受理

它是指人民法院通过对当事人的起诉进行审查，对符合法律规定条件的，决定立案

经济法概论

审理的行为。

人民法院接到当事人提交的起诉状时，对符合民事诉讼法规定的，应当登记立案；对当场不能判定是否符合起诉条件的，应当接收起诉材料，并出具注明收到日期的书面凭证。人民法院对起诉材料进行审查，认为符合起诉条件的，应当在7日内立案并通知当事人；认为不符合起诉法定条件的，应当在7日内裁定不予受理。原告对不予受理的裁定不服的，可以提起上诉。

小思考 15-1

什么是财产保全？

财产保全是指人民法院在利害关系人起诉前或者当事人起诉后，为保障将来的生效判决能够得到执行或者避免财产遭受损失，对当事人的财产或者争议的标的物，采取限制当事人处分的强制措施。财产保全一般由当事人向人民法院提出财产保全申请；当事人没有提出申请的，人民法院在必要时也可以裁定采取保全措施。当事人可以在诉讼前提出申请，也可以在诉讼进行中提出申请。申请诉前保全的，申请人应当提供担保。在诉讼中，人民法院依申请或者依职权采取保全措施的，应当根据案件的具体情况，决定当事人是否应当提供担保以及担保的数额。申请人不提供担保的，人民法院裁定驳回申请。

3）开庭前的准备

人民法院应当在立案之日起5日内将起诉状副本发送被告，被告应当在收到之日起15日内提出答辩状。答辩状应当写明被告的姓名、性别、年龄、民族、职业、工作单位、住所、联系方式；法人或者其他组织的名称、住所和法定代表人或者主要负责人的姓名、职务、联系方式。人民法院应当在收到答辩状之日起5日内将答辩状副本发送原告。

被告不提出答辩状的，不影响人民法院审理。

在诉讼程序进行中，本诉的被告人可以对本诉的原告向受理本诉的法院提出与原告的诉讼请求有密切关系的反请求，这叫作反诉。

4）进行调解

调解要在查明事实、分清是非和责任的基础上，根据当事人的自愿和合法原则进行。当事人起诉到人民法院的经济纠纷，适宜调解的，人民法院应当主持先行调解。可以在开庭前调解，实行快调快结，提高办案效率。也可以在开庭审理时当庭进行调解。经调解结案的，人民法院应当制作调解书，调解书应写明诉讼请求、案件事实和调解结果，并由审判人员、书记员署名，加盖人民法院的印章。调解书经双方当事人签收后，即具有与判决书同等的法律效力。未达成协议或调解无效的，人民法院应及时进行判决。

小思考 15-2

什么是先予执行？

先予执行是指人民法院在终局判决之前，为解决权利人生活或生产经营的急需，依法裁定义务人预先履行一定数额的金钱或者财物等措施的制度。《民事诉讼法》第106条规定，人民法院对下列案件，根据当事人的申请，可以裁定先予执行：（1）追索赡养费、扶养费、抚育费、抚恤金、医疗费用的；（2）追索劳动报酬的；（3）因情况紧急需要先予执行的。第107条规定，人民法院裁定先予执行的，应当符合下列条件：（1）当事人之间权利义务关系明确，不先予执行将严重影响申请人的生活或者生产经营的；（2）被申请人有履行能力。

人民法院可以责令申请人提供担保，申请人不提供担保的，驳回申请。申请人败诉的，应当赔偿被申请人因先予执行遭受的财产损失。

5）审理和判决

它是指人民法院在当事人和其他诉讼参与人的参加下，依照法定的程序，对案件进行实体审理，从而查明事实真相、分清是非，对案件作出裁判的全部过程。

人民法院应当开庭审理经济纠纷案件。审理和判决一般要经过以下几个阶段：①开庭准备。查明当事人和其他诉讼参与人是否到庭；宣布法庭纪律；核对当事人；宣布案由和审判人员、书记员名单；告知当事人有关诉讼的权利和义务；询问当事人是否提出回避等。②法庭调查。它按照下列顺序进行：当事人陈述；告知证人的权利义务，证人作证，宣读未到庭的证人证言；出示书证、物证、视听资料和电子数据；宣读鉴定意见；宣读勘验笔录。③法庭辩论。它按下列顺序进行：原告及其代理人发言；被告人及其代理人发言答辩；诉讼中的第三人及其代理人发言答辩；互相辩论。④当事人最后陈述。法庭辩论结束后，由审判长按照原告、被告、第三人的顺序征询各方最后的意见。⑤评议和宣判。法庭审理后，由合议庭组成人员在法庭调查和法庭辩论的基础上，对案件加以认定，确定适用的法律，最后对案件作出宣判。判决前能够调解的，还可以进行调解。

人民法院宣告判决一律公开进行，当庭宣判的，应当在10日内发送判决书；定期宣判的，宣判后立即发给判决书。

我国《民事诉讼法》规定，除有特殊情况外，适用普通程序审理的案件，人民法院应当在立案之日起6个月内审结。有特殊情况需要延长的，由本院院长批准，可以延长6个月；还需要延长的，报请上级人民法院批准。

在案件审理过程中，原告经传票传唤，无正当理由拒不到庭的，或者未经法庭许可中途退庭的，可以按撤诉处理；被告反诉的，可以缺席判决。被告经传票传唤，无正当理由拒不到庭的，或者未经法庭许可中途退庭的，可以缺席判决。宣判前，原告申请撤诉的，是否准许，由人民法院裁定。

法庭审理案件应当制作法庭笔录，法庭笔录由全体审判员、书记员签名，以表明法庭笔录的真实性、合法性。法庭笔录的内容应当向当事人和其他诉讼参与人公开，当事人和其他诉讼参与人对法庭笔录审核后应当签名或盖章，拒绝签名或盖章的记明情况于附卷。

知识链接15-5

我国法律规定，基层人民法院和它派出的法庭审理事实清楚、权利义务关系明确、争议不大的简单的经济案件，可以适用简易程序审理。其他经济案件，当事人双方也可以约定适用简易程序。适用简易程序审理案件的，原告可以口头起诉。简易程序由审判员一人独任审判，无须实行合议庭，但要有书记员记录，并且应当在立案之日起3个月内审结案件。当事人没有争议，符合督促程序规定条件的，可以转入督促程序。

适用简易程序审理的小额诉讼等特定案件实行一审终审制。

15.5.2 第二审程序

第二审程序是指经济诉讼的当事人不服地方各级人民法院尚未生效的第一审判决、裁定，在法定期间内，依法向上一级人民法院提起上诉，上一级人民法院对上诉案件进行审理所适用的程序。

1）上诉的提起

上诉是指当事人对一审法院裁判不服，向上一级法院依法提起诉讼的行为。上诉应同时具备如下条件：①上诉的主体必须是第一审程序中的原告、被告、共同诉讼人、诉讼代表人、有独立请求权的第三人和判决承担经济责任的无独立请求权的第三人。②提起上诉的对象必须是依法允许上诉的判决或裁定。③必须在法定期限内提起上诉。民事诉讼法规定，不服判决的上诉期间为15日，不服裁定的上诉期间为10日。④提起上诉时，必须递交上诉状。上诉状原则上应向原审法院提出，也可以直接向二审法院提出。

2）上诉案件的审理

（1）上诉案件的审理范围。第二审人民法院应当对上诉请求的有关事实和适用法律进行审查。换句话说，第二审案件的审理应当围绕当事人上诉请求的范围进行，当事人没有提出请求的不予审查。但判决违反法律禁止性规定、侵害社会公共利益或者他人利益的除外。

（2）上诉案件的审理方式。第二审人民法院审理上诉案件，应当由审判员组成合议庭进行审理，不能采用独任制，也不能由陪审员参加合议庭。二审法院审理上诉案件，原则上应当开庭审理，经过阅卷、调查和询问当事人，对没有提出新的事实、证据或者理由，合议庭认为不需要开庭审理的，可以不开庭审理。③上诉案件的审理地点。二审法院审理上诉案件可以在本院进行，也可以到案件发生地或原审法院所在地进行。

3）上诉案件的裁判

第二审人民法院对上诉案件审理后，根据不同情形，作出不同处理：①原判决、裁定认定事实清楚，适用法律正确的，以判决、裁定方式驳回上诉，维持原判决、裁定。②原判决、裁定认定事实错误或者适用法律错误的，以判决、裁定方式依法改判、撤销或者变更。③原判决认定基本事实不清的，裁定撤销原判决，发回原审人民法院重审，或者查清事实后改判。④原判决遗漏当事人或者出现违法缺席判决等严重违反法定程序的，裁定撤销原判决，发回原审人民法院重审。发回重审的案件仍按一审程序审理，当事人对发回重审的判决不服再次提起上诉的，第二审人民法院不得再次发回重审。

4）上诉案件的审理期限

人民法院审理已判决的上诉案件，应当在第二审立案之日起3个月内审结。有特殊情况需要延长的，由本院院长批准。

人民法院审理对裁定的上诉案件，应当在第二审立案之日起30日内作出终审裁定。

最高人民法院作出的一审判决、裁定，以及依法不准上诉或者超过上诉期没有上诉的判决、裁定，是发生法律效力的判决、裁定。第二审法院的裁判为终审裁判，判决一经作出立即发生法律效力，当事人不得对裁判再行上诉；不得对同一诉讼标的，以同一事实和理由重新起诉，法律有特别规定的除外。

知识链接15-6

第三人提起撤销之诉。《司法解释》规定，第三人对已经发生法律效力的判决、裁定、调解书可以向人民法院提起撤销之诉，该申请应当自知道或者应当知道其民事权益受到损害之日起6个月内，向作出生效判决、裁定、调解书的人民法院提出。

15.5.3 审判监督程序

审判监督程序即再审程序，是指人民法院对已经发生法律效力的判决或裁定，发现确有错误而进行再审的程序。

1）审判监督程序的提起

依据我国民事诉讼法的规定，审判监督程序因以下情形提起：

第一，各级人民法院院长对本院已经发生法律效力的判决书、裁定书、调解书，发现确有错误，认为需要再审的，应当提交审判委员会讨论决定。最高人民法院对地方各级人民法院已经发生法律效力的判决书、裁定书、调解书，上级人民法院对下级人民法院已经发生法律效力的判决书、裁定书、调解书，发现确有错误的，有权提审或者指令下级人民法院再审。

第二，当事人对已经发生法律效力的判决书、裁定书，认为有错误的，可以向上一级人民法院申请再审。当事人一方人数众多或者当事人双方为公民的案件，也可以向原审人民法院申请再审。当事人对已经发生法律效力的调解书，提出证据证明调解违反自愿原则或者调解协议的内容违反法律的，可以申请再审。当事人提请再审的，不停止判决、裁定的执行。当事人的申请符合法定条件的，人民法院应当再审。

第三，最高人民检察院对各级人民法院已经发生法律效力的判决、裁定，上级人民检察院对下级人民法院已经发生法律效力的判决、裁定，发现有法定情形之一的，或者发现调解书损害国家利益、社会公共利益的，应当提出抗诉。地方各级人民检察院对同级人民法院已经发生法律效力的判决、裁定，发现有法定情形之一的，或者发现调解书损害国家利益、社会公共利益的，可以向同级人民法院提出检察建议，并报上级人民检察院备案；也可以提请上级人民检察院向同级人民法院提出抗诉。

2）审判监督程序提起的时间

当事人申请再审，应当在判决、裁定发生法律效力后6个月内提出。另外，有【知识链接15-7】中所列（1）、（3）、（12）、（13）项规定情形的，自知道或者应当知道之日起6个月内提出。

人民法院提起再审以及人民检察院提起抗诉，不受时间的限制。

3）审判监督程序案件的审理

人民法院应当自收到再审申请书之日起3个月内审查，符合民事诉讼法规定的，裁定再审；不符合规定的，裁定驳回申请。有特殊情况需要延长的，由本院院长批准。

因当事人申请裁定再审的案件由中级人民法院以上的人民法院审理，但当事人依法选择向基层人民法院申请再审的除外。最高人民法院、高级人民法院裁定再审的案件，由本院再审或者交其他人民法院再审，也可以交原审人民法院再审。

人民法院按照审判监督程序再审的案件，发生法律效力的判决、裁定是由第一审法院作出的，按照第一审程序审理，所作出的判决、裁定，当事人可以上诉；发生法律效力的判决、裁定是由第二审法院作出的，按照第二审程序审理，所作出的判决、裁定，是发生法律效力的判决、裁定；上级人民法院按照审判监督程序提审的，按照第二审程序审理，所作出的判决、裁定是发生法律效力的判决、裁定。

人民法院审理审判监督程序案件，应当另行组成合议庭。

按照审判监督程序决定再审的案件，裁定中止原判决、裁定、调解书的执行，但追索赡养费、扶养费、抚育费、抚恤金、医疗费用、劳动报酬等案件，可以不中止执行。

知识链接15-7

当事人的申请符合下列情形之一，且符合法律规定的申请再审条件的，人民法院应当再审：（1）有新的证据，足以推翻原判决、裁定的；（2）原判决、裁定认定的基本事实缺乏证据证明的；（3）原判决、裁定认定事实的主要证据是伪造的；（4）原判决、裁定认定事实的主要证据未经质证的；（5）对审理案件需要的主要证据，当事人因客观原因不能自行收集，书面申请人民法院调查收集，人民法院未调查收集的；（6）原判决、裁定适用法律确有错误的；（7）审判组织的组成不合法或者依法应当回避的审判人员没有回避的；（8）无诉讼行为能力人未经法定代理人代为诉讼或者应当参加诉讼的当事人，因不能归责于本人或者其诉讼代理人的事由，未参加诉讼的；（9）违反法律规定，剥夺当事人辩论权利的；（10）未经传票传唤，缺席判决的；（11）原判决、裁定遗漏或者超出诉讼请求的；（12）据以作出原判决、裁定的法律文书被撤销或者变更的；（13）审判人员审理该案件时有贪污受贿、徇私舞弊、枉法裁判行为的。

15.5.4　督促程序

督促程序又称债务催偿程序，是指债权人请求人民法院发出支付令，催促债务人清偿债务以及根据支付令请求人民法院予以强制执行的非诉程序。督促程序仅适用于债权、债务关系，而且是一种非诉程序，不解决当事人之间债权、债务关系的争议。

1）申请支付令的条件

债权人向人民法院申请支付令，应当具备一定的条件：①请求给付金钱或者汇票、本票、支票、股票、债券、国库券、可转让的存款单等有价证券；②请求给付的金钱或者有价证券已到期且数额确定，并写明了请求所根据的事实、证据；③债权人没有对待给付义务；④债务人在我国境内且未下落不明；⑤支付令能够送达债务人；⑥收到申请书的人民法院有管辖权；⑦债权人未向人民法院申请诉前保全。

2）支付令申请的受理

督促程序的案件由债务人住所地的基层人民法院管辖。债权人提出申请后，人民法院应当在5日内通知债权人是否受理。人民法院受理申请后，经审查债权人提供的事实、证据，对债权债务关系明确、合法的，应当在受理之日起15日内向债务人发出支付令；申请不成立的，裁定予以驳回。债权人不得对驳回申请的裁定提出上诉。

3）支付令的效力

人民法院将支付令依法送达债务人后，债务人应当在收到支付令15日内清偿债务或以书面形式向人民法院提出异议。人民法院收到债务人提出的书面异议后，经审查，异议成立的，应当裁定终结督促程序，支付令自行失效。支付令失效的，转入诉讼程序，但申请支付令的一方当事人不同意提起诉讼的除外。如果债务人在法定期限内未提出异议，又不履行支付令的，债权人可以依支付令向人民法院申请强制执行。

15.5.5　公示催告程序

公示催告程序是指票据持有人，因票据被盗、遗失或者灭失，申请人民法院以公示的方式催告不明的利害关系人，在指定期间内申报权利，逾期无人申报或申报无效的，即作出除权判决的非诉程序。

1）申请公示催告的条件

当事人申请公示催告必须具备一定的条件：①申请公示催告的事项只限于法律规定可以背书转让的票据（主要指汇票和本票）；②申请公示催告的原因必须是可以背书转让的票据发生了被盗、遗失或灭失的情况；③申请人必须是票据的最后持有人；④必须是利害关系人处于不明状态；⑤应向票据支付地的人民法院提交申请书。

2）公示催告申请的受理

人民法院收到公示催告申请后，应当立即进行审查，经审查，符合受理条件的，应予以受理；不符合受理条件的，应在7日内裁定驳回申请，并通知申请人。人民法院在决定受理申请的同时，应通知支付人停止支付，并在3日内发出公告，催促利害关系人申请权利。

3）公示催告的效力

在公示催告期间，转让票据权利的行为无效。

利害关系人应当在公示催告期间向人民法院申报。人民法院收到利害关系人的申报后，应当裁定终结公示催告程序，并通知申请人和支付人。申请人或者申报人可以向人民法院起诉。

在申报权利期间无人申报的，或者申报被驳回的，经申请人申请，人民法院作出宣告票据无效的判决。自判决公告之日起，公示催告申请人有权依据判决向付款人请求付款。

15.5.6 执行程序

执行程序是指人民法院对拒不履行已经生效的法律文书的当事人采取强制措施，使法律文书得以实施的程序。

1）执行的法律文书和执行机构

发生法律效力的民事判决、裁定，以及刑事判决、裁定中的财产部分，由第一审人民法院或者与第一审人民法院同级的被执行的财产所在地人民法院执行。

发生法律效力的实现担保物权裁定、确认调解协议裁定、支付令，由作出裁定、支付令的人民法院或者与其同级的被执行财产所在地的人民法院执行。

对法律规定由人民法院执行的其他法律文书，如公证机关、仲裁机构以及外国法院或外国仲裁机构的裁决，由被执行人住所地或者被执行的财产所在地人民法院执行。

2）执行程序提起人和提起时间

法律文书生效后，当事人应认真自觉履行，一方不履行的，对方当事人可以向人民法院申请执行。民事裁判法律文书也可以由审判员移送执行员执行。

申请执行的期间为2年，自法律文书规定履行期间的最后1日起计算；法律文书规定分期履行的，从规定的每次履行期间的最后1日起计算；法律文书未规定履行期间的，从法律文书生效之日起计算。申请执行时效的中止、中断，适用法律有关诉讼时效中止、中断的规定。

3）执行的实施

执行工作由执行员进行。执行员接到申请执行书或者移交的执行书时，应当在10日内向被执行人发出执行通知，并可以立即采取强制执行措施。采取强制执行措施时，执行员应当出示证件。执行完毕后，应当将执行情况制成笔录，由在场的有关人员签名或者盖章。

人民法院自收到申请执行书之日起超过6个月未执行的，申请执行人可以向上一级人民法院申请执行。

4）案外人执行异议

案外人执行异议是指自认为对执行标的享有权利的人，在执行程序终结前，向执行法院提起的旨在阻止对执行标的的强制执行的申请。《司法解释》规定，执行过程中，案外人对执行标的提出书面异议的，人民法院应当自收到书面异议之日起15日内审查，理由成立的，裁定中止对该标的的执行；理由不成立的，裁定驳回。案外人、当事人对裁定不服，认为原判决、裁定错误的，依照审判监督程序办理；与原判决、裁定无关的，可以自裁定送达之日起15日内向人民法院提起诉讼。

知识链接15-8

执行可以采取以下措施进行：（1）查询、冻结、划拨、变价被执行人的存款、债券、股票、基金份额等财产；（2）扣留、提取被执行人的收入；（3）查封、扣押、冻结、拍卖、变卖被执行人应当履行义务部分的财产；（4）对被执行人及其住所或财产隐匿地进行搜查；（5）强制被执行人交付法律文书指定的财物或票据；（6）强制被执行人迁出房屋或退出土地；（7）强制办理财产权证照转移手续；（8）强制被执行人履行法律文书指定的行为；（9）强制被执行人支付迟延履行期间债务利息或迟延履行金；（10）限制相关人员出境；（11）在征信系统记录、通过媒体公布不履行义务信息；（12）法律规定的其他措施。

应知应会

1.概念：经济司法、经济检察、经济诉讼、起诉、上诉、审判监督程序、督促程序、公示催告程序、执行程序。
2.经济检察和经济审判的受案范围。
3.经济检察和经济审判的程序。
4.经济审判原则。
5.经济审判制度。
6.经济案件的管辖。

课堂实训

1.根据以下案例撰写一份起诉状。
2.模拟法庭审判程序。
3.实战演练：

案例分析一：

甲乙双方当事人订立一份融资租赁合同。甲方位于A省A市，乙方位于B省B市，合同约定的租赁物使用地为甲方在A省的C市。合同中约定：因该合同发生纠纷，当事人可以向合同的履行地法院提起诉讼。后来双方就合同的价款发生争议，甲方要提起诉讼。

请分析：

（1）根据我国《民事诉讼法》的有关规定，甲方可以向哪个法院提起诉讼？为什么？

（2）倘若甲乙双方当事人在管辖协议中约定：因本合同发生纠纷，可以向甲方住所地、乙方住所地或者合同签订地的法院提起诉讼，那么，甲方可以向哪个法院起诉？为什么？

案例分析二：

甲系某外商在中国A地开办的商社的负责人。经过协商，甲与中国乙公司签订了向

经济法概论

中国进口农产品的合同，合同约定在中国B地的某港口交货。合同签订后，甲如约将货物交给中国乙公司。乙公司将货物转交给中国的丙公司使用。丙公司在使用该产品的过程中，发现产品存在质量问题，遂将问题反映给乙公司，乙公司找到甲协商解决此事。此时，甲公司正因为乙公司转给他的汇票被其弄丢了，不知如何是好，拒绝了乙公司提出的解决方案。乙公司对甲提起了诉讼。判决作出后，甲拒不执行判决规定的义务，乙公司请求人民法院强制执行。

请分析：

（1）我国法律规定的起诉条件有哪些？本案中乙公司是否有资格对甲提出起诉？

（2）乙或丙可以在哪个地方的法院起诉甲？请阐述理由？

（3）甲不懂汉语，其带来的翻译能不能以诉讼主体的身份参与诉讼？为什么？

（4）甲公司弄丢汇票后可以采取什么样的补救措施？我国法律对这种行为做了怎样的规定？

（5）乙公司怎样申请强制执行？我国法律对这种行为做了怎样的规定？

第16章

经济仲裁法

学习目标

通过本章的学习，学生应了解经济仲裁这种解决经济纠纷方式的一般法律规定；知晓仲裁机构的性质、仲裁员的任职条件等项内容；熟悉并掌握仲裁原则、仲裁程序、仲裁裁决的撤销情形和仲裁裁决的执行方式的法律规定。最终达到能够较好地运用仲裁解决经济纠纷的目的。

引入案例

中国A公司与波兰B公司签订了一份购销合同，并在合同中订立了仲裁条款。在合同履行过程中，波兰B公司未按合同规定交货，构成违约，并给中国A公司造成了严重的经济损失。中国A公司向其住所地的市中级人民法院提起诉讼，要求波兰B公司赔偿其全部损失。

市中级人民法院收到起诉状后，经审查，发现当事人之间在合同中订立有仲裁条款，根据我国法律规定，人民法院不能受理此案，便作出书面裁定，驳回起诉。

请问：人民法院作出裁定的法律依据是什么？

16.1　仲裁与仲裁法

16.1.1　仲裁

仲裁也叫公断，是指发生争议的双方当事人，根据其在事前或事后达成的协议，自愿将该争议提交中立的第三者进行裁判的争议解决制度和方式。

仲裁作为解决民事、经济纠纷的一种有效方式，在我国法制建设中起着日益重要的作用。因其具有的自愿性、专业性、灵活性、公正性、保密性、快捷性、经济性、独立性等特点，越来越受到纠纷当事人的欢迎。

16.1.2　仲裁法

仲裁法是国家制定或认可的调整仲裁法律关系的法律规范的总称。仲裁法有狭义和广义之分。狭义的仲裁法指我国 1994 年 8 月 31 日第八届人大常委会第九次会议通过，2017 年 9 月 1 日第二次修正的《中华人民共和国仲裁法》（以下简称《仲裁法》）；广义的仲裁法除了狭义的《仲裁法》外，还包括所有涉及仲裁制度的法律规范。

16.1.3　仲裁法的适用范围

仲裁法适用于平等主体的自然人、法人和其他组织之间发生的合同纠纷及其他财产权益纠纷，但不适用于下列纠纷：①与人身关系相联系的婚姻、收养、监护、抚养、继承纠纷。②依法应由行政机关处理的行政争议。

16.2　仲裁机构与仲裁员

16.2.1　仲裁委员会

仲裁委员会是依《仲裁法》的规定，在各地设立的进行仲裁活动的专门机构。仲裁委员会是民间机构，它可以在省、自治区和直辖市人民政府所在地的市设立，也可以根据需要在其他设区的市设立，但不按行政区划层层设立。各地仲裁委员会独立于行政机关，与行政机关没有隶属关系，仲裁委员会之间也没有隶属关系。设立仲裁委员会，应向当地司法行政机关登记，并且一个市只能设立一个仲裁委员会。

仲裁委员会由主任 1 人、副主任 2~4 人和委员 7~11 人组成。仲裁委员会主任、副主任和委员由法律、经济贸易专家和有实际工作经验的人担任。仲裁委员会的组成人员中，法律、经济贸易方面的专家不得少于 2/3。

16.2.2　仲裁协会

中国仲裁协会是社会团体法人，由全国的仲裁委员会组成，其章程由全国会员大会制定。仲裁协会是仲裁委员会的自律性组织，根据章程指导仲裁委员会的工作并对仲裁委员会及其组成人员、仲裁员的违纪行为进行监督。

中国仲裁协会依法制定仲裁规则以及其他仲裁规范性文件。

16.2.3　仲裁员

仲裁委员会不设专职仲裁员，仲裁员由仲裁委员会从公道、正派、具备仲裁员资格的人员中聘任。仲裁委员会按照不同专业设立仲裁员名册，供当事人选任。

仲裁员应当符合下列条件之一：①通过国家统一法律职业资格考试取得法律职业资格，从事仲裁工作满 8 年的；②从事律师工作满 8 年的；③曾任审判员满 8 年的；④从事法律研究、教学工作并具有高级职称的；⑤具有法律知识、从事经济贸易等专业工作并具有高级职称或具有同等专业水平的。

国家公务员及参照实行国家公务员制度的机关工作人员符合仲裁法规定的条件，并经所在单位同意，可以受聘为仲裁员，但不得因从事仲裁工作影响本职工作。

16.3 仲裁协议

16.3.1 仲裁协议的概念

仲裁协议是发生纠纷的双方当事人自愿将其纠纷提交仲裁委员会仲裁的书面协议。仲裁协议可以通过以下方式订立：①在所签订的合同中订立仲裁条款；②在纠纷发生前双方以其他书面形式订立仲裁协议；③在纠纷发生后双方以其他书面形式达成仲裁协议。

16.3.2 仲裁协议的内容

仲裁协议应当具备下列内容：①请求仲裁的意思表示；②仲裁事项；③选定的仲裁委员会。

仲裁协议对仲裁事项或者仲裁委员会没有约定或者约定不明确的，当事人可以补充协议；达不成补充协议的，仲裁协议无效。

16.3.3 仲裁协议的效力

仲裁协议独立存在，合同的变更、解除、终止或者无效，不影响仲裁协议的效力。双方达成仲裁协议的，发生纠纷后，只能通过仲裁方式解决；没有仲裁协议，一方申请仲裁的，仲裁委员会不予受理；仲裁协议排除法院的管辖，一方向人民法院起诉的，人民法院不予受理，但仲裁协议无效的除外。

有下列情形之一的，仲裁协议无效：（1）约定的仲裁事项超出法律规定的仲裁范围的；（2）无民事行为能力人或者限制民事行为能力人订立的仲裁协议；（3）一方采取胁迫手段，迫使对方订立仲裁协议的。

16.3.4 仲裁协议的放弃

当事人达成仲裁协议而未进入仲裁程序时，双方可以再次通过书面形式放弃仲裁协议。

一方当事人向法院起诉未声明有仲裁协议，另一方在首次开庭前未对人民法院受理该案件提出异议的，视为放弃仲裁协议，人民法院应当继续审理案件。

16.4 仲裁原则和回避制度

16.4.1 自愿仲裁原则

自愿仲裁原则也称当事人意思自治原则，指当事人可以通过协议自主决定用仲裁的方式解决纠纷，可以自主协议选择仲裁机构和仲裁事项，可以自主选择审理案件的仲裁员等。当事人的意思自治并不是绝对的，有时还受到一定的限制，如约定的仲裁事项不得超过法律规定的仲裁范围、选择仲裁必须订立书面仲裁协议等。

16.4.2 以事实为依据，以法律为准绳原则

仲裁应当根据事实，符合法律规定，公平合理地解决纠纷。以事实为依据，就是要实事求是，尊重客观事实，准确地查明事实真相。以法律为准绳，就是以法律作为衡量是非的尺度和标准，严格依法办事。只有遵循并认真贯彻这一原则，才能对合同纠纷和其他财产权益纠纷案件作出公证、合理的裁决，使当事人心悦诚服，很好地解决纠纷。

16.4.3 依法独立仲裁原则

仲裁依法独立进行，不受行政机关、社会团体和个人的干涉。依法独立仲裁，是法律赋予仲裁委员会的职权，在仲裁过程中可排除任何外部因素的介入和影响，有助于保证仲裁的客观、公正。

16.4.4 一裁终局原则

仲裁机构对当事人提交的案件作出的裁决具有终局的法律效力。裁决作出后，当事人就同一纠纷不得再向仲裁机关提请仲裁，也不得向人民法院起诉。但仲裁裁决被人民法院依法裁定撤销或者不予执行的，当事人就该纠纷可以根据双方重新达成的仲裁协议申请仲裁，也可以向人民法院起诉。这种行为不违反一裁终局的原则。

16.4.5 协议选定仲裁委员会原则

仲裁委员会应当由当事人协议选定。仲裁不实行级别管辖和地域管辖。产生纠纷后，完全由当事人协议选择由哪个仲裁机构解决。这体现了仲裁法的民主精神和对当事人权利的尊重。

16.4.6 回避制度

回避制度是指合同纠纷当事人有权申请仲裁庭组成人员回避对该案件的仲裁活动的司法制度。仲裁员有下列情形之一的，必须回避，当事人也有权提出回避申请：①是本案当事人或当事人、代理人的近亲属；②与本案有利害关系；③与本案当事人、代理人有其他关系，可能影响公正仲裁的；④私自会见当事人、代理人，或者接受当事人、代理人请客送礼的。回避原则既是保护当事人合法权益的一项重要原则，也是保证仲裁委员会能够依法公正处理经济纠纷的一项重要制度。

当事人提出回避申请，应说明理由，并在首次开庭前提出。回避事由在首次开庭后知道的，可以在最后一次开庭终结前提出。仲裁员是否回避，由仲裁委员会主任决定；仲裁委员会主任担任仲裁员时，由仲裁委员会集体决定。

小案例16-1

申请人和被申请人于2018年5月签订了一份购销面料整理机械的合同，并在合同中约定了仲裁条款。之后双方因故发生纠纷，申请人依照仲裁条款向仲裁委员会申请仲裁。双方各自选定了一名仲裁员并共同选定了第三名仲裁员为首席仲裁员。但在首次开庭后，被申请人了解到申请人选定的仲裁员在开庭前曾私自会见申请人的诉讼代理人，并接受了申请人的宴请。于是，被申请人以此为由要求仲裁员回避。

请分析：

（1）被申请人要求仲裁员回避的理由是否成立？为什么？

（2）我国仲裁法对仲裁员的回避是如何规定的？

16.5　仲裁程序

16.5.1　提出仲裁申请

经济纠纷发生后，任何一方当事人均可依仲裁协议向仲裁委员会提出仲裁申请。当事人申请仲裁应当符合下列条件：①有仲裁协议；②有具体的仲裁请求和事实、理由；③属于仲裁委员会的受理范围。

申请仲裁应向仲裁委员会递交仲裁申请书及其副本、仲裁协议等文件。

知识链接16-1

仲裁受理后，申请人可以放弃或者变更仲裁请求，被申请人可以承认或者反驳仲裁请求，并有权提出反请求。

16.5.2　接受仲裁申请

仲裁委员会自收到仲裁申请书之日起5日内，要进行审查。经审查认为符合受理条件的，应当受理并通知当事人；认为不符合受理条件的，应当书面通知当事人不予受理，并说明理由。

16.5.3　仲裁前的准备工作

1）向当事人送达仲裁规则、仲裁员名册；要求被诉方提出答辩书

仲裁委员会受理仲裁申请后，应当在仲裁规则规定的期限内将仲裁规则和仲裁员名册送达申请人，并将仲裁申请书副本和仲裁规则、仲裁员名册送达到被申请人。被申请人收到仲裁申请书副本后，应当在规定的期限内向仲裁委员会提交答辩书，仲裁委员会收到答辩书后，应当在规定期限内将答辩书副本送达申请人。

被申请人未提交答辩书的，不影响仲裁程序的进行。

2）组成仲裁庭

仲裁委员会受理案件后，应组成仲裁庭负责案件的裁决活动。仲裁庭可以由3名仲裁员或1名仲裁员组成。当事人约定由3名仲裁员组成仲裁庭的，应当各自选定或委托仲裁委员会主任选定1名仲裁员，第3名仲裁员由当事人共同选定或共同委托仲裁委员会主任指定。第3名仲裁员为首席仲裁员。当事人约定由1名仲裁员组成仲裁庭的，应当由当事人共同选定或共同委托仲裁委员会主任指定仲裁员。当事人没有在仲裁规则规定的期限内约定仲裁庭的组成方式或选定仲裁员的，由仲裁委员会主任指定。

仲裁员因回避或者其他原因不能履行职责的，应当依法重新选定或者指定仲裁员。

仲裁庭组成后，仲裁委员会应当将仲裁庭的组成情况书面通知当事人。

3）技术鉴定

仲裁庭对有些技术性问题认为需要鉴定的，可以交由当事人约定的鉴定部门进行鉴定，也可以由仲裁庭指定的鉴定部门鉴定。鉴定部门应当派鉴定人参加开庭，经仲裁庭许可，当事人可向鉴定人提问。

4）证据保全

在证据可能灭失或者以后难以取得的情况下，当事人可以在开庭前或开庭后申请证据保全。当事人申请证据保全的，仲裁委员会应当将当事人的申请提交证据所在地的基层人民法院，由人民法院根据情况采取保全措施。

5）财产保全

当事人因另一方当事人的行为或者其他原因，可能使裁决不能执行或者难以执行的，可以申请财产保全。

申请财产保全的案件应符合下列条件：①必须具有给付内容；②必须因一方当事人的行为或者其他原因，可能使裁决不能执行或者难以执行；③必须符合法定程序。

当事人申请财产保全的，仲裁委员会应当将当事人的申请依照有关规定提交人民法院，由人民法院执行。申请财产保全有错误的，申请人应当赔偿被申请人因此所遭受的财产损失。

当事人申请仲裁后，可以自行和解。达成和解协议的，可以请求仲裁庭根据和解协议制作裁决书，也可以撤回仲裁申请。如果当事人达成和解协议或撤回仲裁申请后反悔的，仍然可以根据原仲裁协议申请仲裁。

仲裁庭在作出裁决前，可以先行调解。当事人自愿调解的，仲裁庭应当调解。调解达成协议的，仲裁庭应当制作调解书或根据协议的结果制作裁决书。调解书、裁决书具有同等的法律效力。调解书由仲裁员签名，加盖仲裁委员会印章，送达双方当事人。调解书经双方当事人签收后即发生法律效力。

16.5.4 开庭审理和裁决

当事人不愿调解、调解不成或在调解书签收前当事人反悔的，仲裁庭应当及时进行仲裁，作出裁决。仲裁一般不公开进行，但当事人协议同意公开的，可以公开进行，但涉及国家秘密的除外。仲裁应当开庭进行，当事人协议不开庭的，仲裁庭可以根据仲裁申请书、答辩书以及其他材料作出裁决。仲裁委员会应在规定的期限内将开庭日期通知双方当事人。当事人有正当理由可以申请延期开庭，是否延期，由仲裁庭决定。申请人经书面通知，在规定的期限内无正当理由不到庭或未经许可中途退庭的，可以视为撤回仲裁申请；被申请人经书面通知，无正当理由不到庭或未经许可中途退庭的，可作缺席裁决。

在仲裁过程中，当事人应当对自己的主张提供证据，并在开庭时出示。双方当事人可以质证。

仲裁庭开庭后，当事人有权进行辩论。辩论终结时，由首席仲裁员或独任仲裁员在征询当事人的最后意见后，作出裁决。

仲裁庭评议案件实行少数服从多数的原则；不能形成多数意见时，裁决按照首席仲裁员的意见作出。

裁决应制作裁决书，裁决书应由仲裁员签名，加盖仲裁委员会印章。对仲裁持不同意见的仲裁员，可以签名，也可以不签名。裁决书自作出之日起发生法律效力。

仲裁庭应当笔录开庭情况，由仲裁员、记录员、当事人和其他仲裁参与人签名或盖章。仲裁庭评议案件时，对少数仲裁员的不同意见可以笔录。

16.6　申请撤销裁决

裁决书送达后，当事人提出证据证明裁决有下列情形之一的，可以自接到裁决书之日起6个月内向仲裁委员会所在地的中级人民法院申请撤销裁决：

（1）没有仲裁协议的；

（2）裁决的事项不属于仲裁协议的范围或者仲裁委员会无权仲裁的；

（3）仲裁庭的组成或者仲裁程序违反法律规定的；

（4）裁决所依据的证据是伪造的；

（5）对方当事人隐瞒了足以影响公正裁决的证据的；

（6）仲裁员在仲裁案件时有索贿受贿、徇私舞弊、枉法裁决行为的。

人民法院受理当事人提出的撤销仲裁的申请后，应组成合议庭对当事人的申请及裁决进行审查核实，如有以上规定情形之一的，应当裁定撤销该裁决；未发现仲裁裁决具有法定可撤销的理由的，应作出驳回申请的裁定。

人民法院认为裁决违背社会公共利益的，应当裁定撤销。

人民法院应当在受理撤销裁决申请之日起2个月内作出撤销裁决或者驳回申请的裁定。

16.7　裁决的执行

裁决生效后，当事人应当自觉履行，一方当事人不履行的，另一方当事人可以向人民法院申请执行，当事人一方申请执行裁决，另一方申请撤销裁决的，人民法院应当裁

经济法概论

定中止执行。经审查裁定撤销该裁决的，应当裁定终结执行；决定该裁决不予撤销的，应裁定恢复执行。

应知应会

1.概念：仲裁、仲裁法。
2.仲裁各项原则。
3.仲裁庭组成的规则。
4.仲裁裁决撤销的情形。
5.仲裁裁决执行的规定。

课堂实训

1.根据以下案例的情况，撰写一份仲裁协议。
2.模拟仲裁庭审理案件的程序。
3.实战演练：

案例分析一

甲公司与乙研究所签订一份技术合同，联合开发一种新产品，合同中的仲裁条款规定："因履行本合同发生的争议，由双方协商解决；协商解决不成的，由仲裁机构进行仲裁。"合同履行过程中，双方发生争议，乙研究所向本单位所在地的A仲裁委员会递交了仲裁申请书。甲公司拒绝答辩。双方经过协商，重新签订一份仲裁协议，商定将此合同争议提交甲公司所在地的B仲裁委员会进行仲裁。事后，乙研究所担心B仲裁委员会实行地方保护主义，故未申请仲裁，而向合同履行地的人民法院起诉，起诉时未说明此前两次约定仲裁的情况。法院受理了此案，并向甲公司送达了起诉状的副本，甲公司向法院提交了答辩状。法院经审理判决甲公司败诉。甲公司立即向法院提起上诉，理由是事先有仲裁协议，法院判决无效。

请分析：（1）什么是仲裁协议？本案当事人在合同中约定的仲裁条款是否有效？说明理由。

（2）争议发生后签订的仲裁协议是否有效？为什么？

（3）乙研究所向法院起诉是否正确？为什么？

（4）法院审理本案是否合法？说明理由。

（5）如何认定甲公司的上诉理由？

案例分析二

甲公司与乙公司在履行一份合同过程中发生纠纷，双方经协商未能解决。甲公司按照合同中规定的仲裁条款向A仲裁委员会申请仲裁，要求乙公司支付货款，并同时提出财产保全的申请。仲裁委员会受理仲裁申请后，在规定的期限内将仲裁申请书副本和仲裁规则、仲裁员名册等送达到乙公司，要求其在规定的期限内提交答辩书。但乙公司对此置之不理，既不进行答辩，也没有在规定的时间内指定仲裁员。仲裁委员会主任便从仲裁员名单中指定了仲裁员审理此案，并以不公开方式对此案进行审理。案件审理过程中，乙公司提出的种种理由遭到了甲公司的驳斥。乙公司愤而离席，不再参加仲裁庭之后的审理活动。仲裁庭依法作出了裁决，并将裁决送达给乙公司。乙公司不服仲裁裁决，决定向人民法院起诉。甲公司则向法院申请执行裁决，对此乙公司以仲裁员系仲裁委员会指定的，没有得到自己的同意，要求公开审理而未得到满足以及不服仲裁裁决为由，请求法院撤销仲裁裁决。

请分析：

（1）仲裁委员会应当如何处理甲公司财产保全的申请？

（2）乙公司不提交答辩书和不参加案件审理的行为能否影响仲裁工作？请阐述理由。

（3）乙公司不服仲裁裁决能否向法院起诉？请阐述理由。

（4）甲公司向法院申请执行仲裁裁决的法律依据是什么？乙公司提出撤销裁决的请求后，人民法院应当如何处理执行请求？

（5）乙公司申请撤销仲裁裁决应当在什么时间，向谁提出申请？

（6）按照我国法律规定，在什么情形下仲裁裁决应当被撤销？乙公司提请法院撤销仲裁裁决的理由是否成立？为什么？

参考文献

［1］钟秀勇．钟秀勇讲民法［M］．北京：北京日报出版社，2020．

［2］中华会计网校．经济法应试指南［M］．北京：人民出版社，2020．

［3］李晗．李晗讲商经法［M］．北京：五洲传媒出版社，2020．

［4］中华会计网校．经济法应试指南［M］．北京：中国商业出版社，2020．

［5］贵立义，林清高．经济法概论［M］．9版．大连：东北财经大学出版社，2020．

［6］杜月秋，孙政．民法典条文对照与重点解读［M］．北京：法律出版社，2020．

［7］杨立新．中华人民共和国民法典条文要义［M］．北京：中国法制出版社，2020．

［8］何力，常金光．合同起草审查指南［M］．北京：法律出版社，2020．

［9］国家司法考试命题研究组．国家司法考试历年真题库详解［M］．沈阳：辽宁大学出版社，2020．

［10］《法学概论》编写组．法学概论［M］．4版．大连：东北财经大学出版社，2018．

［11］周永平．劳动法学［M］．北京：高等教育出版社，2017．

［12］高程德．经济法（民商法）［M］．16版．上海：上海人民出版社，2015．

［13］王利明，等．合同法［M］．3版．北京：中国人民大学出版社，2013．

［14］财政部会计资格评价中心．经济法基础［M］．北京：中国财政经济出版社，2020．

［15］刘守芬，等．经典案例分析［M］．北京：中国人民大学出版社，2012．

［16］王卫国．民法［M］．2版．北京：中国政法大学出版社，2012．

［17］季宏．法律硕士联考五年真题归类详解及知识清单［M］．北京：中国人民大学出版社，2012．

［18］徐孟洲．经济法学［M］．北京：北京师范大学出版社，2010．